黑龙港流域

路基路面施工技术

王俊杰　主　编
高玉昌　杨先魁　副主编
田　平　贺书云　卜金亮　主　审

人民交通出版社

内容提要

本书重点总结了黑龙港地区几十年来各种等级沥青路面管理、设计、科研和施工多方面技术，包括路基、基层、面层三个方面。在结构选择和质量控制上有高等级沥青路面的典型内容，也有低等沥青路面典型内容，附录中还有摊铺机调整内容。本书实用性强、应用性广，可供各级设计、管理、施工技术人员借鉴和参考。

图书在版编目(CIP)数据

黑龙港流域路基路面施工技术/王俊杰主编. —北京：人民交通出版社，2008.1

ISBN 978-7-114-06951-2

Ⅰ.黑… Ⅱ.王… Ⅲ.①路基—道路工程—工程施工—河北省②路面—道路工程—工程施工—河北省 Ⅳ.U416

中国版本图书馆 CIP 数据核字(2008)第 002956 号

书　　名：黑龙港流域路基路面施工技术
著 作 者：王俊杰
责任编辑：丁润铎
出版发行：人民交通出版社
地　　址：(100011)北京市朝阳区安定门外外馆斜街 3 号
网　　址：http://www.ccpress.com.cn
销售电话：(010)85285838，85285995
总 经 销：北京中交盛世书刊有限公司
经　　销：各地新华书店
印　　刷：北京凯通印刷厂
开　　本：787 × 1092　1/16
印　　张：12.75
字　　数：323 千
版　　次：2008 年 2 月第 1 版
印　　次：2008 年 2 月第 1 次印刷
书　　号：ISBN 978-7-114-06951-2
定　　价：30.00 元

黑龙港流域路基路面施工技术
编 委 会

主　编　王俊杰

副主编　高玉昌　杨先魁

委　员　任洪程　孙同策　杨水生　尚书清　韩　红
李翠英　李永贤　霍玉发　卜宝峰　李双囤
苏金才　赵　磊

审　稿　田　平　贺书云　卜金亮

前 言

我国改革开放30年来，随着经济的飞速发展，高等级沥青路面也取得举世瞩目的成就，特别是近几年来农村经济的发展，城乡差别的缩小，乡村级公路路面迅猛增长。为适应当前公路建设的新形势，本书作者总结了黑龙港地区几十年来路基及沥青路面管理、设计、材料和施工多方面经验，吸收我国目前沥青路面的最先进技术，依据现行公路标准和技术规范，以创新精神和实际需要，集体创作了本书。全书在内容上包括路基、基层和面层三部分。共分九章，第一章概述，简述了沥青路面的发展史。第二章沥青路面早期破坏原因分析。第三章沥青路面的结构选择，从路基压实标准、填土高度、路基宽度、各种基层结构特性、试验结果分析、基层结构实例对比、各类沥青混凝土结构组成、组成设计、施工要求等方面提出了路基、路面基层、路面结构的选择依据、标准。第四章路基与路面基层质量控制，本章对路基和基层结构层从原材料检验、施工机械配备以及不良地质条件下的施工方案等方面进行了介绍；另外本章还对近期国内应用较多的强夯、冲击压实等新技术进行了着重探讨。第五章热拌沥青混合料面层的施工质量控制，详细介绍了热拌沥青混合料面层施工中的原材料技术标准、配合比组成设计以及人员施工机械配备方案；对摊铺过程中集料的离析以及沥青路面早期病害的成因进行了分析并提出了解决方案。第六章沥青混凝土路面病害分析与质量控制，对沥青路面病害原因进行了分析，提出了施工时的预防措施，为进一步减少沥青路面早期破坏，提出了偏差法质量检测和控制方法，并就路基、底基层、基层、面层进行了具体阐述。第七章提高沥青路面耐久性的措施，为提高沥青路面耐久性，本章提出了加强沥青路面层间结合、增加各施工层压实度、合理选择路面结构和材料等三项措施，并就三项措施的应用及优越性进行了客观的分析。第八章沥青路面基层透层油和封层油及粘层油的选择与施工，透层油、封层油及粘层油是沥青路面的主要组成部分，本章主要针对该方面的技术性、操作性进行了分析。第九章沥青路面不同结构形式施工质量控制，详细介绍了沥青表面处治路面、沥青贯入式路面、冷拌沥青混合料路面等几种常见的不同形式的路面的施工方法，以及材料选择、注意事项、检查验收方法等内容。附录为沥青路面组成设计方法，详细介绍了沥青路面使用性能气候分区、热拌沥青混合料配合比设计方法、SMA混合料配合比设计方法、OGFC混合料配合比设计方法、沥青层压实度评定方法、施工质量动态管理方法、沥青路面质量过程控制及总量检验方法等内容。

本书由王俊杰主编，高玉昌、杨先魁任副主编，其中第一章由王俊杰编写；第二章由王俊杰、杨水生编写；第三章由高玉昌、孙同策编写；第四章由杨先魁、任洪程、霍玉发编写；第五章由王俊杰、任洪程、韩红编写；第六章由王俊杰、李翠英编写；第七章由高玉昌、李永贤编写；第八章由卜宝峰、李双囤编写；第九章由杨先魁、任洪程、苏金才编写；附录由高玉昌、尚书清、赵磊编写。本书由河北省交通职业技术学院田平教授、衡水市交通局副局长贺书云、总工程师卜金亮同志审稿。

本书在编写过程中得到衡水市交通局领导的大力支持，得到同行专家的帮助，也参考了大量文献资料，在此谨向以上人员表示诚挚感谢。

限于编著者水平有限，谬误和不足之处在所难免，敬请广大读者批评指正。

编　者

2007年8月

目 录

第一章 概 述

沥青路面由于具有适应性广、施工速度快、无噪声等优点被广泛应用于各种等级的公路路面中。早在建国初期我国就参照前苏联的标准和规范进行了少量的沥青路面设计和施工。到1958年我国有了《公路柔性路面设计规范》,其理论仍是前苏联伊万诺夫等人的理论观点,这时我国也开始修建沥青路面。当时由于资金和材料的原因,修建的大多是石灰土和碎石(砾石)基层,渣油(沥青)表处面层,公路通行的大多是中型解放牌汽车,交通量也很小,这种结构尚能满足实用要求,在保证施工质量情况下,尚能使用6～8年。随着国民经济的发展,交通量的增长,车辆载重的增大,标准逐渐提高。依据我国情况相继在1966年、1978年、1986年修正了《公路柔性路面设计规范》,也相应制定了《公路沥青路面施工技术规范》。在总结"七五"、"八五"国家重点科技攻关项目的基础上和多年设计与施工的实践经验,于1994年修订了《公路沥青路面施工技术规范》,又于1997年修订了《公路沥青路面设计规范》。本次规范从理论上有了很大改进,由柔性改成半刚性基层,轴重统一为BZZ-100,设计弯沉较前规范小了20%,为防止沥青路面的早期破坏更趋于保险。2006年在总结1997年规范的基础上又制定了新的《公路沥青路面设计规范》(JTG D50—2006),新规范较旧规范有了一定的改进:一是强调按实际情况做好交通荷载分析与预测,按照全寿命周期成本的理念进行路面设计;二是采取了防治早期损坏的技术措施,加强了材料、混合料和路面结构组合设计的要求。增加了柔性基层、贫混凝土基层等设计内容;三是细划了半刚性基层混合料级配类型,调整了集料的级配,补充了二灰稳定集料抗冻性设计要求;四是路面厚度计算方法在参数取值和旧路补强公式上有所改进。但标准轴载的换算公式还是只限于130kN,实际在公路上的超载车轴载达300kN以上,再则还没有轮胎压力的换算公式,因此在进行标准轴载的换算时与实际还有一定的差距。现行的《公路沥青路面设计规范》还有待今后进一步修正,或在使用时结合实际情况应用,否则沥青路面的早期破坏不能得到彻底解决。

现在实施的《公路沥青路面施工技术规范》(JTG F40—2004)(以下简称现行规范),比原规范有了较大改进;一是在原材料技术要求上更全面、细致;二是在组成设计上学习了欧、美、日等国的先进技术,总结了原规范执行的经验和教训,提出优化设计;三是在施工质量控制上对施工设备、程序都规定了严格要求;四是在检验检测上统一了标准。总之,现行规范比原规范执行起来更符合实际,更具有科学性、规范性、实用性和可操作性。再加上路政管理的规范化,超限车辆的严格控制,沥青路面的早期破坏肯定会大大减少。

由于沥青路面的使用效果是由路基、基层、面层决定的,现行《公路沥青路面设计规范》(JTG D50—2006)也提出路基、路面综合设计,另外,施工单位也常常是路基、基层和面层同时施工,因此,本书从以上三个方面进行阐述也比较符合实际情况,方便于施工单位。

回顾过去,我区沥青路面的发展过程也是由渣油(沥青)表处到浅贯入,再到沥青碎石(黑碎),最后是沥青混凝土。基层由石灰土、二灰土、二灰碎石又到水泥稳定级配碎石。随着规范的不断完善和提高,质量也有了很大改进,但沥青路面的早期破坏还没有得到彻底解决。要想防止沥青路面的早期破坏,提高沥青路面的使用年限,找出适合我国公路实际情况的沥青路面各项指标,只有从总结入手,总结多年来路面设计、施工、试验等方面成功的经验和教训,通过总结过去,展望未来,这是最现实、最经济可行的办法。

第二章　沥青路面早期破坏原因分析

导读　本章从路堤下沉、路面设计不合理、施工不均匀、原材料质量不佳、评定标准等多方面分析了沥青路面早期破坏产生的原因，为设计施工中重视各部位的重要环节、防止相同病害的发生提出了指导意见。

第一节　路堤的原因

路基是路面的基础，基础不稳定路面肯定要坏，过去已建成的高速公路大多是经济比较发达的平原区，沿线村庄密集，为解决农民的通行问题，路堤普遍较高。路堤高是路面早期破坏的一个重要原因。如京石高速公路多次处治桥头沉陷，福泉高速公路路面早期破坏原因路堤占到总破坏面积的65%，过去施工的二、三级沥青路面早期破坏路堤原因也较多。

一、路基基底承载力不足引起的路堤下沉

原《公路路基施工技术规范》(JTJ 033—95)规定，高速公路和一级公路路基基底压实度不应小于85%，85%的密实度一般天然土层或略加压实即可达到。一般平原区多是冲积土，各层的冲积土质和含水量都不一样，有的是黏性土，有的是砂性土，有的密实度较高，有的密实度较低，土质及其密实度都关系土层的承载能力，特别是雨季暴雨排水不畅形成边沟积水渗入到路基基底时，85%的密实度很容易造成路堤的下沉。现行《公路工程技术标准》(JTG B01—2003)对路堤的压实度有较大提高，但对基底的要求没有提出具体的数字，只是提到：基底强度、稳定性不足时，应进行处理，以保证路堤稳定，减少工后沉降。没有具体数字要求，施工时就可能忽视，引起路堤的下沉，而且是不均匀的。《公路路基施工技术规范》(JTG F10—2006)虽对基底提出90%的压实度，当是低路堤时尚能满足要求，高路堤就很难保证稳定了。

二、不良地质条件下的路堤下沉

平原区的地质比较复杂，有些路段原地层下有流砂层，华北地区水位严重下降已成大漏斗，流砂层空隙率大，原地表以下路基含水量较高，在工后由于路基路面长期重压下，使大量水分排走，失水后承载能力下降，使路堤下沉。

三、超限超载引起的路堤下沉

近几年来，私有车辆为追求经济利益，超载超限运输越来越严重。如斯太尔149型(后3轴)普遍载重100～120t，单轴达到20t以上，也有个别车辆轴重达到31t，给路基造成极大的压力。路堤较高时其力不能及时传入大地，而是在路堤内消失，随着路面的不平整，超限车所产

生的振动加剧了路面不平整度的发展，使降水渗入到路堤内部。路堤含水量加大，承载力降低，又加重了路堤的下沉和变形。

四、其他原因造成的路堤下沉

高路堤与低路堤比较，高路堤下沉的概率要大得多。再是由于路堤的填料不当，压实度不足，浸水等也能引起路堤下沉。特别是路桥连接路段的变形，路和桥的连接不只是由刚变柔引起的变形，而造成的桥头跳车，还有路桥连接 50～100m 段变形造成的路面破坏。因为此连接段的受力比较复杂，汽车在匀速行驶时车轮滚动对路面的影响较小，当车快要进桥的时候，由于环境的变化，驾驶员恐惧感，大多有开始收油门或刹车减速的过程，以保证顺利过桥；当快要出桥且前方视线又好的时候，驾驶员则开始加速，加速对梁式桥必然产生一种振动，振动和加减速对路桥连接 50～100m 段的路基影响很大，尤其是大型车和超载车对路基的影响更大，对本来压实不足的路桥连接段雪上加霜。汽车轴载对路破坏的关系公式是：$EF=(P/P_0)^n$，式中，P 为轴质量，P_0 为标准轴质量，n 为轴载破坏系数，我国 n 取为 4.55。轴载 100kN 时，EF 为 1，轴载 200kN 时，EF 为 23.4。振动和加减速对路堤的破坏力就更大了。所以影响桥头变形不只是 10m，而是更长。

沥青路面早期破坏也正是路堤承载力低的时候，因为新筑的路堤土通过碾压，原有结构遭到破坏，土颗粒处于分散状态，需要重新进行吸附（固结）后，各种物理性能才能提高。土颗粒的重新吸附（固结）需要较长的时间，这段时间也正是路面早期破坏的时间。

第二节　路面的原因

一、路面基层承载力计算依据与现实的差距

路面基层承载力不足，引起基层裂缝。从理论上基层是路面的主要承重层，而面层只是功能层。《公路沥青路面设计规范》(JTJ 014—97)谈到，对基层材料强度计算由原规范的弯拉强度计算改成劈裂强度，需进行基层层底拉应力验算，汽车荷载是按标准轴载 100kN，轮胎压力 0.7MPa，反复作用下的疲劳寿命而确定的路面设计年限。现在超限车轴载很多是 200kN，轮胎的压力是 2MPa，所造成的基底拉应力大大超过了基底材料的允许拉应力，所以基层产生裂缝并逐渐反射到面层。

二、设计标准当量轴次与实际的误差

设计计算的标准当量轴次与实际相差较大，引起路面的早期破坏。不论是原《公路沥青路面设计规范》(JTJ 014—97)还是现行《公路沥青路面设计规范》(JTG D50—2006)中的轴载换算公式仅适用于单轴轴载小于 130kN 的各种车型的轴载换算，实际公路通过的车辆约有 20%～30%的车辆轴载超过 130kN。所以按现行规范设计的轴载数量偏小。

根据有关数据分析，现在的公路交通量增长率与实际也有很大差距，设计时一般按年交通量的增长率是 4%～6%。改革开放 20 多年来，国民经济的增长速度平均 8%以上，交通量的增长率也不低于国民经济的增长率，实际证明交通量的增长率大于国民经济的增长率，如石安高速公路 1998 年平均交通量是 7278 辆次/昼夜。到 2002 年平均交通量达到 13615 辆次/昼夜。4 年增长 87%，平均年增长率是 22%；又如国道 307 线小榆林到深州城 13km，“九五”期

间平均年增长率是38%。

从以上两种情况不难看出，实际通过的标准轴次很快达到路面的设计标准轴次，使路面达到疲劳破坏次数。

三、偏高的原位空隙率

沥青路面的原位空隙率太大，使路面出现早期破坏。造成原位空隙率大的原因，以旧规范AC-I型为例，设计空隙率是3%～6%，规范要求的压实度95%。假如按平均4.5%空隙率设计，95%的压实度则原位空隙率9.3%，这样的空隙率肯定要引起路面的早期破坏。

1. 渗水

按同济大学研究，动水压力随车速的增加而增大。理论计算得到，车速120km/h时的动水压力约为40km/h时动水压力的9倍。试验得出车速120km/h的动水压力大致相当于40m高的水头。这样在雨天行车时，水很容易进入面层，而且会反复冲刷油石界面，使油石分离，造成面层松散。再是滞留水在冬季产生冻涨，春融后也形成松散。

2. 抗剪强度

抗剪强度低，重车所产生的压强很容易超过它的极限强度，使沥青混合料产生流动，流动变形不断积累，形成流动车辙。

3. 渠化交通

通过渠化交通轮胎的不断碾压，路面进一步密实，形成压密型车辙。超载车对路面产生的压强过大，而产生的永久变形，称为结构车辙。

4. 空隙率

空隙大时，大量的气体和阳光紫外线就能通过空隙进入混凝土内部，加速沥青的老化；再就是空隙率大时，由于沥青混合料的不均匀性，行车碾压密实后，下沉也不均匀，所以加快了不平整度的衰减速度，路面不平整易形成积水、渗水和行车的颠簸，加剧了路面的早期破坏。

四、施工的不均匀性

施工原因造成材料的不均匀性，是路面早期破坏的重要原因。沥青路面的优劣是以弯沉值来表示，设计弯沉值是竣工后第一个不利季节时的弯沉值，从理论上和材料强度上讲竣工后的第一、二年路面的弯沉值最小，第三、四年后的弯沉值逐渐变大，材料开始进入抗疲劳阶段，可往往在这段时间内出现路面的破坏，而且都是局部的、小面积的，分析原因，主要是材料的不均匀性造成：

(1)基层材料的集料级配不均匀。

(2)胶结材料的不均匀。

(3)含水量和养生的不均匀。

含水量和养生的不均匀等都会引起基层局部强度不足，在行车作用下逐渐暴露出来，引起局部早期破坏。特别是水稳碎石基层，理论要求是最佳级配状态下、最佳水泥用量(5.5%左右)、最佳密实度、最佳养生条件下才能达到最佳强度，而且不裂缝或少裂缝，实际全面达到最佳状态是件很难的事情，稍有疏忽就出现偏差。当两种以上偏差同时出现在同一路块时，形成强度较低，通车后很容易出现早期的局部破坏。如1998年施工的G106线周村段由于水泥含量太高，超过了6%，第二年就出现了每20m左右一道横向贯通的裂缝，冬季严重时缝宽达到10mm左右。

(4)沥青混凝土材料的不均匀。

沥青混凝土材料的不均匀性也造成路面的早期破坏。

①矿料离析

矿料离析引起强度不足，当严重离析时其回弹模量只有均匀时的30%左右。

②空隙率大

空隙率大，渗水，引起水害。

③油石比的不均匀

油小时易松散，油大时形成油包、搓板、波浪等。

④压实度的不均匀

当压实度小时，形成空隙率大的病害。

总之，不论什么结构层，不论什么材料的不均匀都能造成强度不足，引起路面的早期破坏。

五、路面设计的不合理

设计上的不合理给路面的质量留下了隐患。设计是工程的第一步，是质量的灵魂，有的路面在设计时对当地气候条件、水文地质、车辆组成、材料选择、路面厚度、交通量大小等客观条件数据的分析选择不合理很容易引起路面的早期破坏。再就是将超载车的轴载按标准轴载进行换算，从理论上讲并不完全合理，现在的超载车轴载很多达到200kN以上，最高的达到310kN，甚至达到400kN，超过标准轴载的2倍多。超载车通过一次所产生的弯沉值或是造成基底的拉应力超过了设计的极限值，就像一个人能担50kg，实际让他担100kg会使其受伤一样。这样的换算方法在材料应力允许范围内产生的疲劳积累是可以的，这也是《公路沥青路面设计规范》(JTG D50—2006)中轴载换算公式中适用于轴载小于130kN的道理。

六、不符合要求的原材料

原材料质量不佳或是不符合规范也容易引起沥青路面的早期破坏。沥青路面的原材料主要是沥青、集料等，当沥青材料不佳时可引起路面的裂缝、松散、拥包等；当集料不佳时可引起路面变形、松散、裂缝、早期疲劳等。

第三节　其他原因

其他原因如气候、温度、降雨(雪)等自然环境的异常变化，会引起沥青路面的早期破坏。更重要的原因还有施工时的偏差值过大和路面层间结合不牢。

一、评定标准过大的偏差

现行《公路工程质量检验评定标准》(JTG F80/1—2004)中在路基、基层、面层压实度及其材料组成上都存在偏差值过大的现象，造成路面强度的不均匀，强度低的部位在行车的作用下很快出现破坏。

1.路基压实度

要求评定路段的代表值

$$k = \bar{k} - t_a s/\sqrt{n} \geq k_0$$

式中：$\bar{k}$——检测点的平均值；

t_a——t 分布表中随测点数和保证率（或置信度）而变的系数，可按保证率查表取值；

s——检测点的标准差；

n——检测点数；

k_0——压实度的标准值（规范值）。

评定办法是当 $k \geqslant k_0$，且单点压实度全部大于等于规定的极值（标准值减 5 个百分点）时，按测定值不低于标准值减 2 个百分点数计算合格率。按路基的零填到 80cm 规范的要求压实度是 96%，则极值为 91%，这样单点的 91% 与 96% 或大于 96% 的点相比相差较大，特别两层填土均在极值压实度时，很容易引起不均匀下沉和路基的变形，达不到路基所需的足够的强度和稳定性。实践证明过去沥青路面的路基都有不同程度的变形，所以说现行标准的偏差太大。

2. 基层水稳碎石的压实度

水泥稳定级配碎石《公路路面基层施工技术规范》（JTJ 034—2000）和《公路工程质量检验评定标准》（JTG F80/1—2004）都是规定 98% 的压实度，但评定标准是按 $k=\bar{k}-t_a s/\sqrt{n} \geqslant k_0$ 公式进行评定。式中：$\bar{k}$ 为评定路段各测点的平均值：k_0 为压实度标准值（98%）；t_a 为 t 分布表中随测点数和保证率而变的保证率系数；s 为检测点的标准差值；n 为测点数。评定中有代表值（k=98%）。第一种评定是当 $k \geqslant k_0$，且单点全部大于或等于规定值（98%）减 2 个百分点时，评定路段的合格率为 100%；第二种评定是当 $k \geqslant k_0$，且单点全部大于或等于极值（94%）时，按单点不低于规定值（98%）减 2 个百分点的测点数计算合格率。说明第二种评定是允许 94% 的压实度存在，94% 与 98% 两者相差太大。有文献记载当压实度减少 1% 时，强度减少 5%～7%，说明两者强度也相差太大。

二、层间结合不牢

现行沥青路面设计规范要求各层之间紧密接触而不产生层间滑移，实际在施工中往往层间接触不良、不紧密，在行车作用下使路面变形而破坏。

1. 底基层与路基结合不牢

路基施工完成后，往往不能及时施工底基层，在相隔的时间内，由于路基表面的水分蒸发、土质的差异性、施工车辆和机械的通行，使局部出现坑槽和较深层土松软，加上底基层大多是路拌法的无机结合料稳定细粒土，路床上备土又盖住了这些缺陷，所以不易发现；还有用稳定土拌和机拌和时，规范要求拌和深度要深入路床 10mm 左右，这些坑槽和松软土得不到拌和，再加上含水量较低，在底基层压实时也达不到要求密度，造成路基局部与底基层接触不良，特别是局部路基强度不足引起下沉变形。

2. 二灰稳定碎石下基层与水泥稳定碎石上基层结合不牢

因为二灰碎石材料的细料和粉料约占总量的 40% 左右，通过振动压路机的碾压表面多是细料和粉料，表面的养生条件又差，所以很易形成软层，与水泥稳定碎石面根本不能实现紧密接触，两层形不成一个整体强度，特别是当水稳碎石出现裂缝时，很容易渗水唧浆。

3. 水泥稳定碎石与沥青混凝土面层结合不牢

水泥稳定碎石与沥青混凝土面层连接有的路段达不到紧密，水泥稳定碎石表面不可避免地出现局部离析，粗粒式沥青混凝土下面的底部也同样会出现不同程度的离析。传统的透层油、封层油和黏层油不能填充离析的空隙，有些局部形成空隙层，所以两者层间不能达到紧密接触。

沥青路面的层与层之间不能实现紧密接触后，会引起如下早期破坏：

(1)在行车作用下路面下沉，使基层和面层底部拉应力加大，当超过其材料允许应力时，产生裂缝。

(2)下沉使路面平整度很快衰减，进一步增大路面的破坏。

(3)渗水使路面形成水害。

分析沥青路面早期破坏原因，不单纯是为了知道而已，关键是知道沥青路面早期破坏的原因后，在今后的沥青路面施工过程中，根据原因分析如何进一步提高施工质量，防止继续出现相同病害，从而不断提高施工人员的素质，开拓进取，与时俱进，不断创出优质工程。

第三章 沥青路面的结构选择

导读 本章从路基压实标准、填土高度、路基宽度、各种基层结构特性、试验结果分析、基层结构实例对比、各类沥青混凝土结构组成、组成设计、施工要求等方面提出了路基、路面基层、路面结构的选择依据、标准。

从上一章已经看出造成沥青路面早期破坏的结果是已建的路面不能满足客观实际和条件的需要。按矛盾论的学说,外因是条件,内因是根本。为防止路面的早期破坏必须从根本上去解决问题,要从早期的破坏原因中找到主要矛盾:提高路基路面的应力储备,适应超载车的现实;提高施工质量,充分发挥材料的应有能力;不断创新,优选原材料,改善施工工艺。

第一节 路 基 选 择

路基与桥梁、路面不一样,没有按疲劳寿命提出使用年限和设计年限的要求,一般只有宽度上和压实度上的要求。当路面使用到设计年限后,可以根据路况进行中修、大修或是补强翻修,桥梁也是根据材料的疲劳寿命提出了使用年限。而路基在不受到人为和自然灾害破坏时是可以长期使用的,不能满足要求时大多采用加宽措施。路面和桥梁局部出现病害,也是容易修补的。而路基出了问题修复起来就难得多了,所以,在处理路基问题上树立高标准、高质量的指导思想,使其能抵抗各种一般灾害的能力,达到坚固耐用。

一、对路基的基本要求

《公路沥青路面设计规范》(JTG D50—2006)要求路基和路面进行综合设计,路基应达到牢固、密实、均匀、稳定和足够的承载能力,使路面真正铺在稳定的土基上。沥青路面的强度评定标准是弯沉值,路面弯沉值的大小公认路基要占到70%,所以提高路基质量和承载能力是提高路面强度、减小弯沉值最经济和最有效的办法。同时路基承载能力提高后,更能抵抗超限车辆对路面产生的早期破坏,应该说是超前防止路面早期破坏最经济的方法。

二、路基压实标准的选择

现行《公路路基施工技术规范》(JTG F10—2006)也认为原《公路路基施工技术规范》(JTJ 033—95)及相关规范规定的路基压实度标准明显偏低,因此,对二级以上公路路基的压实标准据不同部位提高了1~3个百分点,使路基的稳定性有了一定保证。但在路基的施工中还应对个别路段或个别部位适当提高压实标准,否则仍不能保证路基的稳定:一是对6m以下的较高路基和易受洪水浸泡的浸润线以下部分,还有桥梁两端的50~100m路段,都应在现行标准的基础上再提高1~2个百分点,使每个部位都不低于95%的压实标准;二是对于二级以下公路也应根据公路的发展远景、地理位置、车辆组成等适当提高压实标准,如三、四级公路选用二级路标准，二级路选用一级路标准，这样可满足公路持续发展的需要；三是基底的压实标准，现行规范要求是90%，比原规范提高了5个百分点，笔者认为其基底的表面压实标准也不应低于路基底部的压实标准。平原区水文地质比较复杂，大多是多层的冲积土，首先要对代表段进行钻探，弄清地基下层的土质、含水量、密度，确定其承载能力。对于基底土质不良，含水量较大，承载力较低的地基而且又不太深(≤4m)时，最好用强夯的办法，可用经验确定夯锤重量和夯击次数。此法比深挖回填方法经济，路基不变形、不下沉。

三、路基填土高度的选择

控制路基填土高度主要有四个方面。

1.路基顶部(或称路床)的干湿类型

《公路沥青路面设计规范》(JTG D50—2006)规定：为保证路基的强度和稳定性，路基设计时，宜使路基处于干燥和中湿状态。决定路基干湿类型的是路床表面以下80cm的平均稠度，平原区一般地下水位已下降到20m以下，并形成了大漏斗，即便是雨季边沟形成积水，很快也能排走，或渗入地下，不会到春融不利季节时影响路基的湿度，所以地下水对路基干湿类型的影响一般不必考虑。特殊情况时可按表3-1控制路基的干湿状态。

路基干湿状态的分界建议值 表3-1

干湿状态 / 土质类别	干燥状态	中湿状态	潮湿状态	过湿状态
	$W_c \geqslant W_{c1}$	$W_{c1} > W_c \geqslant W_{c2}$	$W_{c2} > W_c \geqslant W_{c3}$	$W_c < W_{c1}$
土质砂	$W_c \geqslant 1.20$	$1.20 > W_c \geqslant 1.00$	$1.00 > W_c \geqslant 0.85$	$W_c < 1.20$
黏质土	$W_c \geqslant 1.10$	$1.10 > W_c \geqslant 0.95$	$0.95 > W_c \geqslant 0.80$	$W_c < 1.10$
粉质土	$W_c \geqslant 1.05$	$1.05 > W_c \geqslant 0.90$	$0.90 > W_c \geqslant 0.75$	$W_c < 1.05$

注：W_{c1}、W_{c2}、W_{c3}分别为干燥和中湿、中湿和潮湿、潮湿和过湿状态路基的分界调度，W_c为路床顶面以上80cm深度内的平均稠度。

对于新建公路可根据当地稳定的天然含水量、液限、塑限计算平均稠度，并考虑路基填土高度有无地下水、地表积水的影响，论证后确定路基土的干湿类型，如表3-2所示。

路基干湿类型 表3-2

路基干湿类型	路床顶面以下800mm深度内平均稠度W_c与分界稠度W_{c1}的关系	一般特征
干燥	$W_c \geqslant W_{c1}$	土基干燥稳定，路面强度和稳定性不受地下水和地表积水影响。路基高度$H_0 \geqslant H_1$
中湿	$W_{c1} > W_c \geqslant W_{c2}$	土基上部土层处于地下水或地表水影响的过渡带区内。路基高度$H_2 < H_0 \leqslant H_1$
潮湿	$W_{c2} > W_c \geqslant W_{c3}$	土基上部土层处于地下水或地表积水毛细影响区内。路基高度$H_3 < H_0 \leqslant H_2$
过湿	$W_c < W_{c3}$	路基极不稳定，冰冻区春融翻浆，非冰冻区软弹土基经处理后方可铺筑路面。路基高度$H_0 \leqslant H_3$

注：①H_0为不利季节路床顶面距地下水或地表积水水位的高度。

②地表积水指不利季节积水20d以上。

③H_1、H_2、H_3分别为干燥、中湿和潮湿状态的路基临界高度，可见《公路沥青路面设计规范》(JTGD 50—2006)附录F根据土质和自然区划查找。

④划分土基干湿类型以平均稠度W_c为主，缺少资料时可参照表3-1的一般特征确定。

2. 洪水频率

现行《公路工程技术标准》(JTJ B01—2003)规定高速公路和一级公路的洪水频率是1/100,二级路是1/50。该地区由于河流的上游有大型水库蓄水控制分洪流量,下游还有分洪河道,一旦平原地区连降暴雨也不会形成径流。总之,洪水淹没路基的可能性已很小了,高速公路和其他等级公路路基的高度不受洪水频率的影响。

3. 高速公路与其他等级公路相交叉和桥梁引道

高速公路与其他等级公路相交叉时,可将被交的其他公路尽量上跨高速公路,但其他公路引道的纵坡不得超过2.5%,以利农用车和非机动车通行。少数桥梁影响路基高度时,也可设计成超低梁;桥梁过高时可设计成坡桥,总的原则应以满足规范和标准为前提。

4. 农用通道

平原区农业发达,村庄密集,已建高速公路为满足农用通道的净高,路基一般平均高度都在3.5m以上。路基高带来很多弊端,总结过去,对未来提出以下看法。

(1)靠近村庄的高速公路通道

可根据村委会的要求在出入车辆最多的路口修建下穿式通道。为满足农用机械和农村交通发展的需要,其净高应不低于3.2m的农用汽车通道标准,宽度不低于6m,在高度和宽度上能满足大型农用机械的需要。本段路基的高度应在2m左右,除去通道的建筑高度下挖不足2m,按2.5%的纵坡,单侧引道长度在100m左右。这种通道对农民来说比上跨桥要方便得多。如将上跨的立交桥设到村外会使农民走很多冤枉路,费很多冤枉力,祖祖辈辈走下去会对高速公路产生很大意见,影响共建高速公路文明,也不利于农民的小康建设。通道的排水措施:①排入附近的河、渠、坑内;②结合取土场地,尽量将取土后的高程略低于通道底的高程,从近处选择一定的面积深挖0.5~1.0m,作为蒸发(渗水)池;③当以上两种情况都不具备时,可搞带抽水式的蒸发(渗水)池,池内钻几个渗水井,用碎砖填死,这样不影响渗水,也比较安全,对于大暴雨后可能出现的积水,可将抽水工作以招投标的方式承包给有条件的个人,由村委会监督,年终结算。

(2)距村较远的高速公路通道

距离村庄较远的高速公路通道能合并的尽量合并,对合并的路可搞上跨桥,引道纵坡不太大后,农民也不感到不便,还可分流超高的车辆,其桥下的路基高度可控制在0.5m左右;对于距村较远,排水条件良好时也可搞成下穿式通道,因为在不影响路基高度的情况下,下穿总比上跨经济得多。

通过以上四种主要影响平原区高速公路路基高度的分析,靠近村庄段下穿式通道的路段路基高在2m左右;上跨桥下的路段路基高0.5m左右;立体交叉和桥梁引道按规范控制,但这种路段很短;一般路段路基高可控制在1m左右,这样平原区的高速公路路基高度平均在1.5~2m,在满足各种要求后的路基高度应该说是合理的路基高度,这种合理的低路基会带来很多好处。主要有:①占地少。土地历来是农民祖祖辈辈赖以生存的根本,土地分包到户后又不能进行调整,国家又无力安置占用土地农户的劳动力,势必给被占用土地的农户生活带来很大困难。②减少工程量。包括路基土方、路基防护、安全防护和拆迁工程等费用。③低路基较高路基对自然环境的影响和破坏较小,有利于环境保护。④能加快施工进度,减少工期,提前进入收费还贷期。⑤低路基对行车安全有利,可减少重大交通事故的发生。⑥路基比较稳定,减小路面早期破坏。以上几条的中心是减少了投资,对沿路群众带来的负面影响较少,便于作好拆迁工作,提高了效益,为早日收回投资、保持公路持续发展创造条件,其他等级公路也可参考。

对于平原区的一级和二级高等级公路的路基也不应太高或太低，一般路段应控制在0.5～1.0m之间，新建路基可取低限，旧路改建路基可取高限。省道肃临线饶阳至杨各庄段，旧路基一般高出两侧耕地1.5～2.0m，1999年改建成大二级路时，将路基降到1.0m左右，使用效果非常好，与自然景观协调一致。国道106线一级路武邑至冀衡农场改线段和肃临线深州市护家池南北改线段路基明显太低，基本与两侧耕地相平，个别路段还低于耕地，使用效果不太好，与景观也不协调。对于旧路改建路基又不太高时，应尽量利用旧路面的剩余强度，通过基层挖补，提高强度均匀性后再进行基层补强，这样既减少投资，路基又合理。路基较高时二灰碎石基层很少或基本没有横向裂缝，如保衡线的安平城南至磨头段，两侧的边沟很深，路基常年处于干燥状态；路基较低(不足0.3m)的307线混合车道和106线衡水支线横向裂缝非常严重，平均每隔20～30m一道，缝宽有的达到10mm。

四、路基宽度的选择

路基宽度的选择应以少占耕地为基本出发点。路基宽度的基本要求是满足车流和人流的需要，要以近期和远期相结合，以近期需要为主。当同一条路线的不同路段车流和人流差异较大时可分段选择路基宽度，如一级公路的中间隔离带在土地十分紧缺的地区尽量采用1.2m的钢筋混凝土高墩与防眩板隔离，将高墩用钢筋连接成一体，比防撞护栏还要坚固，防止大型货车撞入逆行道造成重大交通事故，这种隔离可节省2m以上宽度的土地，在投资上比传统的隔离方式要省。对于混合交通的公路尽量不设土路肩，以充分发挥路基的使用效益。

在边沟的设计上也要尽量窄些，但必须结合低路基搞好边沟设计，保证路基排水，特别是秋季以后的边沟积水不得影响路床下80cm路基干湿类型的变化，潮湿后影响路基稳定。

第二节　基层选择

高等级公路路面的基层分底基层和基层，不少高速公路和一级公路又把基层分成上基层和下基层，水文地质和气候条件不良的地区还设垫层或是隔离层。

一、底基层

底基层相对来说受力较小，一般多采用就地取材为主，从而降低路面造价，《公路沥青路面设计规范》(JTG D50—2006)要求路面的基层应是半刚性和柔性两种，半刚性底基层多采用二灰土、石灰土、水泥土；柔性底基层主要有热拌沥青碎石、贯入式沥青碎石、级配碎石；还有级配砾石、级配碎砾石以及符合级配、塑性指数等技术要求的天然砂砾。这些底基层也可用于二级以下三、四级公路沥青路丙的基层。

1. 石灰土

石灰土是一种气硬性材料，有少量的水化反应。石灰土的初期强度很低，7d无侧限抗压强度一般在0.4～0.6MPa，与其土的塑性指数大小有关，规范要求是15～20，石灰掺量是10%～15%，过多会起反作用。

石灰土在雨季前施工较好，春季施工更好，气温高，其强度增长较快，石灰土的强度增长时间很长，如1964年106线冀州市南段由土路改建成石灰土基层渣油表处路面施工时，土的塑指是12，石灰含量是9%，筛拌法拌和，轻型压实标准，15年后钻芯做无侧限抗压强度是

6～8MPa。石灰稳定类材料应满足表 3-3 要求。

石灰稳定类材料的压实度及 7d 无侧限抗压强度 表 3-3

层位	材料	重、中交通		轻交通	
		压实度(%)	抗压强度(MPa)	压实度(%)	抗压强度(MPa)
基层	集料	—	—	≥97	≥0.8①
	细粒土	—		≥95③	
底基层	集料	≥97	≥0.8	≥96	≥0.7②
	细粒土	≥95		≥95	

注:①在低塑性土(塑性指数小于 10)地区,石灰稳定砂、砾土和碎石土的 7d 抗压强度应大于 0.5MPa。

②低限用于塑性指数小于 10 的土,高限用于塑性指数大于 10 的土。

③三、四级公路,压实机械有困难时压实度可降低 1%。

近些年来由于交通量的增长和大型载重车的增多,石灰土做底基层的较多,做基层的只是交通量小的乡村公路。石灰土作基层时必须在雨季(7 月 20 日)前完成,施工晚的石灰土由于气温较低强度增长慢,秋雨渗入到基层,入冬后造成冻融翻浆。如果施工较晚时,可在石灰土的表面加水泥变成综合稳定土,提高表面强度,可防止产生冻融。正常施工的石灰土基层也可在表面加入 3%～5%的水泥,使表面变成综合稳定土,1988 年在保衡线衡水西出口做试验段,4 年中与一般石灰土进行比较调查,掺水泥的病害率占 7.5%,4 年平均弯沉值(BZZ-60)72.5(0.01mm);未掺水泥的石灰土病害率是 71%,4 年平均弯沉值 120(0.01m)。所以说石灰土基层表面加点水泥后投资增加不大,效果很好。

2. 二灰土

二灰土是水硬性材料,由石灰、粉煤灰、土组成。硬化理论主要是石灰激活粉煤灰中 SiO_2.Al_2O_3、Fe_2O_3 等化学物质使其产生硬化反应,生成硅酸钙、硅铝二钙、铝酸二钙、铁铝四钙,从而形成较高的强度。二灰土的压实度及 7d 无侧限抗压强度应满足表 3-4 要求。

石灰粉煤灰稳定类材料的压实度及 7d 无侧限抗压强度 表 3-4

层位	稳定类型	重、中交通		轻交通	
		压实度(%)	抗压强度(MPa)	压实度(%)	抗压强度(MPa)
基层	集料	≥98	≥0.8	≥97	≥0.6
	细粒土	—	—	≥96	
底基层	集料	≥97	≥0.6	≥96	≥0.5
	细粒土	≥96	≥0.6	≥95	

3. 水泥土

当遇到砂性土材料时,石灰和二灰强度都较低,可用强度等级低的慢凝 32.5 级水泥进行稳定,其掺量在 3%～5%,具体掺量可根据强度要求由试验确定,施工含水量略大些较好。当没有场拌法施工条件时,尽量少用水泥稳定土,因路拌法施工时材料均匀性较差,造成强度偏差太大,影响使用效果。如果重黏土用水泥稳定时,可适当加些石灰较好,分两次拌和,形成综合稳定土。当全部用水泥稳定细粒土或粒料时,其压实度及 7d 无侧限抗压强度应满足表 3-5 要求。

水泥稳定类材料的压实度及 7d 无侧限抗压强度

表 3-5

层　位	稳定类型	特重交通		重、中交通		轻　交　通	
		压实度（%）	抗压强度（MPa）	密度相同（%）	抗压强度（MPa）	密度相同（%）	抗压强度（MPa）
基层	集料	≥98	3.5～4.5	≥98	3～4	≥97	2.5～3.5
	细粒土	—	—	—	—	≥96	
底基层	集料	≥97	≥2.5	≥97	≥2.0	≥96	≥1.5
	细粒土	≥96		≥96		≥95	

4.二灰土性能的试验研究

衡水地处河北省的黑龙港流域，是典型的冲积平原，均为细粒土，而且远离砂、石产地。为减少投资，20 世纪 90 年代初期以前修建的公路沥青表处路面基层和二级路以上的高等公路沥青混凝土路面底基层都是石灰稳定细粒土，由于石灰稳定细粒土不但初期强度很低，而且中、后期强度增长也很缓慢，已不适宜大交通量沥青路面底基层（基层）的需要，路面出现过早破坏。为充分发挥就地取材和减少造价的原则，针对衡水的细粒土和较近的粉煤灰资源（东临山东省德州齐鲁电厂和中间的衡水电厂），二灰材料造价较低，对二灰稳定细粒土进行了一些研究，但研究的还不深入，特别是衡水的细粒土能否做二灰土？德州电厂的粉煤灰烧失量是 23%，而且较粗，能否适用做二灰土？二灰土比石灰土的性能又怎样？带着以上的问题我们进行了有关试验研究。

（1）土和粉煤灰（德州灰，当时衡水电厂尚未开工）两种材料分析

①四种代表性土样的物理和颗粒分析

由表 3-6 和表 3-7 可知：只有 2 号和 3 号土塑性指数大于 12，符合规范要求，1 号和 4 号土塑性指数大大低于规范要求；衡水地区的土太细，起不到级配作用。

物理分析表

表 3-6

土质编号	1	2	3	4
取土地点	武邑	武邑	武邑	故城
液限（%）	30.09	32.91	37.94	28.5
塑限（%）	22.83	19.85	21.71	23.2
塑性指数	7.26	13.05	16.25	5.3

颗粒分析表

表 3-7

土质编号	0.5～0.05mm	0.05～0.005mm	0.005～0.002mm	<0.002mm
2 号土	11%	65%	8.5%	15.5%
4 号土	12.5%	64%	11.5%	11%
1 号土	12%	63%	11%	14%

②粉煤灰的化学、物理、颗粒分析（表 3-8～表 3-10）

化学分析表（%）

表 3-8

化学成分 / 产地	SiO_2	Fe_2O_3	Al_2O_3	CaO	MgO	有效合计	烧失量
衡水	65	3	23			91	4.68
德州	41.25	6.04	25.71	1.23	0.71	74.9	22.94

物理分析表　　表 3-9

物理特征 \ 产地	颜　色	干湿程度	细　度	松密度
衡水	深灰	稍湿	21.4	0.78g/cm^3
德州	浅灰	湿	8.54	0.76g/cm^3

颗粒分析表　　表 3-10

筛孔尺寸 / 筛余量(%) \ 产地	2mm	1mm	0.5mm	0.25mm	0.075mm	<0.075mm
德州	5.8	9.6	15	23	46.7	
衡水				5	22.6	72.4

(2)室内试验

从表 3-8～表 3-10 中看出衡水的土质太细，德州电厂的粉煤灰太粗，两者混合后可能起到一定的级配作用。按以上四种土以 10∶30∶60＝石灰∶粉煤灰∶土做了 7d、28d、90d 的无侧限抗压强度和劈裂强度试验，另外以 2 号土做了 12∶88＝石灰∶土的试件进行比较(表 3-11 和表 3-12)。

石灰土和二灰土强度对比表　　表 3-11

序号	材料名称	配　比	强度(MPa)					
			7d		28d		90d	
			抗压	劈裂	抗压	劈裂	抗压	劈裂
1	石灰土	12∶88	$n=8$，0.51	$n=3$，0.04	$n=6$，0.99	$n=3$，0.06	$n=6$，1.37	$n=3$，0.122
2	二灰土	10∶30∶60	$n=6$，0.58	$n=3$，0.044	$n=6$，1.31	$n=3$，0.14	$n=6$，1.81	$n=3$，0.154

二灰土和石灰土水稳性和抗冻融性比较表　　表 3-12

材料名称	配　比	水稳性试验			抗冻融性试验		
		R_{28} (MPa)	干湿循环后强度(MPa)	水稳系数(%)	R_{90} (MPa)	$R_{90冻}$ (MPa)	$R_{90冻}$/R90 (%)
二灰土	10∶30∶60	1.31	1.313	102	1.81	1.29	71
石灰土	12∶88	0.99	0.917	92.6	1.372	0.97	71

(3)沥青路面基层试验

按石灰∶粉煤灰∶土＝10∶30∶60 配比在不同公路等级、不同交通量、不同塑性指数的土做了试验路，同时通过试验路与石灰土的使用性能进行了比较，其各种数据如表 3-13 所示。

二灰土与石灰土的性能比较表 表 3-13

试验路段内容及检测项目		试验路线名称及地点		
		106 线冀州北加油站	邢德线马场北	肃衡线深州辰时街
路段长度及等级		200m 二级路	500m 二级路	300m 三级路
路段交通量(混)		7 320 辆/昼夜	3 250 辆/昼夜	1 250 辆/昼夜
原路面状况		原石灰土基层失去板体	原石灰土基层已坏	原石灰土基层已坏
二灰土	土的塑指	17	6.3	13
	粉煤灰产地	德州电厂粗灰	德州电厂粗灰	石家庄电厂细灰
	配合比	石灰 10∶粉煤灰 30∶60	10∶30∶60	10∶30∶60
	厚度(cm)	15	15	15
	压实标准	重型	轻型	轻型
	拌和方法	筛拌	稳定土拌和机	犁拌
	施工时间	1994 年 7 月	1995 年 9 月	1994 年 6 月
面层结构厚度(cm)		下面层 4cm 黑碎上面层 3cm 沥青混凝土	4.5cm 黑碎(两次摊铺)	3cm 黑碎表处
钻孔取芯做无侧限抗压强度(MPa)	二灰土	竣工 60d,$n=4$,$R=3.9$ 第二年 $n=4$,$R=6.2$	第二年 $n=2$,$R=2.1$	竣工 3 个月 $n=4$,$R=2.96$
	石灰土	竣工 60d,$n=4$,$R=1.8$	$n=3$,$I_r=1.23$	竣工 3 个月 $n=7$,$R=1.2$
BZZ-100 实测弯沉值(0.01mm)	二灰土	$n=7$,$I_r=45$	$n=18$,$I_r=14$	$n=7$,$I_r=44$
	石灰土	$n=7$,$I_r=70$	$n=12$,$I_r=26.4$	$n=6$,$I_r=100$
使用后的病害调查	二灰土	第一年无病害,第二年冬季开始横向裂缝,宽 5～10mm,间距 10m,使用 5 年后无其他病害	第三年出现轻度裂缝,无其他病害	第二年冬季出现裂缝,宽 3～10mm,10m 左右一道,使用 7 年后改建
	石灰土	裂缝与上相同 5 年后损坏	第三年出现裂缝龟裂	裂缝相同局部龟裂

(4)二灰土与石灰土的强度比较(表 3-14～表 3-16)

室内试验石灰土、二灰土强度比值表 表 3-14

养生时间 \ 比值 \ 强度类别	抗压强度(MPa)	劈裂强度(MPa)
7d	0.93	0.93
28d	0.75	0.43
90d	0.75	0.43

试验路段石灰土与二灰土抗压强度比较表 表 3-15

路线名称 \ 材料	石 灰 土	二 灰 土	两 者 比 值
106 线	$R=1.8$MPa	$R=3.48$MPa	0.52
肃衡线	$R=1.2$MPa	$R=2.96$MPa	0.41
邢德线	$R=1.226$MPa	$R=2.104$MPa	0.58

石灰土与二灰土整体强度(弯沉值)比较表

表 3-16

路线名称＼材料	石灰土	二灰土	两者比值
106 线	l_r=70(0.01mm)	l_r=45(0.01mm)	1.56
肃衡线	l_r=56(0.01mm)	l_r=31.7(0.01mm)	1.77
邢德线	l_r=26.4(0.01mm)	l_r=14.01(0.01mm)	1.88

(5)分析

①本次试验所用的粉煤灰大多是山东省德州齐鲁电厂的粉煤灰，由于其烧失量超标，有效含量也不高，所以室内试验强度偏低。但也能满足和基本满足现行《公路沥青路面设计规范》(JTG D50—2006)石灰粉煤灰稳定类材料抗冻性能技术要求和 7d 无侧限抗压强度要求。1996 年衡水发电厂开始发电后，其粉煤灰按 JTJ 034—93 标准经化验结果是：细度 8.54%，烧失量 4.68%，有效成分 91%，为一级粉煤灰。在 106 线一级路底基层施工时，用塑性指数9.55 和 11.55 两种土做室内 7d 无侧限抗压强度如表 3-17 所示。

二灰土 7d 室内试验表

表 3-17

塑指＼土质	混合料配比 石灰：粉煤灰：土	最大干密度 (g/cm²)	最佳含水量 (%)	强度 (MPa)
9.55	10：20：70	1.609	18.7	0.63
	11：22：67	1.589	19.6	0.686
	12：24：64	1.571	21.0	0.69
11.55	10：20：70	1.626	18.65	0.640
	11：22：67	1.604	19.5	0.711
	12：24：64	1.572	20.15	0.720

从表 3-11 与表 3-17 对照，衡水电厂的粉煤灰做二灰土强度较高。

②土的塑性指数不同，二灰土的强度也不同，塑性指数较高的土质强度也较高。因此，在今后的二灰土施工时，应尽量满足规范要求的 12～20 的土质。表 3-18 为不同土质不同强度对照表。

塑性指数与强度对比表

表 3-18

土号	塑性指数	7d		28d		90d	
		抗压(MPa)	劈裂(MPa)	抗压(MPa)	劈裂(MPa)	抗压(MPa)	劈裂(MPa)
4 号	5.3	0.54	0.039	0.75	0.109	1.4	0.146
1 号	7.26	0.56	0.04	0.78	0.131	1.41	0.154
2 号	13.05	0.58	0.044	1.31	0.140	1.81	0.285
3 号	16.25	0.7	0.054	1.9	0.161	2.25	0.306

③试验路上的二灰土强度大大高于室内试验的强度。原因是室内试验时正好是冬季，不是在 20℃的恒温养生箱养生，而是有暖气的室内养生，室内温度根本达不到 20℃，所以强度较低，如在夏季施工的二灰土 60d 钻芯做无侧限的抗压强度达到 3.5MPa。因此在路上施工时尽量在平均 20℃气温以前完成，否则应采取技术措施。

④二灰土的强度大于石灰土强度。从表 3-11～表 3-13 中看出二灰土的无侧限抗压强度和抗冻融后强度都大大高于石灰土；再是从弯沉值上，按现行《公路沥青路面设计规范》

(JTG D50—2006)附录 E2 抗压模量 E 值上，二灰土是 600～900MPa，石灰土是 400～700MPa，前者比后果者大 200MPa，如果按表 3-14 分析，二灰土的抗压模量比石灰土不止 200MPa 之差，而是更大。这些都说明德州电厂的粗粉煤灰与衡水的细粒土做二灰土材料性能非常好，大大优于石灰土的性能。

⑤从各种试验说明，二灰土的初期强度虽然很低，但中、后期强度增长很快，如 106 线试验路 60d 钻芯无侧限抗压强度达到 3.9MPa，7 月份施工的二灰土到第二年冬季钻芯做无侧限抗压强度达到 6.2MPa。

⑥从试验路 106 线与肃衡线强度比较相差较大，前者为筛拌法施工，材料均匀性好，后者为耕犁拌和，均匀性较差；前者重型压实标准，后者为轻型压实标准；前者的土塑性指数是 16，后者土塑指是 13。虽然后者用的是石家庄电厂的好粉煤灰，但由于以上三种原因，后者的强度仍低于前者。

(6)二灰土的应用

二灰土在各种强度方面都大大高于石灰土，但它的干缩和温缩裂缝基本上与石灰土相等。因此，二灰土做高等级沥青路面的底基层最好。从 1995 年开始衡水高等级沥青路面的底基层全部由石灰土改为二灰土，总里程已达千公里以上。其厚度一般是新建路 30cm 左右，旧路补强改建 15cm 左右。通过二灰土的底基层应用大大提高了沥青路面的强度，一般春融时实测弯沉值 BZZ-100(0.01mm)L_r＝24～50。多年来，衡水地区在提高沥青路面的使用年限上，二灰土底基层起了很大作用。

二灰土做三、四级以下公路沥青路面基层也非常适宜，二灰土在造价上比石灰土略高些，主要是粉煤灰与土的差价，但二灰土在各方面强度上大大高于石灰土，如在弹性模量上将近高出 1 倍，如用 15cm 的二灰土与 25cm 石灰土比较，不但在强度上不低于石灰土，在造价上也比石灰土低很多。由于二灰土是由两种胶结材料组成，在施工上比石灰土复杂些，因此多年来用二灰土做沥青路面基层推广应用较少，如果从提高沥青路面的耐久性考虑，还是用二灰土较好。

二、基层

修建较早的高速公路大多是一层基层，由于路面不断出现早期破坏，后来都提高了基层厚度，由一层改成两层，即上基层和下基层。下基层多是二灰类材料，上基层多是水泥稳定材料，总厚度接近 40cm，为防止路面的早期破坏起到一定作用。

基层是路面的主要承重层，对路面性能起着重要作用，因此，要求基层强度高、不裂缝、抗水害强、抗冻融等，为满足以上要求，目前基层多采用无机结合粒料基层，也称为半刚性基层，是目前平原区普遍应用的高等级沥青路面基层。

1.二灰土结粒料基层

前边谈到二灰土的中、后期强度增长较快，而且板体性好，特别是我区电厂粉煤灰充足，运距短、经济，应大量推广这种结构，但由于它的裂纹与石灰土基本相等，为利用其优点克服其缺点，笔者提倡在二灰土中加入一些粒料，如二灰土结碎石、二灰土结石屑、二灰土结砂砾等，更经济的还有二灰土结建筑垃圾(碎混凝土、瓦、碎砖)，适宜投资困难的县、乡级路面基层应用。加入 40%～50%的粒料后肯定能解决二灰土的裂纹弊端，而且强度增长要快、要高，对于投资困难的贫穷地区且交通量又较小的县级公路沥青路面基层应用较好。

2. 二灰稳定级配碎石(砾石)

二灰稳定级配碎石的初期强度较低,7d 是 1MPa 左右,28d 是 2MPa 左右,初期强度较低是二灰碎石的缺点。它的优点是:便于就地取材,尤其是粉煤灰产地比较广,废物利用,造价很低,按我区情况与水稳碎石比较,投资可节省 1/5～1/4;与水稳碎石比较裂缝少;中后期强度增长较快,而且较高,当年春季施工的到年底可达到 9 MPa 以上,所以中期二灰碎石的强度增长较快。二灰碎石的一般配比是石灰占 5%～6%,粉煤灰占 10%～15%,碎石占 80%～85%,组成设计时要注意碎石不得小于 80%,否则为悬浮结构,集料形不成嵌挤,会降低强度,最好是一松方体积的集料,其空隙被二灰填充(即填充理论),经压实后其强度高,收缩性小。二灰碎石在配比设计时还要尽量少用 0.075mm 的粉料,因与二灰混合后表面形成软层,当二灰碎石做下基层时,与水稳碎石的上基层连接不牢;当二灰碎石做基层时,常常与面层连接不牢,行车后出现裂缝、渗水、唧浆等病害。这是近些年来新建高速公路二灰碎石不做上基层的一个重要原因,但它是我区应用最早(1992 年)、最多(大部分二级路)的基层结构。今后仍然适宜二级公路沥青路面基层选择。

二灰碎石粒料的级配有以下三种:

(1)骨架密实型石灰粉煤灰稳定类基层集料的最大粒径不大于 31.5mm,级配范围宜符合表 3-19 要求。

骨架密实型石灰粉煤灰稳定类集料级配 表 3-19

层位	通过下列方孔筛(mm)的质量百分率(%)								
	31.5	26.5	19.0	9.5	4.75	2.36	1.18	0.6	0.075
基层	100	95～100	48～68	24～34	11～21	6～16	2～12	0～6	0.3

(2)悬浮密实型石灰粉煤灰稳定碎石基层、底基层,集料的最大粒径分别不大于 31.5mm、37.5mm,其级配范围应符合表 3-20 要求。

悬浮密实型石灰粉煤灰稳定碎石的集料级配 表 3-20

层位	通过下列方孔筛(mm)的质量百分率(%)								
	37.5	31.5	19.0	9.5	4.75	2.36	1.18	0.6	0.075
基层		100	85～98	55～75	39～59	27～47	17～35	10～25	0～10
基层	100	85～100	65～89	50～72	35～55	25～45	17～35	10～27	0～15

(3)悬浮密实型石灰粉煤灰稳定砂、砾基层、底基层,砂、砾级配宜符合表 3-21 要求。

悬浮密实型石灰粉煤灰稳定砂、砾的集料级配 表 3-21

层位	通过下列方孔筛(mm)的质量百分率(%)								
	37.5	31.5	19.0	9.5	4.75	2.36	1.18	0.6	0.075
基层		100	85～98	55～75	39～59	27～47	17～35	10～25	0～10
基层	100	85～100	65～89	50～72	35～55	25～45	17～35	10～27	0～15

二灰稳定类材料做基层时,中冰冻和重冰冻地区的高速公路、一级公路应进行抗冻性试验(试验方法见设计规范附录 AA2),采用 28d 龄期的试件经 18～—18℃的 5 次冻融循环后的残留抗压强度与 28d 龄期的抗压强度(MPa)之比进行评价,满足表 3-22 要求。

石灰粉煤灰稳定类材料抗冻性能技术要求 表 3-22

气候分区	重冻区	中冻区
残留抗压强度比(%)	≥90	≥65

3.二灰类基层加入化学添加剂的试验研究

二灰类基层(包括二灰土、二灰碎石)由于便于就地取材,造价较低,中、后期强度很高,可实用于各级沥青路面基层和底基层应用,特别是远离砂、石材料产地的平原区和造价低的低等级沥青路面应是首选的基层材料和底基层材料。

(1)二灰材料强度形成的机理

正常情况下石灰、粉煤灰发生如下反应:

$$SiO_2+CaO \rightarrow CaO \cdot SiO_2 \cdot nH_2O$$

$$Al_2O_3+CaO+mH_2O \rightarrow CaO \cdot Al_2O_3 \cdot nH_2O$$

$$Fe_2O_3+Al_2O_3+CaO+m\,H_2O \rightarrow CaO \cdot Al_2O_3 \cdot Fe_2O_3 \cdot n\,H_2O$$

其中生成的 $3CaO \cdot SiO_2$(硅酸钙)、$2CaO \cdot SiO_2$(硅酸二钙)、$3CaO \cdot Al_2O_3$(铝酸三钙)、$4CaO \cdot Al_2O_3 \cdot Fe_2O_3$(铁铝四钙)与水泥中的成分相同,它们的水化物是水泥石的成分,这些反应通常叫火山灰反应。

熟石灰($Ca(OH)_2$)在过量水的作用下,形成石灰溶液,并电离 Ca^{2+} 和 OH^- 对土产生几点影响:①使石灰产生碳化反应而形成强度。②为石灰与土进行离子交换,创造了条件。③有利于石灰形成结晶。④为二灰稳定初步创造了一个碱环境,便于火山灰反应。

粉煤灰的主要成分是铝、硅、铁的氧化物,也是火山灰反应的主要物质,这些物质多是以玻璃体的形式存在,不利于 Ca^{2+} 的结合。在液态碱环境条件下,玻璃体中的 SiO_2 和 Al_2O_3 被溶蚀,从而形成水化硅酸钙和水化铝酸钙,水是二灰稳定材料强度形成的必须条件,所以说二灰是水硬性材料。

(2)化学添加剂提高二灰类材料早强的机理

二灰类材料初期强度低的根本原因是石灰与粉煤灰中的 SiO_2 和 Al_2O_3 发生火山灰反应生成胶凝性产物过程缓慢,也就是说火山灰反应太慢。根据二灰材料初期火山灰反应慢的原因(碱环境不足),加入化学添加剂,提高二灰类材料的碱环境,加速火山灰反应的进程,使它在早期产生较高的胶凝物质,掺加化学添加剂后提高二灰碎石混合料的 pH 值,增大离子浓度,降低胶团的动电位,形成晶体或黏结物质,进而提高二灰类材料的早期强度。加入化学添加剂后主要激发二灰的早期活性,但不是永久激发,到中后期仍是二灰材料的正常增长了。

化学添加剂的种类主要有:NaOH(氢氧化钠)、Na_2CO_3(碳酸钠)、Na_2SiO_2(硅酸钠)、Na_2SO_4(硫酸钠)。两者可以复合使用,如 NaOH—Na_2CO_3、NaOH—Na_2SiO_2. Na_2CO_3—Na_2SiO_2。

不论在常温下和低温下早强效果都比较理想。关于掺量问题,一般情况是掺二灰的 0.1%~0.2%,过多后不但不经济,而且会起反作用,如 Na_2SiO_2 超过掺量 0.3%后,起膨胀作用,所以必须控制好掺量。

(3)二灰材料加入化学添加剂实例

①G106 线在二灰碎石中加入 Na_2CO_3(碳酸钠)

粉煤灰 $SiO_2 \cdot Ai_2O_3 \cdot Fe_2O_3$ 总含量大于 7%,烧失量小于 20%,是符合“规范”要求的合格粉煤灰,通过室内试验和路段试验都能收到较好的效果。

a.与掺 2%的水泥比较强度表(表 3-23)

表 3-23

混　合　料	龄　期(d)			
	3	7	28	60
二灰碎石(MPa)	0.8	1.8	3.9	5.78
掺 2%水泥二灰碎石(MPa)	1.32	2.51	4.8	6.06
掺 0.1% Na_2CO_3 二灰碎石(MPa)	1.4	2.37	4.64	6.04
掺 0.2% Na_2CO_3 二灰碎石(MPa)	1.48	2.6	5.17	6.21

b. 收缩情况的试验

二灰碎石作为半刚性材料，在温度和湿度的影响下往往会产生干缩和温缩，使二灰碎石产生裂纹，为了了解掺水泥和掺 Na_2CO_3 的二灰碎石温缩和干缩特性，特做了试验，见表 3-24 和表 3-25。

温　缩　系　数　　表 3-24

龄　期 (d)	二　灰　碎　石	2%水泥二灰碎石	0.2%Na_2CO_3 二灰碎石
	$\times10^{-6}$	$\times10^{-6}$	$\times10^{-6}$
7	8.2	7.9	7.6
28	10.3	9.6	9.1

干　缩　系　数　表　　表 3-25

龄　期 (d)	二　灰　碎　石	2%水泥二灰碎石	0.2%Na_2CO_3 二灰碎石
	$\times10^{-6}$	$\times10^{-6}$	$\times10^{-6}$
7	37.3	37.0	33.2
28	31.4	31.1	28.9

c. 施工方法

106 线的二灰碎石基层厚 18cm，分四种情况进行铺筑，第一段是掺 2%的水泥；第二段是掺 0.2%Na_2CO_3；第三段是掺 0.1% Na_2CO_3；第四段是不掺外加剂。Na_2CO_3 是溶于水的化学物质，拌和时加入水中根据浓度加入拌和机中；水泥与石灰同时加入。拌和好后摊铺到路上，碾压成活，靠洒水养生，在养生中没有中断交通，各种车辆在上行驶，掺外加剂的路段没有飞石、起毛、松散等破坏现象。一年后观测的裂缝长度分别为 31.3m、7.6m、25.65m、17.8m，四种比较，掺水泥的裂缝最长。

在四种化学添加剂中，碳酸钠(Na_2CO_3)应是优选的品种，不但价格很便宜，还溶解于水，方便施工中加入，它还可以在施工现场用化学的方法快速、准确地检测出混合料中的硫酸钠含量，有利于施工质量的控制，而硫酸钠在混合料中的含量，目前还没有快速和准确的方法进行检测，只能用定性结合宏观定量的方法加以控制。

d. 经济分析(表 3-26)

1 000m^2　表 3-26

外　掺　剂	材料单价(元/t)	剂量(混合料)	需用量(t)	金额(元)
水泥	270	2	8.1	2 187
Na_2CO_3	1 500	0.2	0.81	1 215

从表 3-26 中看出掺 Na_2CO_3 比掺 2%的水泥节省投资 45%。

②石黄高速项目处用 Na_2CO_3 掺入二灰土中的室内试验如表 3-27 所示。

表 3-27

类别＼编号	1	2	3	4	5	6	平均
二灰土	0.62	0.68	0.65	0.72	0.64	0.71	0.67
掺 1% Na_2CO_3	1.04	0.95	1.02	0.95	0.99	0.96	0.99

以上为 7d 的无侧限抗压强度。掺 0.1%的 Na_2CO_3 比不掺的二灰土平均提高 48%。

衡德高速公路第三标段用 Na_2CO_3 掺入二灰土中也做了室内试验，效果也较好。

③加入硫酸钠(Na_2SO_4)低活性粉煤灰二灰碎石。所谓低活性粉煤灰就是 SiO_2 · Al_2O_3 · Fe_2O_3 总含量小于 70%，烧失量大于 20%，细度过粗。按规范要求这种粉煤灰是不能用于二灰类材料的，通过加入 Na_2SO_4(硫酸钠)后，激发了粉煤灰中的活性物质，迅速进行了火山灰反应，以此提高了二灰的早期强度。

a. 低活性粉煤灰质量(表 3-28)

表 3-28

粉煤灰有效成分	SiO_2	Fe_2O_3	Al_2O_3	CaO	MgO	总含量	烧失量
含量(%)	40.61	3.57	24.99	6.15		68.73	28.87

b. 二灰(25：75)强度试验表(表 3-29)

表 3-29

龄 期 (d)	二 灰(MPa)	掺 1%Na_2CO_3 二灰(MPa)	掺 1% Na_2SO_4 二灰(MPa)
7	0.71	1.42	1.57
28	1.14	2.25	2.36
93	1.68	3.78	4.64

表 3-29 中说明 7d 和 28d 二灰掺化学添加剂后可提高 1 倍以上，到了 3 个月后强度提高 50%左右，掺 Na_2CO_3(碳酸钠)比掺 Na_2SO_4(硫酸钠)二灰的增长较低，93d 低 25%。

c. 二灰碎石(5：15：80)强度增长表(表 3-30)

表 3-30

龄 期 (d)	二 灰 碎 石(MPa)	掺 1% Na_2SO_4 二灰(MPa)	掺 1% Na_2CO_3 二灰(MPa)
7	0.63	1.67	1.58
28	2.01	3.22	3.01
93	2.68	4.03	3.83
183	3.03	4.66	4.37

d. 施工

在施工中要注意掺量，一般是 0.1%～0.2%，最高是 0.3%，硫酸钠超过 0.3%后容易膨胀，当是低活性粉煤灰时，可按 1%、2%掺入，所谓低活性粉煤灰是指 SiO_2. Al_2O_3、Fe_2O_3 总含量小于 70%，或烧失量大于 20%的粉煤灰。细度过粗的粉煤灰由于其比表面积偏小，活性利用率低，亦可划入此列。掺各种化学添加剂最好要先做试验确定掺量，添加剂有的易溶于水，有的不易溶于水。硫酸钠是粉末状白色固体颗粒，在干燥状态下不结团，流动性好，施工时可搞个调节开启口径的出料口，作为控制用量。

④石黄高速项目处在二灰土中加入硫酸钠室内试验（表 3-31）

表 3-31

类别 \ 编号	1	2	3	4	5	6	平　均
二灰土（MPa）	0.62	0.68	0.65	0.72	0.64	0.71	0.67
掺 1% Na_2SO_4（MPa）	1.25	1.20	1.22	1.32	1.19	1.20	1.23

⑤利用硫酸盐在二灰桩和二灰碎石中的试验

a. 硬化机理

粉煤灰—石灰（生石灰）—硫酸盐体系的水化机理，该体系遇水后，首先是生石灰、硫酸盐的水解，使溶液呈碱性，并含有一定量的游离 SO_4^{2-} 离子。在碱性及硫酸盐环境中粉煤灰的活性氧化硅与活性氧化铝的部分 Si—O、Al—O 键打断使溶液中 Ca^{2+} 能与之结合，形成水性硅酸钙、水化铝酸钙，并在 SO_4^{2-} 的作用下，水化铝酸钙进一步反应生成硫铝酸钙晶体，溶液中随着 Ca^{2+}、SO_4^{2-}、OH^- 的不断消耗，使粉煤灰的水解得以继续，大量水化硅酸钙凝胶的胶结作用以及钙矾石的填充作用，到一定龄期时便使二灰具有一定的强度。

b. 室内试验（表 3-32）

表 3-32

配　合　比	7d	14d	28d
二级粉煤灰：生石灰：外加剂＝80：17：3（MPa）	1.35	3.12	7.28
二级粉煤灰：生石灰：水泥＝78：15：7（MPa）	0.86	1.07	2.81
二级粉煤灰：生石灰：磷石膏＝71：17：12（MPa）	0.66	2.32	3.85
二级粉煤灰：熟石灰：外加剂＝80：17：3（MPa）	0.28	0.75	2.71

c. 二灰碎石试验

以粉煤灰:生石灰:硫酸盐＝80：17：3 作为胶结材料与砂石比例＝（胶结料）：（砂石）：（碎石 ），水灰比要求 0.5～0.65 情况下，28 天无侧限抗压强度能达到 6.5～9MPa。

材料要求：品质好的粉煤灰、磨细生石灰、活性好的易溶的硫酸盐，集料要求一般与普通混凝土一致，但集料不宜太大，建议选择 5～20mm。

(4)试验分析

通过二灰类材料掺加化学添加剂的激发机理和有关地方的试验应用情况，根据二灰材料几年来的应用实际，认为对化学添加剂有推广的价值。

①二灰类材料稳定基层又急于通车的路线。为提高二灰材料的早期强度，满足车辆通行时要求的路面强度，防止通车不久造成路面结构性的破坏，可在基层中加入化学添加剂。如急于通车××线混合车道的二灰碎石基层，最晚的路段只有十几天就放行车辆，再加上重型车和超载车辆过多，所以经过几个月的通车后，有的路块出现严重龟裂，造成结构性破坏，如加入化学添加剂后，损坏的程度一定要轻些。

②二灰类基层材料不能满足 7d 规范要求的强度时，可以加入化学添加剂，提高早期强度，满足规范要求，如衡德高速公路二灰土底基层 7d 无侧限抗压强度不能达到“规范”要求的强度，经加入碳酸钠后就可以达到要求。

③二灰碎石施工季节较晚，气温较低时，为了当年完成任务，也可加入化学添加剂，提高早

期强度，满足行车要求和减轻冻融。过去在这种情况下，都是采用掺入2%～3%水泥提高早期强度，加水泥后施工时受到一定的限制，特别是时间紧，容易造成压实不足(压实度小一个百分点，强度就减少5%～7%)，掺化学添加剂后就好多了，基本上不增加施工难度，因为受激发的二灰水化热的反应较水泥缓慢的多，有充分的碾压时间，便于提高施工质量。同时可大大节省开支，2%的水泥用量与0.2%的硫酸钠相比，用水泥的开支高4倍。

④二灰碎石可以作为高速和一级公路的基层使用。过去由于认为二灰碎石的初期强度不足，表面易出现粉料软层，层间结合不牢，很容易形成唧浆。主要是过去的施工方法不当，如路拌法等。现在加入化学添加剂后，初期强度有了很大提高，如河南新乡加入硫酸钠后，7d强度达到1.67MPa，30d即达到3.2MPa，完全可以达到高等级公路对基层的要求。一级公路和高速公路沥青面层厚在10～5cm，现行最大的司太尔超载车，压力是0.7MPa，当传到基层时不足1.5MPa。从过去使用二灰碎石做基层的京石、石太等高速也没有因基层强度不足而破坏。1972年修建307线深州市13km，10cm二灰碎石使用8年累计一个车道上当量轴次(BZZ-100)达到274×10^5，最后还被石黄高速公路做基层使用。又如2006年突击施工的××线混合车道，面层只有4cm，昼夜达8000辆的大交通量，而且运砂、石、煤炭的大型超载车占有很大比重，在这种交通条件下使用3个月才局部出现严重龟裂，说明二灰碎石基层有很大的潜力。加入化学添加剂后，不但提高了二灰碎石的整体强度，表面强度也随之提高，表面的粉料软层就消除，原病害则不易出现。

a.试验资料表明，硫酸钠并不完全是早强剂，3个月甚至半年仍表现出较高的强度增长水平，因此，可称为“激活剂”。

b.二灰碎石的抗压强度当年春季施工到秋后可达到9MPa(武千线2001年实测数据)，超过了水稳碎石的强度，而且随着时间的延长，交通量的增长，强度还继续增长，最高可达到20MPa(沙庆林著半刚基层路面)，强度提高后其抗折强度、水稳性和抗疲劳性能也随之提高，符合交通量增大，路面强度增长的客观实际。

c.无侧限抗压强度和有侧限抗压强度相差很大，车辆行驶在有侧限的强度，所以更能满足要求。

d.二灰碎石的干缩和温缩都较小，裂纹少，不易漏水，减少了路面破坏，从而延长了路面的使用年限。

⑤在二灰碎石表面喷洒化学添加剂可提高二灰碎石的表面强度，从而增加面层与基层的连接，满足规范要求的层间结合。过去二灰碎石与面层的层间结合不牢，钻孔取芯时绝大多数面层与基层分离。层间结合牢固后，层间不易积水冻胀，延长了路面的使用年限，施工方法就是在初次养生的水中加入添加剂。

⑥公路养护在基层挖补时，也可加入化学添加剂，提高早期强度，缩短施工工期，提高运输效益和公路服务质量。

⑦对二灰类稳定材料掺入化学添加剂是一种新技术，各地的试验数据都不一样.应用时要做好试验。

二灰碎石掺加化学早强促凝剂后，不但适宜二级沥青路面基层选用，在为减少投资的情况下，高速公路、一级公路沥青路面基层也可应用，因为解决了早期强度低后，中、后期强度提高很快，总体强度不足一年时就可超过水稳碎石强度，而且裂缝还少，全面分析这种基层结构性能应该是不低于水稳碎石结构。特别是新的沥青路面设计规范提出了高速公路、一级公路二灰稳定粒料基层集料级配要求及抗冻性能的检验方法。

4. 水泥稳定级配碎石

水泥稳定级配碎石由于具有初期强度高(7d 达到 3～4MPa)的特点，普遍用于高速公路和一级公路沥青路面上基层，当使用普通水泥时，其 7d 强度(20℃温度)达到 58%，28 天达到 100%，由于强度增长快，易出现裂缝，其缝的大小和严重程度与水泥的用量和集料的级配有关，水泥含量一般在 5.5%左右，当超过 6%时就容易产生裂缝；当集料的细料和粉料多时也容易产生裂缝。只有在最佳集料级配状态下，最少的水泥用量，达到最佳的强度，裂缝也最少。因此，施工时要严格控制在同一路块出现级配、水泥含量、压实度、养生、含水量等两种以上偏差，造成强度严重下降而出现早期破坏。

水泥稳定级配碎石有悬浮密实型稳定类基层，集料最大粒径不大于 31.5mm，底基层集料的最大粒径不大于 37.5mm，集料的级配范围应符合表 3-33 要求，还有骨架密实型水泥稳定类基层的最大粒径不大于 31.5mm，集料级配范围宜符合表 3-34 要求。

悬浮密实型水泥稳定类集料级配表 表 3-33

层　位	通过下列方孔筛(mm)的质量百分率(%)							
	37.5	31.5	19.0	9.50	4.75	2.36	0.6	0.075
基层		100	90～100	60～80	29～49	15～32	6～20	0～5
下基层	100	93～100	75～90	50～70	29～50	15～35	6～20	0～5

骨架密实型水泥稳定类集料级配表 表 3-34

层　位	通过下列方孔筛(mm)的质量百分率(%)						
	31.5	19.0	9.50	4.75	2.36	0.6	0.075
基层	100	68～86	38～58	22～32	16～28	8～15	0～3

5. 二灰加水泥级配碎石

二灰碎石具有初期强度低的缺点，后期强度高的优点；水泥稳定级配碎石具有初期强度高的优点，后期强度不增长的缺点。二灰加水泥稳定级配碎石可把两种材料的优点集中利用起来，既可在达到高等级公路沥青路面基层要求初期强度高的目的，又大大储备了足够的后期强度，符合交通量与基层强度同步增长的客观规律。这样可以应用于各级公路沥青路面基层。不但防止了路面基层的早期破坏，同时也预防了路面基层的后期破坏。由于二灰加水泥稳定碎石强度增长比较缓慢，所以不裂缝，应该说是高等级沥青路面基层最理想的材料，其造价与水稳碎石比较并不高，按预算定额中的主要材料数量和我区的材料单价比较，前者比后者造价略低些。二灰加水泥级配碎石是在原二灰碎石的基础上增加了 2%～3%的水泥，不但利用了水泥和二灰两者的叠加强度，水泥还能促进二灰的早强，所以 7d 无侧限抗压强度可达到 2MPa 左右，28d 可达到 4MPa 左右，一年后可达到 15MPa 左右，而且还在增长。此材料曾于 1996 年在 307 线深州城西 7km 做过试验，3 年后实测代表弯沉值只有 0.24mm，当进行路面裂缝调查后，105km^2 路面上只有两道合计长 15m 的裂缝，效果很好。可以说从性能上优于水稳碎石。

6. 水泥粉煤灰粒料基层

当水泥和粉煤灰材料比较充足时，可用水泥和粉煤灰作胶结材料，稳定集料做沥青路面基层或是底基层，其效果与二灰类稳定集料基层基本相当，但它的初期强度(R_7)大于二灰材料，可用于各种等级公路使用。其压实度和 7d 无侧抗压强度满足表 3-35 要求。

水泥粉煤灰稳定类材料的压实度及7d无侧限抗压强度　　表3-35

层　位	类　别	特重、重、中交通		轻　交　通	
		压实度(%)	抗压强度(MPa)	压实度(%)	抗压强度(MPa)
基层	集料	≥98	1.5～3.5	≥97	1.2～1.5
底基层	基料	≥97	≥1.0	≥96	≥0.6

7.柔性基层

柔性基层可用于各级公路基层，柔性基层主要有两种：第一种是无胶结料的级配碎石、级配砂砾、级配碎砂砾，它可以减少沥青混凝土面层的疲劳裂缝，其厚度一般为10～20cm，利用粗集料的嵌挤作用形成骨架结构，可大大提高CBR值和回弹模量(>500MPa)，填缝碎石适用于三、四级公路的基层和各级公路的底基层。第二种是有机胶结料的碎石，按照空隙率的大小，沥青碎石混合料的级配类型可分为密级配、半开级配和开级配。密级配沥青碎石混合料具有较高的承载能力，半开级配沥青碎石混合料具承重、减缓反射裂缝和一定的排水能力，开级配沥青碎石混合料适用于排水基层。基层用碎石的公称最大粒径宜等于或大于26.5mm。密级配沥青碎石(ATB)的级配可参照表5-22的要求，根据试验和使用经验确定集料级配。混合料配合比设计宜按马歇尔试验进行，也可用其有效方法进行设计。半开级配沥青碎石(AM)和开级配沥青碎石(ATPB)的公称最大粒径宜用26.5mm或37.5mm。半开级配和开级配沥青碎石的结合料宜用黏度较高的沥青。混合料配合比设计可用马歇尔试验方法，其级配可参照表5-23、表5-25的要求，混合料的技术宜符合表3-36要求。

混合料配合比设计技术指标　　表3-36

试验指标	单　位	半开级配沥青碎石(AM)	开级配沥青碎石(ATPB)
公称最大粒径	mm	等于或大于26.5	等于或大于26.5
马歇尔试验尺寸	mm	ϕ152.4×95.3	ϕ152.4×95.3
击实次数(双面)	次	112	75
设计空隙率VV①	%	12～18	>18
沥青膜厚度	μm	>12	—
谢伦堡沥青析漏试验的结合料损失	%	不大于0.2	—
肯塔堡飞散试验的混合料损失或浸水飞散	%	不大于20	—

注：①试件的毛体积密度试验，按体积法确定。

以上两种柔性基层可单独设在粒料半刚性基层上，也可组合设在半刚性基层上，其顺序是粒料半刚性基层、级配碎石、沥青碎石。沥青路面的两种柔性基层与粒料半刚性基层组合较好。在高等级沥青路面下由于增设了柔性基层，面层的厚度可以适当减薄。如15cm时，可减到10cm，尽量少增加投资。

8.基层的具体选择

以上各种基层都有各自的特点，应根据实际需要进行选择，选择什么样的基层是关系到路面使用效果的关键，选择合理后可防止路面的早期破坏，提高路面的使用年限，减少路面运营期的养护费用，提高经济效益；选择不当后使路面过早出现损坏，造成严重的社会影响和经济损失，尤其是农民集资的乡、村级路过早破坏影响更坏。因此，必须慎重地选择基层，选择时可根据交通量、车辆组成，特别是重型车和超载车多少，道路等级，投资大小，就地取材料，设计年限等。

(1)高速公路和一级公路

高速公路和一级公路，其交通量大，重型车多，投资比较充足，底基层可优选后期强度高、造价低、适宜就地取材的二灰类材料，基层首选应是二灰级配碎石加水泥，该材料不但能满足初期要求的强度，后期强度很高，可满足交通量不断增长的需要；水泥稳定级配碎石，是高速公路和一级公路近些年来常用的材料。当条件允许时还可选用级配碎石与沥青碎石组合式柔性基层材料，但该种基层不但投资较大，而且技术还不成熟，而且还在试验阶段，使用时应慎重。当重型车辆较少、投资不充足时的一级路可用二灰级配碎石基层，用水泥或化学早强促凝剂提高表面的早期强度，当后期交通量增大，重型车辆多时，该基层结构也能满足强度需要，并大于水泥稳定级配碎石强度。

(2)二级公路

二级路的基层也要根据交通量大小和车辆组成在投资有限的情况下优选基层。底基层主要选用投资少的就地取材的石灰稳定类和二灰稳定类材料，平原区主要是稳定细粒土，粒料价格便宜的地区可选稳定粒料。基层可选用价格较低的粒料结构，最好选用二灰稳定级配碎石。交通量大、重型车多时，也加入2%～3%的水泥提高早期强度；投资不足时，可在表面增加一些水泥或选化学早强促凝剂，提高表面的早期强度；再是当交通量不大，重车不多，且投资受到严重限制时，可选用二灰土、悬浮碎石基层，该结构强度较高，裂纹也较少，能满足需要。必要时也可在表面加些早强材料，提高抗水害和抗冻融能力，还可加强与面层的层间结合，预防路面早期破坏和唧浆病害发生。

(3)三、四级公路

三、四级路沥青路面重点要根据车辆组成选择基层结构，就地取材应放入重点考虑，但以满足需要为原则。底基层平原区主要是石灰类和二灰类稳定细粒土，当重车多时基层可用二灰稳定碎石基层或是二灰稳定砂、砾基层，一般情况时可选用二灰土悬浮式粒料基层，其造价低、强度较高、裂缝较少，能满足三、四级路交通量需要，当三、四级改建成二级路时也能满足底基层需要。

(4)四级及四级以下乡、村级路

该路由于资金、投资限制，交通量也小，基层和底层材料首选的是就地取材结构，以减少资金投入，但也必须满足强度要求：①平原区应以石灰稳定细粒土和二灰稳定细粒土结构为主，为提高其表面强度，加强基层与沥青混合料面层的层间结合，防止搓动，同时提高基层的抗冻融能力，可在表面5cm左右加入3%～5%强度等级的低水泥，使表面变成综合稳定土，这样可解决无机结合料稳定细粒土初期强度低问题，特别表面由于拌和的不均匀性、养生的不均匀性、形成强度最薄弱部位，表面加些水泥后可弥补这一缺陷，防止了沥青路面的早期破坏，提高了使用年限；②有条件时，可在无机结合料稳定细粒土中加入一些碎石碎砖、水泥混凝土块的建筑垃圾，这样不但可提高基层整体强度，还可大大减少了裂缝，有利于提高路面使用年限；③砂、石料较近的地区可以在石灰土或是二灰土中加入一些砂、砾，效果会更好；④不掺任何其他材料的石灰土和二灰土基层，为保证使用质量和效果，必须严格控制施工季节和施工质量，如春季或雨季前施工、压实度、材料质量、胶结材料含量、均匀性等均满足规范要求。

当石灰土和二灰土施工较晚时，又不采取其他技术措施，最好当年不做沥青面层，因为基层形不成强度：①秋天的温差变化很大，通过温差提水作用，将基层下部和路基上部的水分逐渐提到基层的表面，由于面层的覆盖，大量的水又不能蒸发，只能积存在面层和基层之间；②刚刚铺筑的面层一般雨后也都渗水。两方面积聚的水分必然引起路面翻浆破坏。③冬季形成冻涨，春季融化后，使路面和基层形成一次严重的冻融损害，不但造成沥青路面的早期破坏，而且还大大损伤了路面的整体强度，从而减少了路面的使用年限，这是多年来的经验教训。因此，如果路面施工较晚（雨季后）时，最好只完成基层，用10cm左右厚的素土封盖，维持交通，待第二年天气暖和后，再清除覆盖土后施工沥青面层，这种施工方法修建的沥青路面质量非常好，一般不出现早期破坏，还可延长路面使用年限。

9. 沥青路面基层结构实例

实例一：二灰碎石加水泥基层

国道307线深州市至辛集市界长7km，该段路原是1986年从1969年6m宽石灰土基层2cm渣油（沥青）表处在破烂不堪的路况下改建成15m宽的二级路，其结构是加宽部分新做30cm石灰土基层，旧路部分补强15cm石灰土基层，使全幅都达到30cm石灰土基层，面层为4cm下贯上拌式黑色碎石，由于施工较晚（11月份竣工），再加上秋末冬初连降大的雨雪，使路面大面积翻浆破坏，最后采取了断交保护措施，第二年春融后开始放行交通。尽管如此，路面也遭到严重损坏，不但平整度很差，而且整体强度也受到伤害，路面虽经多次连年养护维修，但由于交通量太大，混合交通折合成标准车昼夜交通量已超过1万次，而且晋煤东运和砂、石东运的大型车和超载车占到30%以上，所以路况一直很差，到1996年路面已不堪重负，经春季调查，基层病害率约占25%以上，面层病害率占40%以上，实测代表弯沉值（BZZ-100）达到$L_r=230(1/100\text{mm})$。为适应交通量需要，经研究决定进行改建，改建意见是在原路面基础上，平均补强二灰碎石厚17cm（包括找平），6.5cm沥青面层。其中4cm沥青碎石下面层，2.5cm细粒式AC-13沥青混凝土上面层。二灰碎石组成设计配比是石灰（6%）、粉煤灰（10%）、碎石（84%），由于施工季节较晚（9月份），为解决二灰碎石的早期强度问题，确定加入3%强度等级低的水泥。主要材料要求：

(1)碎石

采用隆尧碎石，为减少基层的干缩和温缩引起的基层裂缝，按《公路路面基层施工技术规范》（JTJ 034—93）中表5.2-9未筛分碎石基层级配范围表中的1型标准，加大了碎石的粒径，具体要求如表3-37所示。

二灰碎石下基层（加大粗集料）级配 表3-37

筛孔尺寸(mm)	50	40	30	20	10	5	2	0.5	0.075
标准通过度(%)	100	85～100	35～65	42～67	20～40	10～27	8～20	5～18	0～15
实际通过率(%)	100	83	55	45	24	12	8	1	3

由于加大了粗集料的粒径，再加上施工条件的限制，采用路拌法施工，石料直接卸在旧路面上，按数量码成料带，备石料时重点控制含土量和山皮质含量。石料的主要产地是隆尧县和鹿泉市两种，均为石灰石。

(2)石灰

石灰产地是井陉县产的生石灰，运到工地后进行消解，过1.5cm的方孔筛，粉后的熟石灰有效钙加氧化镁含量不低于Ⅲ级灰的55%，一般实际达到60%以上。

(3)粉煤灰

粉煤灰用石家庄电厂生产的细灰，有效含量85%，烧失量8%，比表面积2 930cm²/g。

(4)水泥

水泥用鹿泉市(32.5级)慢凝(6h)普通硅酸盐水泥，按以上材料和配比做试件，标准养生6d，测水1d，实测无侧限抗压强度2.5MPa，28d达到4MPa。二灰加水泥后不但是两者的叠加强度，还有粉煤灰水化靠水泥水化后释放出来的氢氧化钙产生第二次水化生成具有凝胶性能并提供后期强度的水化硅酸钙和水化铝酸钙，所以二灰材料加入水泥后还起到促凝作用，因此，强度增长较快、较高，能满足沥青路面大交通量对路面基层的需要。

(5)路拌法施工

第一步，把备在路上并码成方的碎石用人工摊铺在旧路面上，整平后用钢轮压路机稳压两遍，喷洒第一次水，水量约占总量的30%，使碎石全部湿润；第二步，铺粉煤灰，铺粉煤灰时要避免大型车辆进入铺层，用手推车将路边的粉煤灰推到路中间，要求铺在碎石上的粉煤灰进行第二次细平，保证均匀，然后用履带拖拉机摆压1遍后喷足粉煤灰需用的水分；第三步，铺石灰，也要进行第二次找平，使石灰铺的尽量均匀一致；第四步，用稳定土拌和机进行拌和，拌和时随机跟人进行检查，对不均匀的路块立即采取措施；第五步，将拌和好的二灰碎石整平，用履带拖拉机摆压两遍，第三次加足全部水分(包括损失的水分)；第六步，铺撒水泥，铺水泥前先根据水泥用量用石灰粉打好方格，每个格内1袋水泥进行控制，做到均匀一致，对不均匀的路块用人工第二次找补；第七步，第二次用稳定土拌和机进行拌和，拌和时也跟人进行检查，以保证材料的均匀性；第八步，材料均匀性检测，拌和完成后质检人员抓紧用EDTA法进行石灰和水泥两种主要胶结材料的偏差值检测，检测频率按每2 000m² 检测4处，石灰控制在±1%内，水泥控制在±0.5%内；第九步，细平，用水平仪控制高程，用平地机结合，挂线和人工进行细平，同时用6m直尺进行平整度的检测；第十步，碾压，用15～18t钢轮压路机和振动压路机进行组合碾压，钢轮压路机在前面碾压第一遍，后面紧跟振动压路机，两种压路机连续碾压6～8遍后，一般可达到规范要求的98%压实度标准，碾压中如果表面干燥时，可少许喷水，略湿润后继续碾压，对碾压中出现的"弹簧"、松散、起皮路块要立即进行翻开，加些新料，人工拌和均匀后，抓紧继续进行碾压，碾压中要求对路边缘部位多压两遍，以弥补边缘容易压实不足的缺陷；第十一步，压实度检查验收。按《公路路面基层施工技术规范》(JTJ 034—93)要求检查频率处数、标准值、极限低值合格后，进行养生期。洒水养生7d后铺筑沥青面层。

该段路使用3年后决定改建高速公路，为充分被高速公路利用，改建前进行了路况调查：①实测弯沉值(BZZ—100)41点，$L=14.24$(1/100mm)，$S=6.18$，$L_r=20.87$(1/100mm)；②路面病害调查，全段只有两道合计约15m长的细裂缝，无其他病害；③钻芯做无侧限抗压强度，钻心4处，平均15.8MPa。由于裂缝很少，强度高，弯沉值很小，该高速公路的设计弯沉是28(1/100mm)，所以被高速公路当做基层使用。从以上路况分析，强度高而未产生较多裂缝，说明用路拌法加大二灰碎石中碎石的粒径，可大大提高基层的抗裂性能；二灰类材料与水泥类比较，强度增长较慢也是一个原因。总之，二灰碎石加水泥的沥青路面基层实用于交通量大、重型车辆多的二级路、一级路和高速公路沥青路面基层应用，而且投资不增加，效果还好。

实例二：石灰土、二灰土底基层、水泥稳定级配碎石基层

三种材料组合式沥青路面基层。该基层以国道106线一级路衡水市至冀州市西半幅长

18km 为例，1997 年在原 9m 宽二级路沥青路面基础上改建为一级路，以旧路面维持交通，在旧路的西侧新建半幅一级路，设计沥青路面宽为 10.5m。根据近期交通量及远期交通量增长率，还有车辆组成，结合衡水地区高等级沥青路面基层结构使用经验，按《公路沥青路面设计规范》(JTJ 013—97)，设计年限 15 年，计算一个车道上的累计当量轴次为 48.6×10^6，设计弯沉值 28(1/100mm)。在路面厚度计算时，先确定沥青面层厚 10cm，水泥稳定级配碎石厚 15cm，二灰稳定细粒土 18cm，路基土为粉砂质粘土，$E_0\geqslant$30MPa 层，计算石灰土厚 16cm，为便于施工，确定为 18cm。

(1)石灰土施工。石灰土施工用路拌法，土的塑性指数就地取土为原则，一般为 8～16 之间，小于 8 的可远运土；石灰用邢台隆尧石灰场生产的生石灰，运到工地后进行消解，然后过 1.5cm 的方孔筛，再运到路面上使用，要求熟石灰的钙、镁含量不小于 55%的三级灰标准，按常规方法在路床上铺土和石灰后，用稳定土拌和机进行拌和，拌和时拌和机的拌和齿要求深入土基(路床)10～20mm，加强基层与路基的连接。压实度要求不低于 95%，经质检人员验收合格后进行上承层施工。

(2)二灰土施工。二灰土也是用路拌法施工，二灰土要求的石灰钙、镁含量和土的塑性指数与石灰土基本相同，粉煤灰为衡水电厂所产，细度为 8.54%，烧失量 4.68%，有效成分 91%，为一级粉煤灰。施工时先把土备在石灰土下面层上，找平，土太干时可洒水，水量约占土最佳含水量的 50%，然后铺撒粉煤灰，粉煤灰干时也应洒水，并洒足全部水分，整平后用履带拖拉机摆压 1～2 遍，之后铺撒石灰，并进一步找平，最后用稳定土拌和机进行拌和，在机后跟人检查拌和均匀性，拌和时拌和机的齿也要求深入石灰土下承层 5～10mm，加强两种底基层的连接。由于二灰土是石灰、粉煤灰和土三种材料的组合，路拌法施工又是一种比较粗放型的施工方法，为尽量保证三种材料的均匀性，因此，施工中要做到细心铺料、细心平整、细心拌和和细心检测，只有材料比较均匀后，才能保证基层强度及其均匀性，预防因强度不均匀而出现路面的局部早期破坏。

(3)水泥稳定级配碎石基层施工。基层是沥青路面的主要承重层，水泥稳定级配碎石对材料的均匀性要求更严，如百分之五点多的水泥含量，当偏差值略大些时，就会严重影响强度，强度高的路块产生裂缝，强度低的路块不能满足行车对路面的强度要求，极易引起路面的早期破坏。因此，水泥稳定级配碎石必须用厂拌法施工。首先要求对原材料的质量控制，水泥用隆尧产 32.5 级慢凝(6h 以上)普通硅酸盐水泥，水泥的细度、烧失量等各项技术指标均满足规范要求；石料用隆尧产石灰岩碎石，按《公路路面基层施工技术规范》(JTJ 034—93)表 2.2.1-3 适宜用水泥稳定的集料的颗粒组成规范(高速公路、一级公路)选用表中的 2 型级配标准，集料的最大粒径不应超过 30mm，为此，由 1～3cm、1～2cm、0.5～1.0cm 和石屑四种集料进行级配，石料要求洁净、有棱角、石质坚硬等指标符合规范要求。通过组成设计确定 R_7 无侧限抗压强度为 3.5MPa，R_{28} 可达到 7MPa 左右，控制强度过高后产生横向裂缝，水泥用量是 5.1%，为满足不均匀性时形成的过低强度，将水泥在拌和时增加到 5.5%控制，拌和采用镇江筑路机械厂引进澳大利亚技术的双轴式 ASR250X 型拌和机，拌和能力为 $250m^3/h$，拌和时用微机对各种集料、水泥和水自动称重控制，拌和的精度较高，水泥偏差小于±0.5%，含水量偏差也小于±0.5%(实际含水量控制在 6%～7%之间)，天气干燥时取大值，天凉时取小值，尽量在较小的含水量控制下抓紧完成从拌和到碾压成活的施工工艺过程，防止含水量大后造成干缩裂缝。水泥混合料的摊铺用两台摊铺机梯形作业完成摊铺任务。压实时用两台 15～18t 钢三轮压路机和两台振动压路机一前一后进行组合压实，压实度要求达到98%以上。

关于质量控制，除对各种材料质量进行控制外，重点对胶结材料的偏差值进行控制，石灰土中的石灰允许偏差±1%；二灰土中的石灰允许偏差±0.5%，水泥稳定级配碎石水泥含量的偏差允许±0.5%，石料的级配除拌和站加强管理外，设专人在摊铺后或碾压第一遍后进行集料离析检查，对于出现的粗集料窝和粗集料带添加部分细料和水泥用人工拌和均匀，对于出现的细集料窝添加部分粗集料和水泥用人工拌和均匀，由于该拌和机的拌和控制精度较高，又是摊铺机摊铺，以上离析情况很少出现。基层验收合格后，再洒水养生7d，喷洒透层油和封层油后开始铺筑沥青混凝土面层，竣工后全路段立即放行交通。由于该路段施工质量始终控制较好，整个施工过程没有出现过任何质量事故，上面层是SAC-16新型断级配沥青混凝土(当时河北省应用还较少)，竣工后初验各项技术指标均较高，在全省沥青路面施工质量评比时被评为第一名。

竣工后的第2年春融时是沥青路面施工后的第一个不利季节，实测弯沉值(BZZ—100) $L_r=18.6$(1/100mm)，通车6年后路况调查时，春融不利季节实测弯沉值(BZZ-100) $L_r=24.1$(1/100mm)。近几年该段的交通量增长很快，尤其是4轴、5轴、6轴的大型车和超载车很多。现在已使用9年基本上没有出现病害，说明路面强度仍然很高。该段使用9年路况很好，强度很高，说明施工质量控制严格是一个方面；但另一方面说明基层结构选择合理，从最下部的石灰土、二灰土，到上部的水泥稳定级配碎石三种材料组合，强度由低逐渐向高，符合沥青路面梯形受力结构，这样可充分发挥各种材料强度及其性能，如石灰土和二灰土均容易产生裂缝，但设在底基层，对整个基层裂缝影响不大，基层用的是裂缝较轻的水泥稳定级配碎石；这种组合式基层的另一个特点是可充分就地取材，由于平原区不产砂石，底基层充分利用了当地的土材料，粉煤灰材料也可以就地取材，平原区不产砂石，但大多有火力发电厂，衡水电厂的粉煤灰运到工地平均运距只有十几公里，费用也很低，石灰土和二灰土石灰费用较高，但用量较少。总之，这种以就地取材为主的组合式沥青路面基层，应是平原区大交通量、高等级沥青路面基层的优选组合式基层结构，如果把水泥稳定级配碎石改为二灰稳定级配碎石加水泥效果更好，强度更高，而且造价也不增加。

实例三：石灰土表面加水泥基层

此种基层共作了三处试验路段，第一段为省道邢德线故城县沙河段长500m；第二段同是省道邢德线枣强县与南宫县交界弯道处长500m；第三段为省道保衡线衡水西出口长200m。为验证石灰土表面加水泥基层的可行性，首先进行室内试验，试验时分三种情况：

(1)对塑性10.5、15.5、21.5的三种土石灰含量为10%，水泥含量为0%、2%、3%、4%、5%的五组试件做了7d、28d的无侧限抗压强度试验、冻融后的损失量试验、冻融20次的无侧限抗压强度试验。图3-1为三种土7d和28d无侧限抗压强度试验。

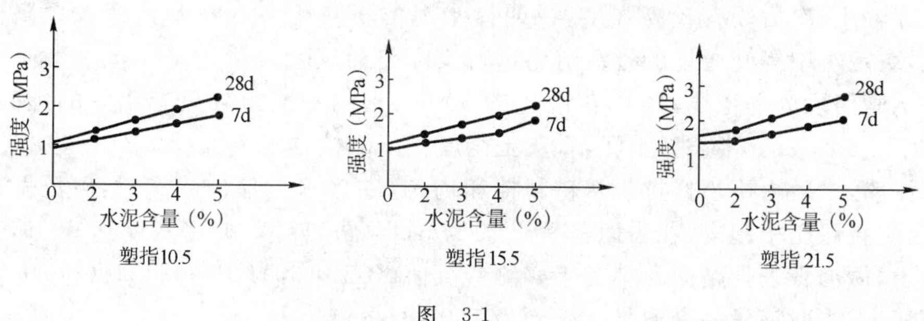

图 3-1

图 3-2 为三种土石灰含量 10%，水泥含量不等，养生 28d 在冰箱和 20℃ 恒温水箱中冻融 15 次平均损失率。

图 3-3 为三种土在石灰含量 10%，水泥含量不等的试件养生 28d 后，在常温和冰箱内连续冻融 15 次，试件平均损失率比较。

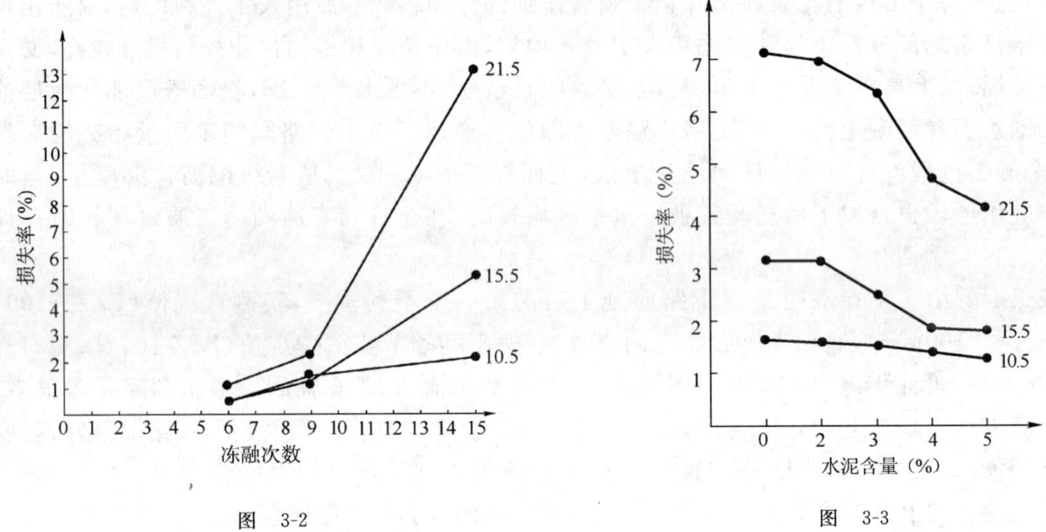

图 3-2　　　　图 3-3

(2)对塑性指数 18.5 的土，石灰含量 10%，水泥含量 2%、3%、4%、5% 和 0% 五种试件养生 28d 后，浸水 12h，在冰箱和气温 20℃ 的室内各 12h 进行冻融，到第 10 次时又浸水 12h，结果不掺水泥的试件全部松散，掺水泥的试件又冻融 10 次，做无侧限抗压强度如表 3-38 所示。

表 3-38

水泥含量(%)	2	3	4	5
强度(MPa)	2.3	2.4	2.2	2.22

(3)对塑性指数 18.5m 的土质用石灰含量 10%，水泥含量分别 3%、4%、5% 三组试件养生 3d 后浸水 24h，做无测限抗压强度如表 3-39 所示。

表 3-39

水泥含量(%)	3	4	5
抗压强度(MPa)	1.08	1.19	1.30

通过室内试验可以明显看出：①掺水泥后的石灰土强度有所提高，而且掺量越多强度越高，成直线增长；②通过多次冻融试验，塑性指数 10.5 的土损失率最低，扩大了石灰土用土的范围；③通过塑指 18.5 的土质石灰土不掺水泥经过 10 次冻融浸水后就全部松散，掺水泥的石灰土继续冻融 10 次后仍有较高强度，说明掺水泥的石灰土各项技术指标大大高于普通石灰土。为此，决定对中等交通量的省级道路进行实际路面试验。

第一试验路段为邢德线，1989 年改建的 500m，土的塑性指数只有 4.5 的细砂土，含灰量加大到 12%，表面 4cm，掺 3% 水泥，石灰土全厚 15cm，按常规方法拌匀石灰土并粗平后，在表面铺撒水泥粉，之后再用小拖拉机悬耕犁拌和均匀，在含水量最佳状态时，碾压两遍。由于是粉砂土，为防止碾压中起皮，在表面盖素土厚 5cm，再碾压四遍，使密实度达 96%，养生 7d 后，去掉覆盖土，做沥青表处路面。第二年实测弯沉值(BZZ—60)$L_r=60(1/100\text{mm})$，使用 3 年未出现任何病害，当时该段的交通量(混合)为 750 辆/昼夜。

第二试验路段同是邢德线，1990 年进行石灰土基层补强大修，长 500m，石灰土厚 15cm，土的塑指是 10，表面 8cm，掺 5% 水泥，按常规施工方法拌和石灰土均匀后，再按比例铺撒水泥粉，进行第二次拌和，此次拌和时用 55 马力的大拖拉机悬耕犁拌和 2～3 遍，均匀为止，重型碾压到密实度 95% 后，盖土养生 7d，做 2.5cm 厚沥青表处路面。第二年实测弯沉（BZZ—60）L_r=30(0.01mm)，未掺水泥的相临路段实测弯沉（BZZ—60）L_r=54(0.01mm)，到第三年实测弯沉值时，前者为 L_r=29(0.01mm)，后者为 L_r=34(0.01mm)。

第三试验路段是保衡线衡水的西出口，与上述同样方法进行施工，从 1989 年到 1992 年连续 4 年进行观测，并与未掺水泥的石灰土基层进行比较（表 3-40 和表 3-41）。

病害率比较表　　表 3-40

时　　间	掺水泥石灰土基层病害率（%）	未掺水泥石灰土基层的病害率（%）
1990 年 3 月	2%	34%
1992 年 3 月	7.5%	71%

实测弯沉值（BZZ—60）比较表　　表 3-41

时　　间	掺水泥测点弯沉值	平均值（0.01mm）	未掺水泥测点弯沉值	平均值（0.01mm）
1998 年 2 月	44、106、120	90	130、106、132	123
1990 年 2 月	48、52、58、52	53	102、166、102、140	115
1991 年 2 月	66、66、68	73	98、160、136	131
1992 年 2 月	48、74、104、68	74	120、178、92、126	129

(4)分析。通过石灰土基层掺水泥和未掺水泥沥青表处路面的室内试验和路段实际应用分析如下：

①提高了石灰土基层的表面强度，从而提高了沥青表面处治面层与石灰土基层的连接，防止了层间结合不牢而引起的路面搓动。如邢德线塑指 4.5 的石灰土基层，同是邢德线枣南界大弯道石灰土基层，都掺入了水泥，提高了表面强度，提高了层间结合能力，使油面未产生搓动。

②石灰土基层使用土的塑性指数提高了应用范围，原规范要求石灰土的塑性指数是 11～21（现行规范是 15～20），通过试验塑性指数 10.5 的土性能最好，土的塑性指数降低以后，裂缝也就大大减少，因为表面加水泥后只是提高了石灰土的表面性能，并没有改变石灰土基层的整体性能，土的塑性指数扩大应用范围后，还可更便于就地取材，减少工程造价。

③在提高石灰土表面强度的同时，提高了石灰土基层的整体强度，如保衡线连续 4 年的实测弯沉值，掺水泥的路段都明显高于未掺水泥的路段。

④沥青表处路面的基层表面是路面的最薄弱部位，由于胶结材料的不均匀性、压实的不均匀性、养生的不均匀性，含水量的不均匀性均造成石灰土的表面强度最低，但表面承受的冲击力、振动力、剪切力和压力最大，受水害、受冻融也最严重，所以石灰土基层沥青表处路面最容易出现早期破坏，石灰土表面增加水泥以后提高了表面强度，也随之提高了抗病害的能力，所以可大大减少路面的早期破坏，延长路面的使用年限。

综合分析，如果石灰土基层表面加水泥后的沥青表处路面在一定条件下可以达到设计 8 年的使用年限，其条件是：①路基稳固，不变形，压实时尽量超标压实；②保证路基常年处于干燥或中湿状态；③管理到位，防止人为对路面的破坏；④严禁超载车（包括拉砖的小拖拉机，其轮胎压强也超过 1.0MPa）；⑤及时进行养护。能做到以上几点后，该种基层最实用于四级以下的乡、村级沥青路面基层。

实例四:柔性基层

半刚性基层沥青路面在全国高等级公路建设中被广泛应用,有较高的强度、承载力和良好的使用性能,但半刚性基层沥青路面横向裂缝较多,并引起沥青路面唧浆、网裂直至路面破坏等问题。为了探讨解决此种病害问题,在河北省交通厅公路局指导下在衡德高速公路K40+650—K43+300段进行了柔性基层试验。

(1)试验研究的目的

①采用级配碎石和沥青碎石基层是否减轻沥青路面裂缝;

②柔性基层沥青路面经济性能是否合理;

③柔性基层沥青路面的行车舒适性如何;

④研究级配碎石基层、沥青碎石基层施工工艺。

试验路段为2003年7月9日开始,至2003年8月15日结束,历时1个多月。

(2)柔性基层结构

柔性基层主要做了三种,其各层次结构如表3-42结构1、结构2、结构3所示,结构4为半刚性基层采用两层铺筑沥青混凝土面层与三层式(一般路段面层为4+5+6)面层铺筑进行性能比较。

柔性基层结构表

表3-42

结 构 1	结 构 2	结 构 3	结 构 4
K40+650—K41+718 (左幅)	K41+718—K42+373 (左幅)	K42+373—K43+300 (左幅)	K40+650—K43+300 (右幅)
4cm沥青混凝土上面层 5cm中粒式沥青混凝土中面层 6cm粗粒式沥青混凝土下面层 6cm+8cm沥青碎石 20cm级配碎石 20cm二灰土底基层	4cm沥青混凝土上面层 7cm粗粒式沥青混凝土下面层 8cm+9cm沥青碎石 21cm级配碎石 20cm二灰土底基层	4cm沥青混凝土上面层 7cm沥青混凝土下面层 8cm沥青碎石 13cm级配碎石 17cm二灰碎石 20cm二灰土底基层	6cm沥青混凝土上面层(AC-16) 9cm沥青混凝土下面层(AC-25) 17cm水稳碎石 17cm二灰碎石 20cm二灰土底基层

(3)级配碎石配合比设计与施工

①级配碎石配合比设计按现行基层规范表6.2.4采用2号级配

石料为济南料场生产的石灰岩。采用1～2cm、0.5～1cm、石屑共三种规格料进行配合比设计。最终确定配合比为1～2cm:0.5～1cm:石屑=37:20:43,由重型击实试验得出最佳含水量为5.8%,最大干密度为2.18g/cm^3。级配碎石的配比如表3-43所示。

表3-43

	级配范围(通过百分率)							液限	塑指	灰矿值
筛孔(mm)	31.5	19	9.5	4.75	2.36	0.6	0.075			
级配要求(%)	100	85～100	52～74	29～54	17～37	8～20	0～7	<28	<9	<26
实际级配(%)	100	92.5	64.2	42.8	26.9	10.7	4.5	17.2	0.7	18.4

②拌和与运输

a. 采用江苏镇江产 ASR250D 型拌和楼，生产能力为 250t/h，一台 WZS400A 型基层拌和楼生产能力为 350t/h，两台拌和楼的总生产能力为 580t/h，拌和楼的料斗上装有去除超大粒径的过滤网。拌和后混合料的含水量宜高于最佳含水量的 1%～2%，根据施工当天的天气决定，用以补偿后续施工的水分损失，拌和过程中，试验员要经常抽检混合料的含水量，确保出料质量。

b. 当运输距离较远或气温较高时，混合料在运输过程中用贴布进行了覆盖，以防水分蒸发。

c. 向自卸车装料时分 2～4 层装料，并且要按前、后、中三次装料，以减少集料的离析。

③摊铺和整型

a. 摊铺时采用两台 ABG423 型摊铺机成阶梯作业，两台摊铺机前后相距 15m 左右，两次摊铺时应有 20cm 左右重叠，以保证纵缝平整，摊铺速度控制在 1.5m/min 左右。经过摊铺机夯锤高振幅的振捣，提高了初始密度，经过试验段的压实，确定松铺系数为 1.2。

b. 两台摊铺机同步摊铺时，前一台摊铺机路肩一侧采用挂钢绞线控制，另一侧采用横坡仪进行控制；后一台摊铺机路肩一侧挂钢绞线，另一侧采用滑靴，滑靴放于已摊铺出的级配碎石基准面上。

④碾压

参考其他公路级配碎石施工成功的碾压工艺理论，确定碾压工艺如表 3-44 所示。

表 3-44

序　号	碾 压 顺 序	速　度(km/h)
1	20t 胶轮压路碾压 2 遍	1.5～1.7
2	YZ18 压路机低频高振幅振压 1 遍	2.0～2.5
3	20t 胶轮压路碾压 1 遍	2.0～2.5
4	YZ18 压路机高频低振幅振压 2 遍	2.0～2.5
5	20t 胶轮压路碾压 1 遍	2.0～2.5

碾压过程中对于局部出现粗细集料离析的，及时进行了处理。挖除大料窝点及含水量超限点，并换填合格材料，用石屑对表面偏粗的部位进行精心找补；碾压过程中对局部表面干燥的段落补充洒水。

⑤质量检验

碾压成型后，各项指标的检验应在 24h 内完成，首先表面应均匀无松散等现象。压实工序完成后，逐步进行检测。其检测内容如表 3-45 所示。

级配碎石基层检测标准　　表 3-45

序　号	检 查 项 目	规定值或允许偏差	检 测 频 率
1	压实度	≥98%代表值 ≥94%极值	按 JTJ 071—94 附录 B 检查，每 200m 每车道测 2 处
2	纵断高程	+5，−10mm	水准仪：每 200m 测 4 个断面
3	厚度	代表值：−8mm 极值：−15mm	按 JTJ 071—94 附录 G 检查，每 200m 每车道测 1 处
4	宽度	不小于设计值	每 200m 测 4 处
5	横坡度	±0.3%	水准仪，每 200m 测 4 个断面
6	平整度	8mm	3m 直尺：每 200m 测 2 处×10 尺

检测结果:13cm 级配碎石压实度达到了 99%以上;20cm 和 21cm 的级配碎石压实度达到了 98%以上,说明压实效果较好,满足了规范的要求。

(4)透层、封层和黏层

为了保证级配碎石基层表面的强度和黏结性,在其顶面做了透层和封层。施工任务由河南高远公路养护技术有限公司承担,用雾化较好、撒布均匀的电脑控制设备按设计用量一次浇洒均匀。经过试验采用:

①透层

透层油采用普通乳化沥青(基质沥青采用与底面层沥青相同),PA—2 类型。沥青用量为 35%。经试验,确定撒布量控制在 1.2kg/m^2。

②下封层

下封层沥青采用同下面层相同的重交 70 号沥青为基质沥青,用 SBR 改性为乳化沥青。SBR 改性乳化沥青:采用 PA—3 撒布型乳化沥青,掺加 3%左右的 SBR 改性剂。乳化沥青中沥青含量为 60%~65%。

沥青的撒布:洒布机械同透层一样用进口的沥青撒布设备。施工前先进行试洒,以确定喷洒速度和洒布量。洒布量经分段试洒 2.0kg/m 用量效果较好。作为施工用量。

碎石的撒布:采用 7~9mm 的单级配石灰岩碎石并先用乳化沥青预拌提高与沥青的粘附性。碎石撒布量为 6~8m^3/1 000m^2,碎石撒布采用碎石撒布车专用设备,以保证碎石撒布均匀,要求碎石覆盖率达到 80%以上。之后用胶轮压路机碾压两遍,以保证碎石与沥青黏结牢固。下封层施工完成后,设置路障禁止车辆通行。

③黏层油

在沥青碎石与沥青碎石之间、沥青碎石与沥青混凝土之间、沥青混凝土之间均撒布了黏层。

黏层油采用 SBR 改性乳化沥青乳液,乳化沥青为阳离子 PC—3 撒布型乳化沥青,沥青用量为 40%~50%。

上、下层间黏层油采用 SBR 改性乳化沥青,用量 0.3~0.4kg/m^2。路缘石及交通工程设施要进行遮盖防止污染。

同时考虑到结构 2 和结构 3 沥青混凝土厚度较薄,为防止水分渗入到沥青碎石,在下面层和沥青碎石之间分别做了用量为 1.6kg/m^2 和 2.0kg/m^2SBS 防水层。

(5)沥青碎石基层设计与施工。

①材料

沥青:采用滨州产 70 号重交通道路石油沥青,50 号道路石油沥青。各试验段使用沥青型号如表 3-46 所示。

表 3-46

段　落	沥 青 型 号	施工层厚(cm)
K40+650—K41+718	AH-50	6+8
K41+718—K42+373	AH-70	8+9
K42+373—K43+300	AH-50	8

集料:骨料全部采用济南产石灰岩碎石。

石屑:采用硬质石料(石灰岩)生产的石屑。

②配合比。委托省交通厅科研所对 ATB 沥青碎石用 GTM 法进行配比试验，结果如表 3-47 所示。

ATB-25 沥青碎石合成级配表 表 3-47

筛孔（mm）	31.5	26.5	19	16	13.2	9.5	4.75	2.36	1.18	0.6	0.3	0.15	0.075
级配要求（%）	100	90～100	60～80	48～68	42～62	32～52	20～40	15～32	10～25	8～18	5～14	3～10	2～6
实际级配（%）	100	96.2	71.9	61.2	49.5	38.8	27.4	18.8	12.2	9.9	7.2	5.7	4.6

最佳沥青用量为 3.0%，其密度为 2.508g/cm^3。

③施工工艺

混合料拌和采用 TM40 型沥青拌和楼，无锡 2000 型沥青拌和楼同时拌和。其沥青混合料施工温度控制如表 3-48 所示。

表 3-48

沥青加热温度		150～170℃
矿料加热温度		160～185℃
混合料出厂温度		正常范围 140～165℃，超过 195℃废弃
混合料运输到现场温度		不低于 140～150℃
摊铺温度	正常施工	不低于 130～140℃，不超过 165℃
	低温施工	不低于 140℃不超过 175℃
碾压温度	正常施工	初压不低于 130℃
碾压终了温度		不低于 70℃

为了保证不间断摊铺，采用两台 ABG423 摊铺机成梯队作业进行联合摊铺，相邻两幅的摊铺应有 5～10cm 宽度的摊铺重叠，相邻两台摊铺机宜相距为 5～10m，且保证热接缝为宜。

④沥青混合料的碾压

沥青混合料初压温度不低于 130℃，由于结构层厚度最大的达到 9cm，采用一台 30t 的胶轮压路机和三台 DD—110 双钢轮压路机。碾压工艺如下：

初压时首先采用 30t 胶轮进行初压，碾压速度为 1.5～2km/h；复压采用双钢轮 DD—110 振压 3 遍，终压紧接在复压后进行，终压采用 DD—110 静压 1 遍，速度为 2.5～3.5km/h，碾压终了时温度不得低于 70℃，直到路面无明显轮迹为止。碾压过程中胶轮压路机相邻碾压带应重叠 1/3～1/2 轮宽，钢轮压路机重叠宽度为 10～20cm，碾压时，压路机不得中途停留转向或制动。压路机每次应由两端折回的位置阶梯形随摊铺机向前推进，横向不得在相同的断面上。压路机不得停留在温度高于 70℃的已压实的混合料上。

经检测厚度为 9cm 的混合料的压实度能够达到 95%以上，满足规范要求。

沥青碎石完成后于 2003 年 8 月 2 日用承载板法进行回弹模量检测，其结果如表 3-49 所示。

表 3-49

桩 号	回弹模量（MPa）	桩 号	回弹模量（MPa）
K40+350—K41+718	546	K42+373—K43+300	763
K41+718—K42+373	585		

(6)试验段竣工主要指标检测

①弯沉检测

经过一年通车运行后，于2004年10月27日用黄河标准车对K40+650—K43+300段左右两侧的弯沉进行了试验检测，结果如表3-50所示。

弯沉值表 表3-50

桩　号	弯沉代表值(0.01mm)	桩　号	弯沉代表值(0.01mm)
K40+650—K41+718(左)	12.5(行)、13.7(超)	K42+373—K43+300(左)	10.5(行)、12.6(超)
K41+718—K42+373(左)	13.2(行)、13.4(超)	K41+650—K43+300(右半刚性)	8.2(行)、9.2(超)

由表3-50可知，刚性基层弯沉值较小。

②2005年4月，委托河北省交通科研所对试验路段的车辙、弯沉、裂缝等情况进行了调查，统计结果如表3-51～表3-53所示。

路面车辙深度检测结果表 表3-51

指标 \ 桩号	K40+650—K43+300 北幅(半刚性)	K40+650—K43+300 南幅(柔性)	K43+500—K46+000 南幅(半刚性)
测点数(个)	60	60	50
平均深度(mm)	4.3	4.2	4.7

裂缝检测结果表 表3-52

检测内容 \ 桩号	柔性基层段	K43+500—K47+000半刚性基层段
裂缝条数(条)	0	9
描述	—	裂缝宽度在2～3mm，裂缝长度贯穿整个半幅，未发现龟裂现象。

弯沉检测结果表 表3-53

幅　位	弱幅柔性基层段(北幅)			K40+650—K43+300 南幅(半刚性)	K44+000—K45+500 南幅(半刚性)
桩号	结构3	结构2	结构1		
测点(个)	21	21	19	30	30
平均弯沉(0.01mm)	11.41	10.06	9.89	6.32	7.23
标准差(0.01mm)	1.58	0.89	0.85	0.76	0.97
偏差系数(%)	13.8	8.8	8.5	12.1	13.4
代表弯沉(0.01mm)	14.0	11.52	11.29	7.57	8.82

③经济效益比较(表3-54)

表3-54

结构类型	结　构　1	结　构　2	结　构　3	结　构　4	结　构　5
造价(元/m^2)	246	230	187	181	182

(7)通过以上三项指标的检测，得出如下结论：

①K40+650—K43+300北幅(柔性基层试验段)和南幅(半刚性基层双层路面结构)的裂

缝发生率为0;K43+500—K47+000(半刚性基层三层路面结构)段裂缝为3条/km;说明柔性基层试验路可以减少或减缓裂缝的产生。

②三个代表段的车辙深度基本没有差别,三段的车辙深度都较小,说明柔性基层抗车辙的能力并不比半刚性基层结构差。

③弯沉指标:柔性基层的弯沉最大,半刚性基层三层路面结构次之,半刚性基层双层沥青混凝土面层结构弯沉最小。

④沥青面层采用双层结构(6+9),试验结果表明平整度、弯沉、压实度、车辙等技术指标均与三层结构基本相同,此结构可以提高沥青面层整体性能、减少沥青面层的污染、加快工程进度、降低工程投资等,可以在高速公路中得到大面积推广。

⑤按照经济、技术原则,采用柔性基层结构3的形式较好,尤其是远离砂、石产地的平原区,既提高了沥青路面性能,又不比半刚基层造价高,值得在高速公路沥青路面基层结构中推广应用。

第三节　沥青混凝土面层

一、沥青混凝土面层结构类别

沥青混凝土面层分类有两种方法。

第一种分类方法:分为两类,第一类是密实式沥青混凝土,可分传统连续式密级配沥青混凝土、粗集料断级配沥青混凝土和细集料断级配沥青混凝土。第二类是多空隙沥青混凝土。连续式密级配沥青混凝土有AC、GTM、LSAM;粗集料断级配有SMA、SAC、BBM(法国)、SPP(美国1987年战略性公路研究计划SHRP,其中四个课题之一)。

第二种分类方法:分为三类,第一类是悬浮结构,由连续级配矿料组成的密实式沥青混合料,即矿料由大到小连续变化,并且各有一定数量。实际上同一档较大颗粒被较小一档颗粒挤开,大颗粒犹如悬浮于较小颗粒之中。这种结构通常按最佳级配原理进行组成设计,其密实度和强度较高,但受沥青的质量影响较大,故稳定性较差。它的代表结构是AC类和ATB类。第二类是骨架空隙结构,粗粒径矿料彼此紧密相连,细集料的数量较少,不能充分填充空隙。因此,混合料的空隙率较大,只是粗矿料能充分形成骨架,这种结构粗粒料之间内摩阻力起着重要作用。其结构强度受沥青质量的影响较小,因而稳定性好。它的代表结构是OGFC和ATPB等。第三类是骨架密实结构,该结构是综合以上两种方式组成的结构,混合料中既有一定数量粗粒径矿料形成骨架,又根据粗粒径矿料空隙的多少加入细料,形成较高的密实度。现行规范中的间断级配就是按此原理设计的结构,其代表性的结构是SMA、SAC等。

我们常用的是AC结构,分粗、中、细,可做上、中、下三种面层。另外,以下介绍几种沥青混凝土结构,供今后使用选择。

1. SAC

SAC是我国20世纪90年代沙庆林博士研制和推广的粗集料断级配沥青混凝土,目前我国高速公路面层已应用此种结构长达1500余公里,其特点是碎石含量较多(65%~70%),填料含量6%~10%,现有SAC-9.5、SAC-13、SAC-16、SAC-19、SAC-26(25)、SAC-30,一般空隙率在4%左右,可做上、中、下三种面层使用(表3-55)。

各种 SAC 粗集料的级配(%) 表 3-55

编号	筛孔(mm)	37.5	31.5	26.5	19	16	13.2	9.5	4.75
1.1	SAC-30	100	95	86.6	72.6	66.3	59.9	50.4	30
1.2		100	100	89.6	72.5	65.0	57.5	46.6	30
2	SAC-25		100	100	79.2	70.2	61.4	48.7	30
3.1	SAC-20			100	97.5	84.2	71.5	54.1	30
3.2				100	100	86.1	72.9	54.8	30
4.1	SAC-16				100	97.5	80.9	58.8	30
4.2						100	82.6	59.6	30
5.1	SAC-16				100	97.5	82.9	62.8	35
6.1	SAC-13					100	97.5	66.7	30
6.2						100	100	67.9	30

106 线一级路冀衡农场到南宫界上面层都是 SAC-16 结构，特别是冀州北的西半幅，从 1997 年到现在已使用 8 年，没有进行任何大小维修，现在路况仍然很好。

2. SMA

SMA 是德国 1994 年开始推广应用的沥青路面结构，它的特点是三多一少加纤维，即：碎石多(60%～70%)，填料多(9%～13%)，沥青多(大于 6%)，砂含量少，再加入 0.3%的木质素纤维，现行规范提倡使用矿物纤维，可用改性沥青或普通沥青(德国很少用改性沥青)。欧洲标准有 D4、D6、D10、D11、D14、D16、D20、D22 可做下、中、上三种面层。它的优点是温度稳定性好，夏天不发软，冬天不裂缝，抗车辙能力强，一般都在 2 000 次/mm 以上，不渗水，空隙率2%～4%，抗滑性能好，构造深度达 0.8～1.1mm，纤维增加了沥青膜厚度，所以抗老化能力强。

SMA 虽然有很多优点，但还没有在我国广泛推广应用，因为改性沥青和进口木质素纤维价格都比较昂贵，应用时困难较多，只是在局部高速公路试用，但都不太成功，同时改性沥青加木质素纤维的 SMA 单位价格比普通沥青混凝土高得多，只用纤维的 SMA 约增加 32%，仅用改性沥青的增加 30%。

3. 普通沥青纤维混凝土

普通沥青纤维混凝土，即在普通沥青混凝土中加入较粗、较长的纤维形成与钢纤维水泥混凝土类似的纤维增强沥青混凝土路面，这种纤维一般长 10～60mm，长径比约 30～100，纤维质量占混合料的 0.1%～1.0%，其材料主要是锦纶、聚丙烯腈、尼龙、玻璃纤维，还有进口的德兰纤维。掺入尼龙纤维的沥青混凝土抗裂、抗拉强度和极限抗拉强度分别比普通沥青混凝土提高约 60%和 40%，疲劳强度提高 2 倍，韧性增大 3 倍。

4. GTM 路面

GTM 是美国工程兵为解决重载交通沥青路面和柔性基层研究发明的。试件是通过搓揉方法压实沥青混合料，还通过旋转压实试模中沥青混合料，密度达到汽车轮胎实际作用于路面所产生的密实度。用油量是通过旋转压实到平衡状态，所谓平衡状态是指每旋转 100 次，试件密度变化率为 0.016g/cm^3，根据不同用油量的试验结构，画出用油量与试验结果的关系曲线，决定混合料的密度和用油量。其特点是与路面使用的实际情况一致(混合料的密实度和用油量)，混合料的密实度高，空隙小，不渗水，抗车辙能力强，动稳定度可达 1 500～4 000 次/mm，用油量较普通沥青混合料节省沥青 15%～20%。与 AC 类的比较见表 3-56。

表 3-56

混合料类型 \ 试验方法	马歇尔试验方法				GTM 试验方法			
	最佳油石比(%)	密度(g/cm^3)	最大变形(mm)	动稳定度(次/mm)	最佳油石比(%)	密度(g/cm^3)	最大变形(mm)	动稳定度(次/mm)
AC-16I	4.8	2.44	6.46	865	4.1	2.52	5.18	1633

GTM 混合料的最大粒径矿料是路面厚度的 1/3。施工压实时,必须用大吨位的胶轮压路机配合,揉搓压实作用,方能达到密实度。

我区应用的有武千线武邑段 2km,正港线饶阳段 5km,安新线冀州市段 7km,使用效果较好。2006 年施工的 308 线高速公路河北段三层都是 GTM 结构。

5. Superpave 高性能沥青混凝土路面

Superpave 高性能沥青混凝土路面是美国公路战略研究计划进行的一项为期 5 年课题项目,分沥青胶结料、混合料体积设计、混合料分析和性能预测四个部分,总耗资 1.5 亿美元。Superpave 是其中的一部分,其特点主要有:

(1)胶结料规范不仅有低温指标,也有高温指标。经过原样沥青、旋转烘箱和压力老化试验三种状态下,分别测定与车辙、低温开裂和疲劳开裂三种使用性能联合起来,这样更接近实际情况。

(2)集料规范设置了控制点和限制区,目的是限制砂的用量和使集料具有足够的间隙率,便于混合料的压实。

(3)试件直接加大到 150mm,使用旋转压实机。

(4)采用最大理论密度作为现场压实指标,更合理。

6. 格栅加筋沥青混凝土路面

格栅加筋沥青混凝土路面是发达国家很早就应用的一种沥青路面结构。它的主要特点和功能是利用格栅良好的抗拉性及整体性,弥补沥青混凝土路面的不足之处。用于沥青路面的格栅有刚性和柔性两种,刚性格栅是高强聚合物产品,经过高温、高压冲孔的薄片,如塑性格栅等;柔性格栅是将线材结合成网状材料,如玻璃格栅,其玻璃格栅有较高的强度,耐高温,长期无蠕变,是沥青混凝土弹性模量的 20 倍,同时与沥青的相溶性好,每根纤维都能完全被沥青涂裹,不产生滑动,可提高路面的整体强度、高温稳定性和抗车辙能力强等。

7. 大碎石沥青混凝土(简称 LSAM)

LSAM 是一种含有集料 25～53mm 之间的热拌热铺沥青混合料,LSAM 通常做中、下面层,表层尽量铺薄层沥青混合料,以充分发挥 LSAM 的抗车辙能力,LSAM 铺层厚度是最大粒径的 2.5 倍,或为最大公称尺寸的 3 倍。按骨架接触度大小可分为三种:85%≤石石接触度≤90%,为松骨架密实结构;石石接触度>90%,为紧排骨架密实结构;石石接触度<85%,为悬浮密实结构。LSAM 的特点是抗车辙能力强,温度稳定性好。

二、沥青路面面层选择

沥青路面结构的选择可根据交通量大小、重型车辆多少、路线所处地区位置、业主要求等按照附录 A 沥青路面使用性能气候分区进行选择,还要根据面层的层位确定沥青混合料的类型,这样进行组合设计效果最好,如大交通量、重型车多的路线,为提高抗车辙能力,下面层可采用大碎石沥青混凝土(LSAM),上面层采用 GTM 沥青混凝土,两种结构抗车辙能力都特别强，同时GTM结构空隙率非常小，抗水害能力也强，但其不足之处就是表面构造深度较浅，只有0.5mm左右，所以湿摩擦系数较差，在多雨地区使用易发生交通事故，在干燥地区较好。在多雨的潮湿地区可改用SMA结构，其孔隙率只有2%～4%，根本不透水，抗水害能力强，而且表面的构造深度可达到1.1mm，所以湿摩擦系数高。但它的不足之处是施工技术性较高，特别是加入纤维后造价也很高，比普通沥青混凝土高约40%左右，因此，如果技术不过关，投资又受到限制时，可改为SAC结构。由于是断级配结构，它的抗滑性能、构造深度、防水性能等与SMA基本相同，所以不亚于SMA结构，造价上虽然沥青和矿粉略多些，但影响不大。

以国道106线一级路衡水至冀州段为例，按交通量大小，车辆组成，投资大小和规范推荐厚度，确定该段的沥青路面厚10cm，其中下面层6cm，采用AC-25I型，上面层4cm采用SAC-16。其具体指标要求如下：

沥青选择时根据该路段所处的区域位置，按原规范附录A沥青路面施工气候分区表A.0.2，居于温区，最低月平均气温(℃)大于－10小于0；按本书附录A图A.4.6-1中国沥青路面气候分区图，该路段居于1～3区，最热月平均最高气温(℃)大于30，年极端最低气温(℃)－21.5～－9℃。低温时两种规范基本相同，原规范没有高温规定，实际该路段所处的地区从1998年以来，夏季最高气温达到40℃以上，而且持续时间较长，但高温主要影响的是上面层，对下面层影响不大，下面层主要考虑了沥青路面的低温性能，因此采用AH-90石油沥青。为满足该路面的热稳定性、耐久性、抗车辙性、抗水害性等，上面层4cm SAC采用AH-70石油沥青，由于SAC的表面构造深度可达到1.1mm，保障了湿摩擦系数，该路段靠近河北省的第二大湿地自然保护区——衡水湖，冬季雾天多，行车视线差，摩擦系数增大后可有利于防止交通事故。

AC-25I型，石料用石灰岩碎石，规格用10～30mm、10～20mm、5～10mm、石屑、天然砂和矿粉组成，沥青用盘锦AH-90石油沥青，各种材料技术指标经试验均满足规范要求，进行马歇尔试验，稳定度(kN)9.5，流值(0.1mm)26，空隙率4.6%。第一阶段完成后，用美国进口的2000型间歇式拌和楼进行沥青混合料的拌和，根据拌和后的混合料进一步试验，对拌和楼的热料仓材料比例、生产配合比的最佳沥青用量进行确定，之后又进行了第三阶段生产配合比的验证，按生产配合比进行了试拌和试铺，钻芯取样和抽提进行马歇尔试验，检测了压实度、空隙率，各种矿料级配、最佳油石比，混合料的表面质量及矿料的筛分等，均满足规范要求后，经监理认证、批示后开始正式施工。施工中主要控制的指标是压实度97%(比规范提高2个百分点)，油石比±0.3%，平整度用3m直尺，$h \leqslant 5$mm，矿料级配0.075mm±2%，≤2.36mm ±5%，≤4.75mm±6%，13.2mm筛孔和26.5mm筛孔分别控制±8%和±6%。施工时的温度控制，矿料加热温度170～180℃，出盘温度145～160℃，摊铺温度135～150℃，终压温度≥80℃。

SAC-16多碎石沥青混合料。原材料采用进口AH-70石油沥青，其技术指标是针入度75.8，延度＞100cm，软化点49.5℃。

粗集料采用安山岩，产地井陉县，其各项试验指标如表3-57所示。

表3-57

试验项目 试验结果	视密度(g/m³)	压碎值(%)	片状含量(%)	含泥量(%)	吸水率(%)
10～20mm	2.920	12.8	8.9	0.75	0.6
5～10mm	2.901	—	10.1	0.53	0.82

细集料、石屑用隆尧县石料场的石灰岩石屑，中砂用正定县产天然砂，矿粉用石灰岩碎石自己加工，试验结果如表3-58所示。

表3-58

试验结果＼试验项目	视密度(g/m³)	含泥量(%)	浸水系数	含水量(%)
石屑	2.783	0.91	—	—
中砂	2.620	1.54	—	—
矿粉	2.605	—	0.72	0.31

(1)组成设计

①目标配合比，根据规范要求，通过集料筛分和配比计算确定10～20mm：5～10mm：石屑：中砂：矿粉＝46：14：21：11：8，合成级配，经筛分结果如表3-59所示。

表3-59

筛孔尺寸(mm)	19	16	13.2	95	4.75	2.36	1.18	0.6	0.3	0.15	0.025
级配范围	100	100	70～90	50～70	30～50	22～37	16～28	12～23	8～18	6～13	4～8
通过量(%)	100	95	77.6	59.2	40.24	29.95	21.16	16.4	11.36	7.61	5.82

②生产配合比，采用美国进口间歇式2000型拌和楼，根据目标配合比上料、烘干、筛分、利用冷料仓的流量对拌和楼进行了调试，然后对热料仓的电动筛倾角调整，经过热料筛分计算确定各热料仓的供料比例为：1.2～22mm，6～22mm，3～6mm，＜3mm矿粉，几种料的重量比为43：20：18：10：9，合成级配后如表3-60所示。

表3-60

筛孔尺寸	19	16	13.3	9.5	4.75	2.36	1.18	0.6	0.3	0.15	0.075
级配范围	100	90～100	70～90	50～70	30～50	22～37	160～28	12～23	8～18	−6～13	4～8
级配中值	100	95	80	60	40	29.5	22	17.5	13	9.5	6.0
通过量(%)	100	93.8	76.8	59.3	40.6	28.4	21.5	15.4	11.8	9.3	5.8

通过目标配合比确定的最佳用油量后，再进行马歇尔试验，找出最佳油石比4.67%，最佳用油量是4.46%，所对应的最大密度为2.486 g/ cm³。

③生产配合比的验证

采用美国进口2000型间歇式拌和机对沥青混合料进行热拌，按照生产配合比的试拌情况，铺筑了试验段，随即取样进行了马歇尔试验，沥青含量试验，集料筛分试验，按标准方法钻芯取样进行了压实度、厚度检验，经检验各项指标均符合规范要求。马歇尔试验结果如表3-61所示。

表3-61

试验项目	油石比(%)	比密度(g/ m³)	空隙率(%)	饱和度(%)	流值(0.1mm)	稳定度(kN)
试验结果	4.76	2.48	4.2	72.8	37.8	8.2

(2)施工

①拌和。材料供应用两台装载机将各种规格集料投入冷料仓内，每个料仓按配合比要求

分别通过悬挂计量皮带连续输送给传送带，由此进入干燥料拌和滚筒器，粒料的供给量由变速电机转速控制，集料在滚筒内连续旋转，根据中心控制室电子计算机发出的集料重量指令，沥青自动按输入的用油量供给。

②温度控制。由于是夏季施工，温度控制不太高，集料加热温度170～180℃，沥青加热温度150～160℃，热拌混合料出盘155～165℃。由于多碎石沥青混合料的矿粉多，必须要求有稳定的较高温度控制，才能保障拌和的均匀性。

③摊铺。为保护摊铺质量，减少纵缝，采用一台摊铺机进行摊铺。根据供料情况，摊铺速度控制在2.5m/min，并连续不停地进行摊铺，摊铺时温度控制在135～145℃，摊铺前先把摊铺机的振捣梁的振幅和频率进行调整，以高振幅低频的原则来提高摊铺料的初始密度达到90%左右，这样有利于提高路面的平整度。

④碾压。碾压时用CP30胶轮压路机和DD90双驱双振压路机组合进行碾压，为保证SAC沥青路面具有足够的构造深度(1.1mm)，碾压时以胶轮为主，两种压路机进行有机配合。当用胶轮和振动两种压路机达到一定密度和平整度后，温度降到100℃左右时，为防止振动压路机将大骨料压碎，以胶轮压路机实现最终压实，为防止出现胶轮压路机的轮迹，终压温度控制不低于80℃，使压实度达到98%，比规范规定的95%提高了3个百分点，这样可使原位空隙率[100－(100－4.2)×0.98]达到6.1%，实现基本不渗水的压实标准。通过较短时间行车压实，使路面达到完全不渗水的空隙率标准，对防止沥青路面的早期水害起到很大作用，从而可延长路面使用年限。竣工验收时，各项技术指标均高于规范要求的标准。使用至今路面没有出现任何病害，而且平整度和摩擦系数仍然较高，说明这种组合压实机械要比单一压实机械优越，可充分发挥各自的特点。

第四章　路基与路面基层质量控制

导读　路基与路面基层的质量将直接影响路面的质量和使用寿命。本章对路基和基层结构层从原材料检验、施工机械配备以及不良地质条件下的施工方案等方面进行了介绍；另外本章还对近期国内应用较多的强夯、冲击压实等新技术进行了着重探讨。

第一节　路　　基

路基是路面整体工程质量的重要组成部分，应具有足够的强度、稳定性和耐久性，真正达到不变形或基本不变形要求，能承受行车的反复作用和抵御各种自然灾害的能力，必须做到精心施工，确保工程质量。路基分为零填及挖方路基和路堤两种形式，另外路基的下部基底也是很重要部位；填方路堤由上路床（0～30cm）、下路床（30～80cm），上路堤（80～150cm）、下路堤（150cm 以下）组成。

一、准备

路基施工前首先要做好一切准备工作：(1)审查施工图纸，到现场与施工图进行对照，检查是否与实际情况相符，有问题时提出修改意见报监理和业主批示；(2)施工测量恢复定线；(3)路基填料的试验，如液限、塑限、塑性指数、颗粒大小分析、含水量、密度、相对密度、土的击实、土的强度（CBR 值），对于一级和高速公路必要时还要测出有机质含量和易溶盐含量，如果使用新材料时还要做一些相应的试验；(4)场地清理，清除表面农作物、杂草、杂物、树根等；(5)施工机械准备；(6)施工组织编制和人员配备；(7)试验路段，从中找出各种有关数据，总结上报批复。

二、施工

1. 基底

路基的基底承受路基自重和各种活载重量，要达到洪水浸泡不下沉，不变形，长期保持稳定。首先要弄清基底的水文地质情况和承载能力，确保其承载力能满足要求。现行《公路路基施工技术规范》（JTG F0—2006）要求基底压实度等于或大于 90%，《公路工程技术标准》（JTG B01—2003）提出路堤基底应清理和压实。基底强度、稳定性不足时，应进行处理，以保证路基稳定，减少工后沉降。当深层土质比较松软，单靠基底表面 90%的压实度不能满足要求，平原区多是冲积平原，土质比较复杂，承载能力有强有弱，应据实际情况加强深层处理，首先确保基底不变形、不下沉。

2. 软土基底

在平原区的个别路段也有软土地基，必须正确判别。所谓软土地基从广义上讲就是强度低，压缩性高的软弱土层，以空隙比及有机含量为主，并结合其他指标可将软土划分为软黏性土、淤泥质土、淤泥、泥炭质土及泥炭5类(表4-1)，习惯把淤泥、淤泥质土、软黏性土总称为软土。而把有机含量很高的泥炭、泥炭质土总称为泥沼。其压缩性大，渗水性强，受荷载后迅速固结，工程处理比较容易，主要是天然强度低，压缩性高，且透水性小，软土地基比较难处理。

软土分类及其物理力学特征表

表4-1

类型	天然重度 γ (kN/m³)	含水量 w(%)	空隙率 e	有机质含量(%)	压缩系数 $a_{0.1\sim0.3}$(MPa⁻¹)	渗透系数 K(cm/s)	快剪强度		标准贯入值 $N_{63.5}$
							C_u(kPa)	ϕ_w	
软黏性土		$W<$	>1.0	<0.3					
淤泥质土	16~19	LW	1.0~1.5	3~10	>0.3	$<10^{-6}$	<20	<10°	2
淤泥		<100	>1.5						
泥炭质土	10~16	100~300	>3	10~50	>2	$<10^{-3}$	<10	<20	
泥炭	10	>300	>10	<50		10^{-2}		°	

我国不同成因的软土都有相同的共性，主要表现是：(1)天然含水量高，空隙比大，含水量在34%~72%，空隙比1.0~1.9，饱和度大于95%，液限一般在35%~60%，塑指数为13~30，天然容重15~19kN/m³；(2)透水性差，渗透系数为$10^{-8}\sim10^{-1}$cm/s；(3)压缩性高，压缩系数是0.005~0.02，属高压缩性土；(4)抗剪强度低，其剪黏聚力在10kPa左右，快剪内摩擦角在0°~5°之间；(5)具有触变性，其长期抗剪强度只有一般抗剪强度的0.4~0.8倍。

在天然软土地基上快速施工修建一般路基，所填筑的最大高度称为极限高度。达到极限高度时单位面积的荷载重就是天然地基的极限承载力。当路基超过极限承载后，必然产生变形、沉降等，可采取加固措施。

软土基底的处理方法很多，从技术的可靠性、经济性，就地取材考虑、因地制宜地达到最佳经济效果。主要有砂井、塑料排水板、土工布、碎石桩 、水泥桩、二灰桩、加固土桩、真空吸水、规范预压和超载预压、竖向排水预压、强夯等。具体使用什么方法可按设计和现行路基施工技术中的有关方法进行施工，保证基底不下沉。

3.路基

路基的施工质量首先要从思想上重视起来，路基一旦出现质量问题修复起来比路面难度大得多，在投资上也比路面高得多，所造成的危害也比路面严重得多，所以路基应比路面看的更重要。路面的使用质量是以强度(弯沉值)来衡量，其中路基起着70%的作用，因此，要坚决克服过去重视路面质量忽视路基质量的思想倾向，真正把路基质量从思想上重视起来，并千方百计想方设法达到或是超过标准要求的各项指标，从而使路基的整体强度得到提高，满足超载车的需要，减少路面的早期破坏。

(1)填方路堤。填料选择首先根据填方的各个层次进行填料的选择，满足规范要求。表4-2要求150cm以下的下路堤填料CBR值是3(高速公路、一级公路)和2(二级及二级以下公路)，没有对较高路堤和高路堤提出具体要求，不论多高的路堤都是千篇一律显然是不合理的，假如10m高的路堤路面竣工后下部的压强可达到1.7MPa以上，2m的路基下部只有0.4MPa左右，两者的差距很大，而且路堤越高差距越大，高路堤和较高路堤的下部填料是3和2肯定要加大路堤的自身沉降。因此，笔者认为遇到这种情况时，应酌情提高填料的强度，以防沉降过大和沉降时间过长，对路面造成破坏。路基填料最小强度和最大粒径要求如表4-2所示。

表 4-2

<table>
<tr><th colspan="2" rowspan="2">项目分类
(路面以下深度)</th><th colspan="3">填料最小强度(CBR)(%)</th><th rowspan="2">填料最大粒径
(cm)</th></tr>
<tr><th>高速公路、一级公路</th><th>二级公路</th><th>三、四级公路</th></tr>
<tr><td rowspan="4">路堤</td><td>上路床(0～30cm)</td><td>8</td><td>6</td><td>5</td><td>10</td></tr>
<tr><td>下路床(30～80cm)</td><td>5</td><td>4</td><td>3</td><td>10</td></tr>
<tr><td>上路堤(80～150cm)</td><td>4</td><td>3</td><td>3</td><td>15</td></tr>
<tr><td>下路堤(>150cm)</td><td>3</td><td>2</td><td>2</td><td>15</td></tr>
<tr><td rowspan="2">零填及挖方路基</td><td>(0～30cm)</td><td>8</td><td>6</td><td>5</td><td>10</td></tr>
<tr><td>(0.30～0.8)</td><td>5</td><td>4</td><td>3</td><td></td></tr>
</table>

(2)关于压实机械的选择。要据土质、压实标准等进行选择。塑性指数较大的土质可用冲击压路机;塑性指数较小土质最好要用一定数量的大型(25～50t)胶轮压路机,也可配置少量的三轮压路机,其重量在12～18t,大中型振动压路机最好,在同等质量下振动压路机比光轮压路机压实有效深度要大1.5～2.5倍,所以振动压路机应是首选的压实机器。关于振动压路机的选择,正确选用振动压路机主要依据压实施工的具体条件选择振动压路机的类型、规格和压实作业参数,才能保证压实效果和质量:振动压路机振动轮的轴重和激振力越大,压实效果越好。振动压路机的振动频率一般为25Hz,振幅一般为1.66mm。直接采用一定工作质量和激振动力的振动压路机进行压实,按能量等效概念确定压实遍数。标准重型击实试验的击实能量为2.68J/cm^3,现场压实能量按下式计算:

$$E = \frac{2AfNL(W + F/2)}{VLBh} \tag{4-1}$$

式中:E——振动碾的压实能量,J/cm^3;

A——振幅,mm;

W——振动轮的轴重,kN;

F——激振力,kN;

f——振动频率,Hz;

N——振动压实遍数;

V——振动碾压速度,cm/s;

L——振动轮接地长度,cm

B——压实宽度,可取为振动轮接地宽$B=\sqrt{D}$,cm;

h——压实层厚度,cm;

D——振动轮直径,cm。

压实能量除与压路机的参数有关外,还与碾压遍数、层厚、碾压速度有关,压实能量不应低于重型击实标准击实功,即2.68J/cm^3,相当于质量为180kN,激振力为300kN的重型振动压路机碾压8遍的压实功。一是土壤的类型和含水量,对于黏土、砂土和粉土不宜使用振动压路机,对于砂土和黏土之间的几类砂性土,使用振动压路机具有较高的压实功能和效果。当土壤中含水量低于最佳含水量的2%～3%时,则不宜选用振动压路机;二是和其他配套施工机械生产率之间的协调,一般来说,机械化施工程度高则应选用功能多、作业效果高的振动压路机,而机械化施工程度相对较低的则可选用功能少且经济的钢轮压路机,认为选用的压路机功能越多越好的认识是不全面的。也可按以下原则选择:①振动压路机是首选;②砂土时用胶轮配合；③黏土时用冲击配合；④砂、黏混合土时用强夯配合。

(3)压实度的控制。压实度的标准一般业主都有具体要求，没有具体要求时可按省颁或部颁及 2006 年规范标准执行。其标准如表 4-3 所示。

表 4-3

检查项目(压实度)			省厅标准		2003 年部颁标准			2006 年规范标准		
			高速、一级	其他公路	高速、一级	二级	三、四级	高速一级一级公路	二级公路	三、四级公路
零填及挖方路基		0～30	≥95	≥93			≥94	≥96	≥95	≥94
		03～0.80						≥96	≥95	≥94
路堤	上路床	0～30	≥95	≥93	≥96	≥95		≥96	≥95	≥94
	下路床	30～80	≥95	≥93	≥96	≥95	≥94	≥96	≥95	≥94
	上路堤	80～150	≥93	≥90	≥94	≥94	≥93	≥94	≥94	≥93
	下路堤	>150	≥93	≥90	≥93	≥92	≥90	≥93	≥92	≥90

在特殊路段和层次应提高压实标准：一是受洪水浸害的水润线以下土层；二是桥头 50～100m 路段；三是路堤高度超过 6m 以下的部位，在原压实标准的基础上适当提高标准，以达到尽量不沉降的压实标准为原则。

当提高路堤压实度时，可根据提高的幅度，选用适宜的压实机械，一般压实机械对高压实度难以达到，而且耗费台班较多，特别是当天气干燥时，水分蒸发快，更加大了难度，因此，要配置一定数量的重型压路机，最好结合用冲击压实，以便在较短的时间内达到业主要求的压实标准。

(4)路堤的填筑。采用机械压实的分层最大松铺厚度，高速公路和一级公路不应超过 30cm，填筑路床顶面的最小厚度不小于 8cm，当原地纵坡大于 12%时，可采用纵向分层施工，沿坡分层逐层填压密实。对于石方路堤，石料强度大于 20MPa 时，石块的最大粒径不应超过厚度的 2/3，石块强度小于 15MPa 时，其最大粒径不应超过厚度。高速和一级公路路床顶面以下 30～50cm 范围应填筑符合路床要求的土质，并分层压实，填料的粒径不应大于 10cm，其他公路不应大于 15cm。土石混合料来自不同料场，其岩性或土石比例相差大时，宜分层或分段填筑。填料由土石混合料变化为基其他混合料时，土石混合料最后一层的压实厚度应小于 300mm，该层填料最大粒径宜小于 150mm，压实后该层表面应无孔洞。另外应注意以下几点：一是节头填筑，前后相临两段宜纵向重叠 1～1.5m，先填段应按 1∶1 坡度分层留有台阶，若同时填筑时，则应分层相互衔接，接头长度不可少于 2m；二是路基边缘压实，边缘比其他相对压实遍数要少，再是边缘向外挤，不易压实，因此边缘除留有一定的富余宽度外，应适当增加遍数；三是做到填土、碾压的均匀性，填土厚度均匀一致，初压的密实度也基本一致；四是不同塑性指数的土质要分段或分层填筑，上路床和易浸水的部位填透水性好的土质；五是遇到干燥的取土场时，要先用水浇透，再往路基上运，使土质的含水量均匀；六是取土场的土质含水量大时，可先将土运到路基上，整平初压后晾晒，待含水量达到标准时，经过拌和后再行碾压，这样可加快工程进度，减少机械费用；七是不同 CBR 值的填料要分层填筑，水稳定性好的尽量填在路基的下部，透水性小的填在透水性较大的土之下时，应在顶部做 4%的横坡，以便横向排水。

(5)雨季施工。一是将住房、仓库、机械搭建和停放在不易受洪水浸泡的高处；二是提前修好便道防止积水影响施工车辆通行；三是抢修低洼和可能暴雨后积水的路段，使基底不受到洪水的浸泡而影响工程进度；四是及时听取当地天气预报，做好防雨准备；五是加大路拱到4%，以利排水，待雨季过后，调整到设计路拱；六是一级路和高速公路路基较宽，雨季暴雨时排水很大，注意在边缘挡好土埝和排水槽，以防止冲毁新筑路基。

三、路基用强夯施工的选择与质量控制

强夯是将势能转变为动能对路基或基底处理的一种方法。强夯最早起源于20世纪60年代的法国，用夯锤的自由落下靠加速度对地基施加强大的冲击力和冲击波及动能，从而达到提高土体密实度和强度的目的，夯锤重8～12t(甚至200t)，自由落距8～20m(最高达40m)，由于强夯的动能很大，处理地基的土层很深(5～10m)，能提高地基强度2～5倍，地基空隙比较低压缩模量能提高2～10倍，可消除震动引起的液化，是其他压实机械所无法比拟的，且设备简单(起重设备和夯锤)，施工方便，工期相对较短，节省材料，造价较低，适应性较广等诸多优点，而被广泛应用于各类土建工程(水力、港口、仓库、公路)的土体夯实中。现介绍几种适宜强夯的土方工程。

(1)对于地基较深层(如1m以下)是软弱层或是含水量大、承载能力低的地基。采用其他机械都不能达到要求时，这时可根据强夯的影响深度和公路等级提出强夯施工方案，并据梅那经验公式确定夯锤的重量和夯锤的提升高度。

$$H = a\sqrt{Wh/10} \tag{4-2}$$

式中：H——加固深度(m)；

W——锤重(kN)；

h——锤的落距(m)；

a——经验系数，其值为0.4～1.0，黄土a=0.3～0.4，黏土a=0.4～0.5，砂性土a=0.5～0.8，比分层挖、填、压省工、省时、省投资。

(2)加宽路基的夯实。旧路基一般使用年限较长，经过洪水的浸泡，行车的压实，自由沉降和土颗粒的多年固结达到了土体密实，强度高不再变形的要求，而加宽部分的路基很难达到与旧路基一样的标准，特别是加宽的宽度较窄，压路机又不便错轴，这时用强夯的办法最好，可根据填土的高度也按梅那经验公式计算影响深度，确定分层厚度和夯击遍数。例如我区故城县邢德线1995年由三级路改成12m宽的二级路时，在旧路基的一侧加宽6.5m，土方是1994年冬季农闲时，沿路村民一次填筑到设计高程的轩土，为加快进度减少投资，决定用强夯进行处理，其夯锤重80kN，落距10m，计算影响深度是4m，为提高保险系数，确定对于填土厚度小于3m的夯击一遍，大于3m的夯击两遍，表面处理平整后，再用压路机压实表层土，并达到规范要求，该路段已使用8年，没有发现路基变形和新旧路基之间的裂缝，说明效果非常好。

(3)混合土路基的压实。平原区的土层都是冲积而成，土质复杂多变，最佳含水量差别很大。当遇到黏土和粉砂土混合时，且含水量又较大，任何压实机械也无法压实这种土质，由于强夯的冲击力很大，可将这种土质挤密，使空隙中的水分和空气被挤到表面的夯坑内蒸发，使土体达到密实，再经土颗粒固结后，提高了承载能力。又如邢德线故城改线段新路基填筑时利用两侧取土，其土质是很杂的混合土，粉土的塑指小于5个，黏土的塑指达到20，含水量也很大，压路机无法压实，也采用了强夯的办法，夯击一遍待水分蒸发后，整平碾压为路床，已使用8年，路基也没有发生变化。

(4)强夯处治浅层软土地基。软土地基由于形成的原因不同，其厚度也有厚有薄，对于4m

左右的浅层软土地基，可在表面铺垫一定厚度（50cm 左右）的空隙较大的粒料，如碎砖、炉碴、碎石等。强夯后将粒料挤入到软土内，一方面吸收一些软层的水分，再一方面粒料起到骨架的支撑作用；另一方面挤出软层中大部分的水分和空气，使土体达到密实，提高了承载能力。

(5)对较高路基的夯实。平原区的交叉工程、桥头引道和局部低洼路段的路基都较高（6m 以上），按原部颁标准的压实度进行压实，肯定会产生沉降和变形，按经验沉降量是路基高的 1%左右，对于头年修筑路基，第二年修建路面的工程，可在冬季进行填土预压，效果较好，对于当年修建路基和路面的工程，为防止路基工后的较大沉降，影响路面的使用质量，最好结合强夯的办法处理，按照锤重和落距及锤底面积确定分层夯击填土厚度，如果是 6m 左右的高路基可在填筑到 3m 左右时夯击一遍（假设影响深度是 4m），即达到路床高度时再夯击一遍，使路基实现提前沉降的目的，达到工后不再沉降。强夯除影响很深外，表面还产生很大的压强，其压强可按下式计算

$$mgh = (F - mg)f \tag{4-3}$$

式中：m——锤的质量（kN）；

h——锤的落距（m）；

g——重力加速度；

F——反力（kN）；

f——下沉深度（m），也按故城县 1995 年使用的锤重是 80kN，落距是 10m，锤底圆直径是 100cm，按上式计算表面的压强如表 4-4 所示。

表 4-4

表面 f 下沉深度(cm)	50	30	20	10
表面产生压强(MPa)	20.96	34.94	52.4	104.8

这样大的压强和落锤时所产生的震动，大大超过路基自重和荷载所产生的压力，所以工后也不再变形和下沉。

关于强夯施工时应注意的事宜如下：

(1)在夯击前要把表面平整。其平整度达到±100mm，并用轻型压路机（或关闭的震动压路机）或是履带拖拉机排压两遍，使其表面具有一定的密度，以便减少夯能的无用消耗，当进行第二遍夯击时，同样要把第一遍所形成的夯窝整平，夯窝较深时最好也排压一遍。

(2)第一遍和第二遍的夯击要相隔一定的时间，使第一次夯击后的土层达到松弛和空隙水压力消散，其相隔时间最好依据土质而定，砂质土空隙大，水分消散得较快，可在一、二天后进行第二遍，如果是黏性土时，透水性差，空隙小，消散慢，相隔时间要相对较长，最长的时间可达四周。这样相隔一段时间后进行第二遍夯击使土层更加密实，比连续夯击效果要好得多。

(3)全面进行夯击施工前要做有代表性的试验段。因为按经验公式计算出来的数据往往与实际情况不符，大部分都有一定的差距，所以要通过试验段找出切合实际的数据，以便正确指导夯实。试验段第一遍夯击完成和地基稳定后进行检测，高速公路按每 300m^2 或是 1 000m 一个测点进行各种数据的检测，包括标准贯入、静力压深、土工及荷载等试验，再按要求提出比较完整的报告，（评定加固结果）待上级批示后，方可进行全面施工。

(4)夯击施工时要做好安全措施。一是起吊能力与锤重的安全系数，其要求在 1.5 以上；二是施工要有一名起重工在现场指挥，其他人员不可进入安全线以内，防止意外事故；三是每隔一段时间对起重设备进行一次全面检查，对不安全的部位及时进行修复；四是操作人员要戴

安全帽，防止气孔排挤出来的杂物伤害；五是现场测量的仪器要离夯击点 20m 以外，防止抛物砸坏仪器，影响仪器的精度；六是夯击点如果离建筑物较近，特别在 15m 以内时，必须采取防震措施，可在建筑物边挖防震沟切断能量，因夯击能量在地面 1～2m 内传递，防震沟深应在 2.5～3m 即可。

四、路基施工的其他方法

路基压实方法很多，主要的是压实法(包括静压、振动压、冲击压)，还有夯击法、吹填法、水压法。前面已谈了压实法和夯击法。

1. 吹填法

当填方路堤通过地势较低洼并有水时，或是难以取土的桥头引道路段，可用泥浆泵将水坑(河渠)中的泥水一起吹到所填筑的路堤上，使泥土下沉到路堤上，清水又自由排入坑(河渠)内，这样逐渐地把路堤填到设计高程，待水分适宜时，表面经过碾压后即可做路面基层了，此法的优点是土的密实度较高，可达到 90% 以上，特别是均匀一致，不下沉，有文献记载某桥头引道用此法填后路堤不变形，但其缺点是施工时间较长，再是受条件(水)制约性很强。

2. 水压法

其道理就是用大水灌路堤后，一方面路堤的自重加大，起到静压作用，另一方面是含水量增大后土颗料之间产生滑动下沉，使土达到密实。当填筑的路堤是干土，又未进行压实时，且厚度也不太厚，为减少压实费用，可先用大水满灌路堤，并使水渗到下层起到一定的密实。此法密实度可达到 85% 以上，只限于低等级公路上使用，最后再用压路机压实上层，使土体起到辅助密实作用。

3. 冲击压实的施工工艺

冲击压路机是南非研制的一种路基压实机械。型号不同冲击力也不同，如工作量 12t，冲击势能 20kJ 的冲击力可达到 200～250t。由于冲击压路机的外型是三角形，其三个角呈圆弧形如图 4-1 所示。冲击时着地宽度是一个直角边的 1/6，所以每前进一周有 1/6 的轮迹宽度得到冲击压实，在同一碾压带上错轮碾压 6 次相当于圆轮压路机碾压一遍。因此，采用冲击式压路机压实路堤时，同一碾压带纵向至少要冲击 6 次，才能得到较均匀的压实效果。

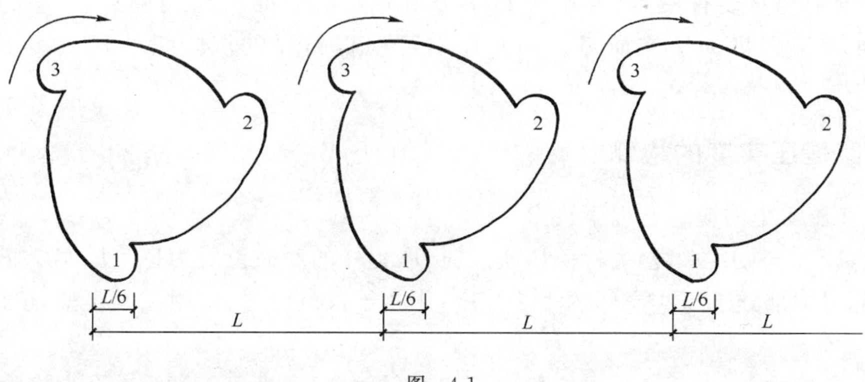

图 4-1

横向错轮碾压时，应根据冲击轮宽度确定轮迹重叠宽度，目前使用较多的国产冲击压路机有两种：一种冲击轮宽是 0.9m，两轮之间的距离是 1.2m；另一种轮宽是 0.8m，两轮之间的距离是 1.15m。对于轮宽 0.9m 的每次需要重叠 0.2m，错轮重叠冲击两次才能覆盖两轮之间的空间；对于轮宽 0.8m 的每次需重叠 0.15m，也是错轮重叠冲击两次。如此横向错轮重叠碾压直到距路堤另一侧边缘才算完成路堤的横向碾压一遍。图 4-2 为 0.9m 轮宽错轮草图，图 4-3 为 0.8m 轮宽错轮草图，A、B 分别代表 0.9m 和 0.8m。

冲击压路机以 10～15km/h 的速度行驶时方能达到较好的冲击效果。如果保持 12km/h 的速度则每分钟行驶距离为 200m，对高速公路和一级公路双幅冲击时，可以从右幅外边缘开始向前行驶，到构造物前转回在左幅的靠中心边缘行驶，当右幅压到靠中心的边缘时左幅也就到了边缘，使两幅路基全部得到冲击压实（图 4-4）。碾压路段的长度一般控制在两构造物之间的段落，如果两构造物间距太长水分蒸发较快时，也可在两构造物之间分段。

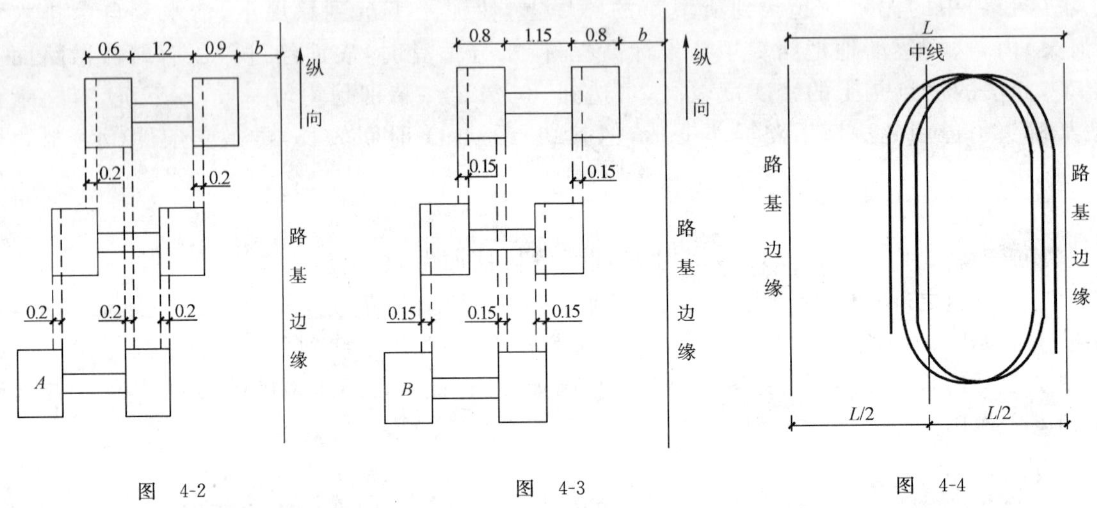

图 4-2　　图 4-3　　图 4-4

冲击压实一般是对已有较高压实度的路堤进行补充压实，也有的对路堤的基底进行压实。冲击压实前要对路堤进行平整，每冲击压实一遍后也要进行平整。冲击压实前要对土质进行检测，如果是细粒土时，其塑性指数最好不低于 12，并在最佳含水量的±2%左右进行冲击压实，含水量太小时应洒水。

冲击压实完成后要对路堤的所处层次要求的压实度进行检测，是否达到要求的目标，检测时每个断面至少要查三点（两个边和一个中心），必要时可增加测点，尽量达到均匀的压实度，方可保证路堤的压实质量。冲击压实可根据路堤的沉降量和压实度确定冲击的遍数。

五、土路堤压实度的检测

土路堤在压实中的应符合以下规定：

(1)用灌砂法、灌水（水袋）去检测压实度时，取土样的底面位置为每一压实层底部；用环刀法试验时，环刀中部处于压实层厚的 1/2 深度；用核子仪试验时，应根据其类型，按说明书要求办理。

(2)施工过程中，每一压实层均应检验压实度，检测频率为每 1 000m^2 至少检验 2 点，不足 1 000 m^2 时检验 2 点，必要时可根据需要增加检测点。

(3)路堤填筑至设计标高并整修完成后，其施工质量应符合表 4-5 要求。

土路基施工质量标准　表 4-5

项次	检 查 项 目	规定值或允许偏差			检查方法及频率
		高速公路、一级公路	二级公路	三、四级公路	
1	压实度	符合规定	符合规定	符合规定	施工记录
2	弯沉	不大于设计值	不大于设计值	不大于设计值	—
3	纵断高程（mm）	＋10，－15	＋10，－20	＋10，－20	第 200m 测 4 个断面
4	中线偏位（mm）	50	100	100	每 200m 测 4 点，弯道加 HY、YH 两点
5	宽度	不小于设计值	不小于设计值	不小于设计值	每 200m 测 4 处
6	平整度（mm）	15	20	20	3m 直尺每 200m 测 2 处× 10 尺
7	横坡（%）	±0.3	±0.5	±0.5	每 200m 测 4 个断面
8	边坡坡度	不陡于设计坡度	不陡于设计坡度	不陡于设计坡度	每 200m 抽查 4 处

六、特殊路堤的施工方法与质量控制

所谓特殊路堤就是在施工中难度较大，容易出现质量缺陷的路堤。该路堤出现质量不足时，还造成沥青路面的早期破坏。因此，在施工中需要特殊的方法、特殊的压实机械配置，特殊的施工方法和质量控制，使路堤达到较高质量标准。此处所述的特殊路堤主要有以下几种：

1. 加宽路堤

当公路需要提高等级或路线调整时，原有的公路路堤一般都需要加宽。由于原有路堤已使用多年，经受了各种车辆的压密，自身的压密沉降、洪水的浸泡等，使路堤非常稳固。如何使新加宽的路堤不变形，不与旧路堤分离而产生裂缝，根据以往的施工经验提出如下办法：

(1)先清除旧路加宽一侧边坡上的杂草、表面松软土和树根等，再按压实层的厚度开出不少于 30cm 宽的台阶，当加宽路堤基底清表和基底处治完成后，就可进行分层填土和碾压了。碾压的压实度要比旧路堤的密实度高出 2 个百分点，并不低于表 4-3 要求的压实度。当加宽的路堤比较宽时，压路机能错轴碾压时，路堤又不太高时，新加宽路堤填料 CBR 值与旧路填料 CBR 值基本一致，可用一般压实机械进行碾压，压实度不低于表 4-3 要求。

(2)当加宽路堤比较高或是比较宽时，在压实中先按一般压实机械进行碾压；尽量将压实度达到表 4-3 要求，当到一定高度时，也就是强夯影响深度时，用强夯进行夯实，强夯时应按前面强夯有关要求处治。强夯之后再继续填筑，到路堤顶部或是与旧路高程相等时，再进行一次强夯，可完全解决了新加宽路堤的下沉变形问题。1995 年加宽的邢台至德州二级路时，就是采用此法施工，使用到现在没有出现不均匀变形和新旧路产生裂缝，说明此法的效果非常有效。

2. 桥涵引道(100m 内)路堤

桥涵引道路堤多是路堤较高，一方面自身沉降；第二方面是容易受洪水浸泡到起沉降；第三方面是汽车临近桥涵或出桥涵的时候，由于司机的心理变化，一般都有进桥减速，出桥加速的习惯，加速和减速对路堤都产生很大的冲击力和振动力，容易引起路堤变形和下沉。为防止产生以上的病害，应注意：

(1)填料选择透水性好的材料，特别是下部路堤，一旦被洪水浸泡后，能及时将路堤内的积水排出，不降低路堤的强度，保证路堤稳定。

(2)增加压实度。对于高速公路、一级公路和重交通量的二级公路，路堤以下部分都不得低于96%；三、四级路不得低于95%，并对基底进行处治。当有条件时可结合冲击压路机或强夯进行施工，保证路堤不变形。

(3)桥涵及构造物的回填。构造物回填与引道相连，应尽量做到一起施工，但由于靠近构造物部位不便于大型机械施工，目前二级以上公路采用流态粉煤灰回填，但造价较高，同时不便与引道连接。当采用石灰改善土或优质填料时，可用重夯击实的办法，2000年武千线金寺院桥头回填时用的是细粒土，土的塑性指数是8，用小拖拉机后面带的铁夯进行素土夯实，夯锤压力是2.3kN，落距是3m，锤底面积是26cm×44cm，铺虚土厚40cm夯一层，夯击3遍后实测平均(3处)压实度97.8%，使用效果很好，该夯的影响深度按梅那公式计算是0.4m；当按势能转换成静能的公式换算后，5cm沉降量时静压力达1.2MPa，比钢轮压路机的线压力大得多。用此夯夯击的桥涵回填土不会变形，不会引起桥头跳车。

(4)吹填法施工。桥涵两端引道多是靠近低洼有水的地区，水源也比较充足。此时最好的施工方法是采用吹填法，可根据工期、工程量大小，选择吹填的抽浆机械设备，该法便于和桥涵构造物回填同步进行施工，效果非常好。填筑起来的路堤不变形，不下沉，不怕洪水浸泡。

3.穿越水坑、水塘路堤

公路穿过水坑、水塘的路堤时有发生，尤其是靠近沿海公路发生的机遇更多。1976年安陵至龙华县级公路景县城段改线1.8km，穿过城外海子(水塘)，水深1.0～1.5m；1997年国道106线由二级路扩建为一级路时，加宽的一幅需占用衡水湖，两段长2.8km，加宽4～6m，当时水深0.5～1.2m，1999年衡水至德州高速公路在清凉店穿过一处养鱼塘，水深1.5m，下部多是淤泥。以上三段路堤的施工方法分别是：

(1)安龙线改线，由于是一条县级公路，当时的施工条件也较差，采取的是水中倒土的方法，就是拉土的车辆将土直接从一头开始倒入水中，用土将水挤到两边，同时水也浸入土中，防止了路堤浸水沉降。第一次填土的高度控制在比水位高出0.8～1.0m，通过拉土的车辆将土压实到一定的程度，之后用12t的压路机进行碾压，使压实度控制在98%(轻型标准)左右，第一次填土压实达到标准后，再按层土层压达到路床标高为止。沥青路面基层是两层30cm石灰土，2.5cm沥青表处面层，通车后路堤也没有明显下沉和变形。当时的交通量不足500辆/昼夜(混合)，而且汽车也是8t的中型载重车，如果处于现在的交通量和大型超载车作用下肯定会下沉变形。但在现在的施工条件下处治的标准也就高多了，可结合强夯的施工方法，路堤更能保证稳定。

(2)106线和衡德线，采用的是水中填筑片石的方法，按抛填片石填筑高出水面0.5m左右控制，先用人工将片石进行找平和填堵缝隙，之后开始填土，第一次填土略厚些，约25cm左右虚土，用振动压路机进行碾压，一方面通过振动使片石进一步嵌挤牢固，另一方面对土起到压实作用。然后层土层压一直到路床设计高程，压实度控制分别是：水的浸润线以下除填料采用透水性好的塑性指数小于6的砂性土外，在压实度上不小于96%；对于水润线以上部位也提高了2个百分点。此法处治的路堤使用10年来也没有变形和下沉，说明此法很成功。但填片石的缺点是在平原地区造价太高，对于投资较多的高速公路和一级公路尚可，对于二级以下等级公路是做不到的，最好采用其他方法。

(3)打土堰抽水填筑法。当水不太深和基本没有淤泥时，可在路堤的下坡角稍外处先打起土堰，将水用泵抽干，清除少量的淤泥后，最好是先填一层厚约 30cm 左右的粒料，也可用建筑垃圾替代，用压路机压实后，再按层土层压到路床标高，为防止以后路堤浸水下沉：一方面要求浸润线以下的路堤部分，宜选用水稳定性好，塑性指数不大于 6，压缩性小的透水性填料填筑；第二方面要求受水浸润的路堤部分要提高压实度，压实度≥96%；第三方面是填筑到路堤顶部时，用强夯夯击 1～2 遍，遍数可根据下沉情况而定。强夯之后再按不变形的压实度标准施工到路床高程。

(4)吹填法施工。此时最适宜吹填法施工，首先对路基进行放线，在下坡角稍外处打起一道土堰，土堰要高出水面 0.5m 左右，防止被风吹动的水冲开土堰。然后用吹填机具抽吸最少至下坡角 10m 以外的泥浆，土颗料沉入到路堤内，上面的水通过加固好的土堰排出，沉积的泥浆逐渐达到土堰高程。如果继续用吹填法施工时，需再加高土堰，直到路床高程；当用一般填筑压实法施工时，可待表面稍干后，再层填层压施工，直到路床高程。当条件允许时，最好继续采用吹填法施工。

4.混合土填料路堤的压实

现行路基施工技术规范要求不同类的填料不准填筑在同一压实层上。1997 年河北省路桥总公司第三施工处施工的衡水北外环二级路时，跨越国道 106 线立交桥两端引道，路堤高 7.2m，由于土方量较大，为了不占用当地农民十分缺少的耕地，当地政府批准使用挖渠的废弃土堤，该土是塑性指数相差很大的混合土，有 30%左右的是塑性指数 30 以上的并含水量很大的胶泥块，有 70%左右为塑性指数接近 0 的粉砂土。两种土质根本没法压实到一起，施工单位为达到(95 规范)90%的压实度，采取了很多办法(如用悬耕犁进行拌和)都作用不大，最后根据(95 规范)附注中对于干旱地区可降低 2%～3%的压实度。衡水地区年降雨量在 500mm 略多点，因此，将压实度降到 88%。另外，每隔一层用 8%的石灰改善一次，一直到路床标高，沥青路面竣工后到第二年下沉约 20mm，以后达到了稳定，经过多年大交通量和超载车的作用，路堤都没有发生变化。

省道邢台至德州公路 1995 年改造成二级路时，故城县县城改线段长 4.2km，为 1994 年冬季两侧边沟取土填筑的路堤，高约 1.0m，当时，尚未进行压实，该填料也是重黏土与粉砂土混合，由于冬春雨雪多，含水量也很大。按常规的路堤处治方法应是大开挖后层土、层填、层压，直到路床标高，此法一方面时间太长；另一方面机械台班费用高；更难的一方面是混合土填料无法压实。经研究采用强夯的办法，就是先在填筑的虚土上强夯 1 遍，使填筑的虚土中多余的水量掺入到夯窝中，填料得到夯实，水一部分渗入到路堤内，一部分被太阳蒸发；略干后整平夯窝并加入 5%石灰拌和后用压路机压实到规范要求的压实度和路床设计高程。经过十几年的使用路堤没有出现任何变化。

5.高填土路堤

95 规范提出填方 20m 以上为高路堤，此种情况山区道路时有发生，在平原区就极少出现。现行路基施工技术规范对高填方路堤没有提出具体数据。笔者认为按规范要求的压实度影响到整体路堤稳定的高度称为高路堤，山区的填料多是粒料，CBR 值较高，相应的高路堤也就较高，平原区多是细粒土，CBR 值较小，相应的高路堤也就较低。因此，一方面提高填料的 CBR 值；另一方面提高路堤的压实度，达到基本不下沉不变形的要求，此时也就等于降低了路堤的高度，像低路堤一样的稳定。

高路堤最容易引起路堤的下沉和变形；一方面是路堤本身的压密变形，95 规范提出的下沉量是路堤高度的 1%左右；另一方面是基底的承载力不足，影响整体路堤的下沉变形，原规范基底压实度85%，现行规范提高到90%，路堤高后肯定还会沉降；再一方是土颗粒的重新固结，也产生微小的下沉变形；还有大型超载车产生的集中压力引起路堤的下沉和变形。

为防止工后高路堤沉降影响路面的早期破坏，不少施工单位和业主提前安排高路堤施工，待沉降一定时间后再施工路面；衡水至德州高速公路采用的是填土预压法，就是将夏季施工完成的高路堤，在秋季填一定厚度的虚土，用填土产生的静压力将路堤土进一步压密，实现提前沉降的目的，防止路面竣工后路堤再沉降产生的路面早期破坏。实际上高路堤的沉降并不是短时间的，而需要一定的时间，有的需要几年，采取填土静压的方法效果不会太理想。为真正防止高路基的工后沉降，除选择填料外，重要的是提高路堤和基底的压实度。

(1)基底压实度，高路堤后90%的基底压实度肯定不能保证稳定，必须提高标准。路堤施工前首先要对基底进行水文地质调查，针对实际情况进行处治，对于平原区的立土(风化土)基底，清表后用冲击压路机碾压6～12遍(相当满压1～2遍)再用钢轮压路机进行压实，其压实度应比规范提高1%～2%，对于平原区的冲积土层基底虽然不是软土地基时，最好用强夯的办法夯击一遍，无条件时可用冲击压路机碾压2遍(满压)以上。之后再用钢轮压路机压实，压实度也比规范提高1%～2%。

(2)高路堤压实度控制。高路堤的下沉和变形主要是发生在路堤上，并多是压实度不足所造成的。施工前首先对填料进行选择，按选择的不同填料，不同压实度，不同静压力下的沉降量曲线图(图4-5)，再根据路堤的不同部位(层次)不同填料所承受的路堤静压力确定不下沉的压实度。

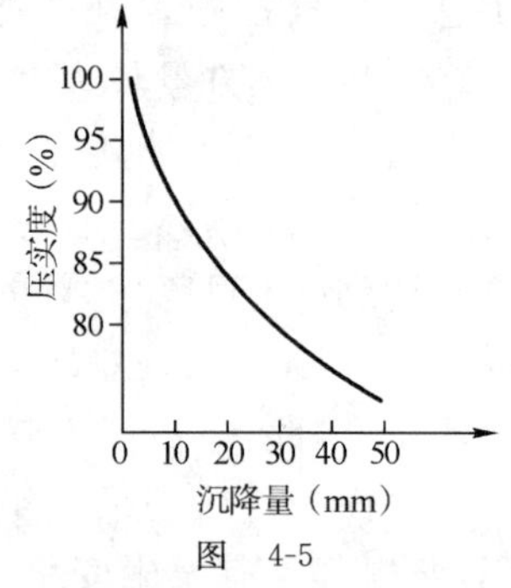

图 4-5

(3)平原区高路堤的施工。此时可有以下几种施工方法：

①钢轮压路机与冲击压路机组合压实法。当基底处治好后，开始填土，做到分层填筑分层压实，压实度按表4-3控制，当填筑厚度达到1.0～1.5m时，可用冲击路机进行一次冲击压实，冲击压实起到补充压实的作用，同时冲击压路机可以绘制各点的压实度曲线图，还可起到压实度的检测作用。按照路堤填筑的总高度进行分层冲击压实，可使整个路堤提高了压实度，防止了工后沉降。如条件允许时，每一压实层都可用冲击压实，其压实度可达到100%以上。

②钢轮压路机与强夯组合压实法。也是先用钢轮压路机(包括振动压路机)分层压实，其压实度也按表4-3标准控制，当达到所用强夯影响深度时，采用强夯进行冲击夯实。强夯巨大的冲击力和冲击波可使路堤得到补充压实作用，同时也防止了工后沉降作用。按照路堤填筑的总高度确定分层夯击的高度，强夯之后要先平整夯窝用钢轮压路机压实后，再继续层填层压。

③水压法与轮胎压路组合压实法。平原区为少占用耕地，有时路堤使用纯砂土(如风积砂)作为填料，该填料对钢轮压路机、冲击压路机和强夯都不适宜，此时可采用水压法与轮胎压路机组合压实。按照轮胎压路机的大小及其压实深度，确定填料的厚度。天然砂土的含水量一般较低，用水压法施工用水量很大，必须有充足的水源，解决水源方法很多，如每隔500m左右打一眼浅井。填筑的砂土略平整后用人工打起方格式的土堰，将抽出的水灌入方格内，使水略高出土层。水可起到对路基的压密作用，待水下渗和蒸发后，用轮胎压路机进行碾压达到要求的压实度为止，碾压时要抓紧完成，防止水分蒸发后无法压实。

对以上各种特殊路堤施工虽然采取了各种防止工后沉降的措施，按照现行规范的要求也应提前安排施工，路堤施工后应抓紧进行观测变化情况，验证路堤确实稳定后再进行路面的施工。

第二节 路面基层

沥青路面的基层主要由垫层、底基层、基层三部分组成，垫层的主要作用是起隔温、隔水、排水等，材料多是粒料，很少使用。

一、底基层

平原区底基层材料多采用石灰土、二灰土，很少使用水泥土，这三种材料都比较经济，符合就地取材原则，也都是半刚性材料，尤其是前两种后期强度很高，10 年后石灰土无侧限抗压强度可达到 5MPa 以上，二灰土可达到 10MPa 以上，是很好的底基层材料。

1. 材料要求

(1)土质。冲积平原区的土质都是细粒土，其粒径小于 0.075mm 的占 90%左右。规范要求石灰土用土的塑性指数是 15～20，二灰土用土的塑性指数是 12～20，超过 20 的土质拌和比较困难，不易拌和均匀；塑性指数低的土初期强度较低，7d 强度不能满足规范要求(底基层 0.5～0.6MPa)。土又是大宗的材料，为保证工程质量，在运距不太远时应尽量采用规范内的土质；当运距太远，严重的影响工程造价时，较低塑性指数的土也可使用，如塑指 8 左右的土质也可使用，对路面 6 个月后的整体强度影响不太大。

(2)石灰。规范要求石灰土的石灰质量是不低于 3 级，钙、镁含量消石灰不少于 55，生石灰不少于 70。在过去施工中由于石灰的堆放时间过长，石灰质量下降，为保证石灰土或二灰土的质量不得不采用加大石灰剂量；再是过去由于生石灰的堆放太高，为保证石灰的消解彻底，必须加大水量，由于石灰消解时体积产生膨胀，使消石灰产生挤密，再加上水量大，过筛时不成粉状而成小灰块，拌和后不能达到均匀，严重影响强度，也不得不加大石灰灰量，造成浪费。因此今后在石灰的消解上应严格控制质量，防止堆放时间过长：一是石灰堆放高度在 1m 左右，便于消解；二是备灰前要根据用灰数量，计算好充足的场地；三是根据生石灰的质量确定用水量，每吨生石灰消解用水量按 600～800kg 计算，使消解后的熟石灰能任意向上膨胀，不产生挤密现象，每吨生石灰消解后达到 2.5m^3 左右，过筛后可成粉状，提高了石灰的表面积；四是按照消解 7d 后就可使用的要求，再根据每天的用灰量和石灰的质量以保证在使用末期不低于 3 级灰的标准算出备运出下次用生石灰的场地和备灰时间，以此循环控制，确保石灰质量。

如果使用消石灰不能满足工程需要时，也可用生石灰粉替代，但对生石灰粉必须进行严格的质量检测。使用生石灰粉比使用熟石灰在同等剂量时的强度增长要快、要高，还可能经济。

(3)粉煤灰。规范要求粉煤灰的有效含量大于 70%，烧失量不大于 20%，细度(比表面积) 2 500cm^2/g，粒径 0.01～0.1mm 之间，原规范条文说明中谈到，当烧失量在 20%～30%时，钙镁含量不小于 70%时也能使用。试验证明，在 1994 年对二灰土材料试验研究时，使用的是山东德州齐鲁电场的粉煤灰，其烧失量是 23%，有效含量是 74%，粒径 0.25mm 筛孔以上占 53.3%，较规范要求的颗粒粗得多，其颗粒粗后正好与我区的细料土起到级配作用，施工碾压时便于成型，不易起皮。与塑性指数 17 的土做二灰土(10 : 30 : 60)，60d 的无侧限抗压强度达到 3.9MPa，一年半后达到 6.3MPa。说明德州齐鲁电场粉煤灰适用于我区的细粒土，二灰碎石是否适用应做研究。衡水电厂的粉煤灰烧失量是 3.8%，有效含量 93%，是一级灰。

(4)水泥。可采用低标号(3.25#)慢凝(6h)的普通水泥或矿渣水泥均可。

2. 施工

(1)石灰土。石灰土施工时关键是控制石灰、土、水三者的均匀性，如果颗粒都能均匀分布时，9%的石灰用量也能达到较高的强度，20 世纪 60 年代我区施工的石灰土基层，石灰含量都是 10%，利用筛拌法施工，15 年后无侧限抗压强度达到 8MPa 左右。由于石灰土底基层都是路拌法施工，其材料偏差严重影响强度，因此在施工中不断加大石灰含量，现在一般是 12%，塑性指数低的土质加大到 14%。原规范中为保证黏性土做石灰土的均匀性，采用两次加灰的办法，也收到较好效果。

铺料：先把塑性指数和含水量基本一致的土按量备到施工层(路床)上，略平后，用履带拖拉机进行排压后再按虚铺厚度细平，当含水量小时，开始洒水，并做到均匀，总的水量应占最佳含水量的 80%，闷料一夜后，第二天铺石灰，铺灰后要进行人工第二次找平，尽量做到铺灰均匀一致。

拌和：最好用稳定土拌和机进行拌和，拌和中设专人随机进行检查，用铁锹挖开检查是否拌和到底，是否拌和均匀，是否存有素土夹层。如用耕犁拌和时要横向挖开，检查是否存在素土疖子。拌和完后，进行整平，排压 1～2 遍，然后加入剩余 20%和损失的水量，其加水的时间尽量安排在下午，使石灰土闷一夜后第二天上午完成碾压，下午检测，严格禁止在拌和中加水，以免形成局部积水，造成翻浆。再是加水的水车要有阀门控制水量，保证喷洒均匀.

碾压：根据拌和路段的大小和压实机械的数量确定开始碾压的时间，但必须在上午完成，在碾压中注意处治以下问题：

①局部翻浆，要挖除翻浆的局部路块，用已拌好的石灰土修补。

②当上午没有完成碾压时，水分蒸发又较严重，可洒水后继续碾压，也可在下午加水，第二天早晨补压。

③碾压中出现局部路块起皮，分析原因可能是含灰量小；也可能是含水量小；还有可能是土质差，可根据情况将起皮块翻松、加灰、加水、人工拌和后一起碾压。

④对于大路段因土的塑指小而起皮时，在碾压 1～2 遍后，洒水(水小)，上面铺一层素土，素土厚 10cm 左右，然后在素土上进行碾压，碾压时速度不可过快，最好用轮胎压路机配合震动式。其素土还起到石灰土的养生作用，待做上承层时清除干净。

(2)二灰土。二灰土质量的关键是石灰、粉煤灰、土和水四种材料的均匀性，它们是保证强度的根本。二灰土有场拌法施工也有路拌法施工，我区已做的二灰土都是路拌法施工。

铺料：第一步是按已计算好的数量备土于路床上，并平整、轻压；第二步是铺平粉煤灰，排压，禁止拉运粉煤灰的大汽车在素土层上行驶，以防压出车辙影响材料的均匀性，铺平粉煤灰后洒 80%左右的用水量，水车尽量行驶在中间隔离带和路肩上，用加压水龙头喷水；第三步是铺石灰，石灰应备在靠路肩和隔离带的两边，尽量减少施工车辆在铺层上行驶，铺完石灰后，要有专人进行检查是否均匀，对缺灰的路块进行找补。也可将石灰、粉煤灰与土分两次拌和，某施工队在 106 线二灰土施工时就是采用两次拌和法，先是土与粉煤灰拌和一次，再加入石灰进行第二次拌和，这种方法材料的均匀性较好，但费用略高。

拌和：同样用稳定土拌和机进行拌和，在拌和中设专人进行检查，有问题时及时进行修正。

碾压：碾压方法与石灰土相同，对于碾压出现的质量问题，处治方法也基本与石灰土相同。

养生：二灰土碾压完成后，如果不能及时铺筑上承层时应做到及时养生。养生的方法主要有两种：一是铺筑上承层相隔时间较短时可洒水养生；二是相隔时间较长时，用盖土养生，封层土厚约 10cm，严格禁止用平地机整平时推出的二灰土用作封层土，铺土后，洒水碾压，以利工程车行驶。为防止封层土干后行车飞扬尘土，可及时洒水，还要防止行车碾压，破坏了二灰土。

注意底基层石灰土和二灰土分两次加水的目的是为了防止一次加水造成水量不均匀，水量过大或过小都影响拌和时的材料均匀性，也容易造成局部水大而翻浆和水少而起皮。

(3)拌和时应注意的事项。不论石灰土还是二灰土拌和时都要根据路床表面的质量确定拌和机齿深入路床的深度，当路床表面比较平整时，可深入路床 10mm 左右；当路床表面有轩土层时，可根据轩土厚度增加拌和深度，以保证层间连接。对于路床表面出现较厚轩土层和较深(＞20mm)坑槽时，应先处理好路床再备土。

二、基层质量控制

我区常用的高等级沥青路面基层结构是二灰稳定级配碎石和水泥稳定级配碎石，两种材料强度较高，且板体性好，应力扩散性强，裂缝较少，是最佳的沥青路面基层材料。二灰土结粒料基层是悬浮结构基层，也应是交通量较大的县、乡级沥青路面推广和探讨的基层结构，其性能略低于以上两种基层结构。

1.二灰土结粒料基层

首先应按比例将土、二灰分层铺在路床上，用稳定土拌和机拌和均匀，然后再按悬浮结构的比例加入粒料，进行第二次拌和，这样可使强度较高的二灰土材料包裹强度更高的粒料，保证土、粉煤灰、石灰、粒料四种材料的均匀分布，方可保证应有的强度。找平、碾压、养生等基本与二灰土或二灰碎石相同。

2.二灰级配碎石

现在施工的二灰级配碎石基层大多是场拌法施工，在材料配比确定后，通过试拌、试铺、抽检后，符合要求可进行正式施工生产，场拌法对材料的均匀性比较有保证。在施工中应做到以下几点。

(1)组成设计。一般情况下组成设计大多是规范中各种粒径通过方孔筛的数量，用规格料进行掺配，达到要求为止，然后按不同剂量的石灰和粉煤灰做试件，经过试压，选择比较经济的配合比。

按照填充理论，一实方体中最多只用一松方集料，剩余空隙被结合料所填充，经充分压实后，可得到强度大，收缩系数小的半刚性基层材料。集料太多，结合料填不满空隙，导致强度不足；集料少，温缩系数大，容易开裂。按填充理论的基本思路，集料最佳组成的计算公式是：

$$\text{结合料}:\text{集料}=\frac{\rho_1(1-V)}{\rho_0}:\frac{\rho_c}{\rho_0} \tag{4-4}$$

式中：ρ_c——集料的松方干密度(g/cm^3)；

ρ_1——试验中所用结合料的最大干密度(g/cm^3)；

V——集料在半刚性材料中所占的体积；

ρ_0——该混合料的最大干密度(g/cm^3)，其中 $V=\rho_0/\gamma$(γ 为集料的平均相对密度)，$\rho_0=\rho_1(1-V)+\rho_c$。

按此公式可对已级配好的各种材料数量进行校对，是否满足填充理论的要求，以此提高二灰级配碎石的质量。

在二灰级配碎石组成设计时还应尽量不用粉料，防止表面形成软层。

二灰碎石的级配按传统的规范要求进行连续级配，等于主骨料悬浮于二灰和细料及粉料当中，主骨料形不成嵌挤作用，因为后边的三种材料占到 50%(重量比)以上，所以竣工后的第一年冬季或是第二年冬季出现横向裂缝，严重横缝贯通，缝的宽窄和严重程度与骨料的大小和二灰粉料的多少有关。骨料小时，裂缝自然就严重，反之就轻。裂缝反射到沥青路面面层后，严重影响路面的使用年限和早期破坏。为此减少和消灭裂缝是多年来施工人员追求的目标，笔者对其探索想法是：一是增加(4.75mm)以上的粗集料数量，其粒径加大到40mm；二是集料进行断级配，使骨料通过压实后形成相互嵌挤；三是用细料、粉料和二灰填充其空隙。总之像沥青面层那样变成骨架型密实结构，裂缝肯定就会大大减少，如果按照规范级配时，也应根据实际进行适当调整。1996年施工的307线深州市7km(15m宽路面)二灰碎石基层，其集料粒径加大到50mm，路拌法施工，加入3%的水泥，运营3年多只出现两道不太长的裂缝。90年代修建的其他二级路路面基层路拌法施工的二灰碎石集料最大粒径也不小于40mm，竣工后也很少出现大的横向贯通的裂缝。今后施工的二灰碎石在不影响摊铺质量的前提下，也应适当加大粗骨料的粒径。

(2)二灰级配碎石的拌和。目前二灰碎石施工拌和方法，有路拌法，即把三种材料虚铺在下承层上，用稳定土拌和机进行拌和，由于三种材料摊铺的均匀性不足，严重影响了二灰碎石强度的均匀性，容易使路面造成早期破坏。目前正式施工队伍多采用场拌法施工，场拌法施工时，首先要选择有微机控制拌和精度高的拌和设备，其拌和能力要根据工程量和施工进度考虑，在拌和中要按规范要求及时检测集料的级配和二灰的均匀性；随时把握粉煤灰和细集料的含水量波动情况，并据此及时调整其目标进料量；定期对拌和机械性能和计量装置的精度进行标定，以保证施工全过程二灰碎石的质量。

(3)摊铺。二灰碎石不论作下基层还是上基层，摊铺工序都很重要，摊铺中应：①保证集料的不离析，均匀一致；②保证较好的平整度；③保证较高的初始密度。为达到此目的：一是要对摊铺机的选择及其摊铺机各部性能的调整，如夯锤的振幅和频率等；二是找平方式，不论做哪一层结构都最好用钢丝绳(等高线)法找平，钢丝的型号F2或F3，拉力800～1 000N，垂度小于2mm，直线每10m一根立柱，也可用细尼龙绳代替，每根尼龙绳的长度约100～200m，立柱间距10m，张拉力需300～400N，由于尼龙绳在夜间受潮有变化，所以每天上午开工前应进行张拉调整。登高线法为路面的平整度打下了良好的基础，以满足现行规范对各种等级的沥青路面平整度的要求。

(4)碾压。碾压是控制二灰碎石强度的关键工序，首先在压实机械的选择上要选用大吨位振动压路机(机振力不小于30t)和18～21t的钢轮压路机，以达到有机组合，通过试验确定压实遍数，压实度不低于98%，在碾压时间上为防止水分蒸发，要抓紧完成碾压工序，控制在8h内完成。

(5)含水量控制。一般施工人员都把拌和时的含水量比设计时的最佳含水量提高1%～2%，也有的主张提高3%，用以抵消施工时的水分蒸发。为防止摊铺、运输、碾压时的水分蒸发，应采取其他措施进行控制，尽量减少拌和时加入过大的水量，一般应不超过最佳水量的1%，因为二灰碎石的最佳含水量是7%左右，超过3%后肯定水量过大，当水分蒸发后表面含水量可能是最佳状态，但下层含水量过大，拌和时含水量过大后会造成很多弊端：一是加大干缩裂缝；二是不易拌和均匀，石灰与粉煤灰成团，产生离析；三是水膜过厚，集料不易形成嵌挤而影响压实度；四是碾压时集料容易被推移，影响平整度。在施工中应严格控制含水量，并且做到均匀，不得忽大忽小，施工前应先把集料、粉煤灰、石灰本身含水量进行检测，再确定拌和时应加水量。在雨季施工时，细集料和粉煤灰要盖苫布，同时雨后的加水量也要适当进行调整。为控制碾压时的最佳含水量，在翻斗车运输集料中要盖苫布，再是控制施工路段长度，及时进行碾压，从而缩短施工时间，减少水分蒸发；还有摊铺前在下承层上洒点水，以减少二灰集料的水分损失，也为二灰碎石硬化时提供了水分。

(6)养生。养生是保证二灰碎石强度的重要环节，碾压成活以后，要据施工季节，水分蒸发情况，及时进行洒水养生；二是在养生期内不论什么方法都要保持表面湿润；三是对于不容易用水车洒水的路块要用人工洒水；四是在水分蒸发严重的天气要设专人进行检查，对缺水路块进行补洒。二灰碎石做上基层时要根据季节确定养生时间，最好不少于7d。当二灰碎石做基层又不能及时铺筑面层时，可提前完成透层油，防止水分快速蒸发，失水过快造成裂缝和影响强度，还要注意在封层时保证二灰碎石基层湿润，满足二灰水化所需水分。如果二灰碎石做下基层时，可适当调整养生时间。

(7)提高二灰碎石材料早期强度的措施。由于二灰碎石的初期强度较低，一般在标准养生条件下，7d无侧限抗压强度1MPa左右；再是集料中的粉料和二灰混合后，大多浮于二灰碎石的表面层，形成一软层，使面层与基层连接不牢，还容易使面层产生小的裂缝、渗水、唧浆。使路面早期破坏，这是近些年二灰碎石不做高速公路上基层的主要原因，为克服以上两种弊端，应提高二灰碎石的早期强度。其方法是：

①加入化学材料。即：NaOH（氢氧化钠）、Na_2CO_3（碳酸钠）、Na_2SiO_3（硅酸钠）、Na_2SO_4（硫酸钠）。由于我国粉煤灰含CaO、MgO量较少，约3%～5%，因此不具备自行结硬的特性，再是二灰中的SiO_2和Al_2O_3发生火山灰反应生成的胶凝物太慢，也是因碱环境条件不足所致。以上四种化学材料都具有很强的碱性，促进了石灰与粉煤灰的火山灰反应，生成硅酸钙、硅酸二钙、铝酸三钙、铁铝四钙胶凝物质。再是掺加以上化学剂后提高二灰碎石混合料的pH值，增大离子浓度，降低胶团的动电位，形成晶体或黏结物质激发二灰的早期强度。

化学剂的掺量一般是二灰碎石重量的0.1%～0.2%，不可过量，一是不经济；二是会起反作用，如硅酸钠超过0.3%起膨胀作用。四种化学剂可以是单掺，也可以两种材料混掺。掺的方法为，将化学剂溶化于水中，在二灰碎石拌和时加入。如果只为提高二灰碎石的表面强度时，可将化学剂溶于水中，在养生时喷洒在表面；也可在摊铺后立即喷洒，待水分略蒸发和掺入后进行碾压，经过压路机的振动，效果更好。可解决二灰碎石表面出现软层问题。

几种化学剂对二灰碎石早期强度增长情况见表4-6(5∶15∶80)。

表4-6

龄期(d)	未掺化学剂二灰碎石	掺1%硅酸钠(Na_2SiO_3)二灰碎石	掺1%碳酸钠(Na_2CO_3)二灰碎石	掺1%硫酸钠(Na_2SO_4)二灰碎石
7	0.63	1.67	1.62	1.71
28	2.01	3.25	3.04	3.36
93	2.68	4.13	3.86	4.21
186	3.03	4.66	4.37	4.75

最终二灰碎石的强度达到掺化学剂与不掺基本相等。掺化学剂时要选择比较经济的品种，如硫酸钠约600元/t，碳酸钠则1 500元/t。

②掺水泥。水泥应是普通水泥或是硅酸盐水泥，不可用矿渣水泥，掺量应是二灰碎石重量的2%～3%，其7d无侧限抗压强度可达到2～3MPa，满足了规范要求。加入水泥不但可利用水泥的初期强度，同时水化后释放出来的氢氧化钙产生二次水化与粉煤灰中的物质生成具有

凝胶性能并提高早期强度的水化硅酸钙和水化铝酸钙，再加上二灰材料自身形成的强度，叠加起来可形成较高的初期强度，是水泥、二灰、促凝三者的叠加强度。掺水泥比掺化学剂强度高，但投资略多。

掺加的方法为，在二灰碎石拌和中先与掺量少的石灰拌和，再送入料斗中，可解决料斗不足的问题，也可单设料仓。如果只为提高二灰碎石的表面强度时：一是在摊铺好的二灰碎石表面喷洒水泥浆，然后进行碾压；二是撒一定数量水泥粉，喷水后再碾压；三是在表层按厚度和比例铺撒水泥粉，用小拖拉机悬耕犁拌和，第二次平整后进行碾压。用什么方法可按实际情况而定。总之，二灰碎石表面掺水泥后可解决二灰碎石的很多弊端。

(8)清除二灰碎石表面的软层。二灰碎石表面的软层虽然很薄，但它的危害很大，严重影响路面的层间接触，必须进行清除。其方法如下：

①二灰碎石摊铺后，可在表面喷洒浓度较高的化学早强促凝剂或是水泥浆，通过振动压路机振压起到与二灰的拌和作用。目的是提高表面强度，防止出现软层。该法可用于二灰碎石作上基层时使用。但要注意防止表面水分过大，影响压实，因此，二灰碎石拌和时要控制在最佳含水量内。

②二灰碎石作下基层时，在水稳碎石铺筑前，先用特制的刷毛机具将表面刷毛，然后适量洒水加大其软层的含水量，通过对水稳碎石的振动压实，一方面碎石嵌入到软层内；另一方面软层可挤入到碎石的缝隙中。这样不但消除了软层，还增加了层间的紧密结合。需要注意的是两层的施工间隙时间不可过长。

三、水泥稳定级配碎石

由于其初期强度高(7d 无侧限抗压强度可达到 4MPa)，唧浆少而被广泛应用于一级公路和高速公路路面基层。施工时应注意以下几个方面问题。

1.集料的级配

水泥稳定级配碎石在碎石的最佳级配和最佳水泥用量及最佳含水量时，才能达到最佳压实度，再加上最佳养护方法，才能形成最佳强度而不裂缝，几种条件缺一不可，否则会影响使用效果。由于水泥稳定级配碎石技术性较高，是一种比较娇气的基层材料，因此，每个工序都必须严格控制。

在水泥稳定级配碎石集料的级配上，首先要选用符合规范要求的规格料，使各档次粒径集料达到连续级配，规范要求最大粒不应超过 30mm，且有棱角，从而达到最佳级配和嵌挤作用，适宜最小的水泥用量而又不裂缝，在施工中应按规定及时检测级配质量，检测的方法，一是目测表面的集料级配情况；二是抽样进行筛分然后与设计级配进行对照。

水泥稳定级配碎石的集料经过试验，也可采取断级配组成设计，首先使粗集料形成相互嵌挤的骨架结构，然后用填充理论将细料和粉料及水泥填充其空隙，则裂缝肯定也会大大减少。

2.水泥用量控制

一般水泥用量是 5.0%～5.5%，最多不得超过 6%。当试件强度不能满足规范要求时，应调整集料的级配，当细料和粉料含量多，表面积大，水泥用量多时，集料形不成嵌挤，容易产生裂缝；粗集料多，细料和粉料少时，空隙率大，强度低，也易造成早期破坏。水泥要选用收缩性小，标号低，初凝时间长(宜在 6h 以上)的水泥。并在施工中及时按规范要求进行检测水泥含量。

3. 拌和时含水量控制

要选用拌和量大，自动控制能力强的先进拌和设备，保证各种材料拌和的均匀性。在拌和加水时尽量控制在实验室确定的最佳含水量，也可根据天气和季节略提高水量，也要像二灰碎石一样在施工过程中采取措施减少水量损失，否则水量过大时同样会出现像二灰碎石一样的弊端，造成的后果可能还要更严重。如一般最佳含水量是5.5%，水泥在水化中吸收20%左右水泥重量的水分，则剩余4.4%水分需蒸发，如果加大3%，则有7.4%水分蒸发，从而使空隙增大。含水量太大后可有以下弊端。

(1)加大干缩裂缝，半刚性基层失水后就会产生失水收缩，收缩时所产生的应力当大于基层本身的抗拉强度时，就形成裂缝，失水越大，收缩裂缝越大，失水一次，收缩一次，裂缝也逐渐积累，并且扩大，严重时反射到沥青混凝土面层，使路面渗水破坏。

(2)集料和水泥拌和不均匀，大小粒径的集料易产生离析。过大的含水量在集料与水泥的拌和中，依据黏附性理论，使质量轻的细料、粉料与水泥黏结到一起，大料因质量重在拌和中被分离出去，产生离析。摊铺机在摊铺的过程中虽然也起到一定的拌和作用，但不能彻底解决大料的离析问题。细料多，水泥也就多，含水量也大，强度也高，裂缝也严重，大料多的路块水泥含量就少，空隙率就大，强度也就低，透水性也大，这种路块就易造成沥青路面的早期破坏。

(3)压实度不足，集料间的水膜过厚，产生滑动，不易形成集料的嵌挤作用，而且碾压中造成局部翻浆和弹簧现象，这些路块也根本达不到要求的压实度。半刚性基层的压实每减少1%，强度降低5%～7%，强度不足就会造成路面的早期破坏。

(4)影响平整度，碾压中随着压路机前进的动力而向前推移，也有的形成蜉动而成波浪，离析的集料由于空隙率不同，压实系数不同，含水量大和小料多的路块，碾压中产生一定的回弹，大料多的路块碾压中不产生回弹，这样造成不平整。

(5)加大温缩裂缝，含水量的大小也影响温度收缩时所产生的裂缝大小，有学者利用水泥稳定级配砂砾28d后的强度试验，含水量是12%时，温度收缩系数 a_t 是 20.91×10^{-6}/℃；当含水量小0.4%时，温度收缩系数 a_t 是 13.7×10^{-6}/℃。这样当施工季节较晚含水量又较大时，材料的强度也较低时，在第一个冬季就会产生较大裂缝，给沥青路面的早期破坏雪上加霜，同时产生的裂缝也永远不会愈合，长期形成渗水。

水泥稳定级配碎石的含水量大小控制应从使用效果出发，不能只图施工方便而忽视了整个工程的使用质量。沙庆林著《高等级公路半刚性基层沥青路面》一书中谈到控制施工碾压时的含水量，含水量每增加1%，对基层干缩应变的影响相当于水泥剂量的2～3倍。应在施工中严格控制水泥稳定级配碎石的含水量，根据施工季节严格控制拌和时的加水量，而且在摊铺、碾压中尽量减少水量的损失，如基层适量洒些水、拉料的翻斗车盖贴布，加快碾压、摊铺的进度，含水量小的时候，还加大摊铺进度，因为摊铺机作业中螺旋分料器消耗的功率是50%～60%机械动力，含水量小后，集料的黏附性也就小，功率消耗自然减少，速度就可以加快。当天气干旱时，碾压中表面水分损失较多时，可在表面略喷洒水，再进行碾压。

4. 水稳碎石的摊铺

首先应对摊铺机型号进行选择，摊铺是控制平整度质量的关键，目前大多选用ABG-423型。由于一级路和高速公路路面宽(11.5m)，铺层厚(20cm)，用一台摊铺机装料次数多，对摊铺质量有影响，特别边缘易离析，影响了平整度，收斗的次数多，造成离析的机率也多，所以目前多采用两台摊铺机梯形作业。摊铺速度控制在1～3m/min，可根据拌和数量和运输能力确定，摊铺机的间距5～10m较好，两幅重叠10～15cm，如用ABG-423摊铺机时，夯实频率是

3～4，夯锤的震幅一般为前排夯锤为9，后排夯锤为6，熨平板震动器频率一般为4，密实度可达到80％左右，摊摊系数一般控制在1.3为宜。在摊铺过程中要有专人进行跟机检查，检查集料的摊铺是否均匀一致，是否出现离析，一旦出现后要采取措施纠正，如大料偏多的路块，要用筛出的细料找补。

5.水稳碎石平整度控制

由于水稳碎石都做沥青路面的基层使用，其平整度大小严重影响着面层的平整度，现行规范要求高速、一级公路的要求或允许偏差是（连续测定）2.4mm，其他等级公路是3.5mm，因此，水稳碎石的平整度应严格进行控制。关于找平方式可用钢丝基准法（等高程），直线可每10m一个支点，弯道则每5m一个支点，钢丝绳的长度是50～100m，拉力为800～1000N，垂度要求小于2mm，此法可将路面的高程控制打下良好的基础。在初压后应用3m直尺检测平整度情况，偏差大时要及时采用措施，进行补救。再是纵横缝的处理也要认真对待，严格按规范要求处治。当下基层二灰碎石摊铺用钢丝基准线控制摊铺平整度时，到上基层的水泥稳定碎石也可用平衡基准梁法或滑靴法找平方式摊铺。

6.施工时间的控制

由于水泥的凝结时间较快，必须对施工时间进行控制，从拌和加水到碾压成活时间里，每道工序都必须抓紧完成，安排要紧凑，总的时间最好在4个小时内完成，最多也不能超过6个小时，否则严重影响压实度和整个施工质量。

从表4-7中可以看出延长压实时间对压实质量的影响情况，实践证明当压实度减少1％时，强度会减少5％～7％。在要求的时间内抓紧完成。

超时碾压影响压实度情况表　　表4-7.

延长时间(h)	0	1	2	3	4	5
干容重(g/cm^3)	2.36	2.352	2.338	2.294	2.286	2.264

注：水泥掺量是5％，集料100％，最佳含水量是5.65％。

7.水稳碎石的碾压

要配备振动压力25t以上的振动压路机和18～21t的光轮压路机，振频采用25～28Hz，振幅采取1～3mm，速度2～4km/h，通过试验段确定压实遍数，司机要加强责任心，防止接头漏压，达到碾压遍数后及时检测压实度，不足时，抓紧补压。另外要注意与桥涵接头的压实，基层与桥涵（踏板）都存在高程上的错台，接头的20cm左右不便压实，要采取以下措施进行解决：(1)可将基层与踏板接头铺成斜坡进行压实，压实后再除掉多余部分；(2)用人工进行夯实；(3)压路机进行横向压实。

8.水稳碎石集料离析的控制

水稳碎石在施工中常常与实验室中级配的均匀性产生很大偏差，出现大骨料偏多的块状离析，对于表面的离析可以通过补撒小料解决，对于下层的离析则不容易发现，而且下层离析比上层离析危害更大，它使劈裂强度大大降低，达不到设计要求的弯拉强度，行车一段时间后，下层拉断而反射到面层裂缝，出现早期破坏。为减少此类情况发生，要按规范要求在未压实的铺层上每2 000m^2取样一次，进行筛分检测集料的均匀性，是否满足各筛孔集料偏差，是否满足内掺指标要求（每个施工单位要根据自己的机械设备、施工水平制定本企业的偏差指标，以此控制施工质量），多次出现超过要求的偏差后，要找出原因，及时进行调整，以满足要求为止。

9.养生

养生的方法比较多，不论用什么方法都要做到以下几点：(1)及时养生，碾压成活后要根据天气情况做到及时养生;(2)不论什么养生方法在养生期内必须保持表面湿润,其湿度不低于80%,否则影响水泥稳定碎石的强度;(3)不易用机械洒水养生的路块要用人工补洒;(4)养生期内要设专人经常进行检查,防止局部发生失养;(5)达到养生期以后,要抓紧封层或铺筑面层,不准暴晒,防止形成干缩裂缝。目前较好的养生方法是在碾压成活表面稍变干燥,但尚未硬化的情况时喷洒透油层,此时的空隙较大,透层油渗入较深,同时封住水分,起到保湿养生的作用,这是现行规范提出的要求。

总之,水泥稳定级配碎石拌和好后要做到五抓紧:即抓紧运输,抓紧摊铺,抓紧碾压,抓紧检测,抓紧养生。特别需提出的是水稳碎石的含水量和水泥含量是控制是否裂缝的最最重要指标,必须高度重视。

现行规范要求半刚性基层沥青路面的基层要与沥青面层在同一年内施工,以减少路面开裂,这是用金钱买来的教训。由于过去有的业主和承包商为赶工程进度,提前完成了基层,而面层由于施工季节晚、气温低没有在同一年完成,基层暴露在大气中,在冬季形成了干缩和温缩,而且两种收缩所产生的内力在同一薄弱处消失,造成裂缝,该缝在竣工通车后的一段时间反射到面层,即所谓反射裂缝。遇此情况时,其处理方法如下:一是对大于和等于 2mm 的缝要先扩缝或清缝,之后嵌入粘弹材料(水泥路面灌缝标材料)或改性沥青,扩缝时可清成“V”形缝,起到便于灌入和防水作用;二是灌缝完成后,粘上带胶的土工布(包括肉眼看的裂缝),布宽约 30cm 左右;三是完成以上工序后与其他基层一样喷洒透层油(黏层油)。

对于石灰土基层的沥青路面来说,秋季施工的石灰土基层,不宜立即铺筑沥青路面,否则会造成路面的早期破坏,此时可暂不铺沥青路面,用厚 10cm 左右的素土封好石灰土,待明年天暖后再做沥青路面,实践证明效果非常好。

现行规范还提出当旧沥青路面作基层时,要视质量进行修补、铣刨、加铺找平层(罩面层),其最大厚度不宜超过 100mm。当以旧水泥混凝土路面作沥青路面基层时,也应进行处治,洒布黏层油,再铺新的结构层。

第五章　热拌沥青混合料面层的施工质量控制

导读　本章详细介绍了热拌沥青混合料面层施工中的原材料技术标准、配合比组成设计以及人员施工机械配备方案；对摊铺过程中集料的离析以及沥青路面早期病害的成因进行了分析并提出了解决方案。

第一节　原材料的质量控制

一、一般规定

各种材料在进场前都应进行质量检测，经评定合格后方可使用，不得以供应商的检验报告或商检报告代替现场检测。因为在沥青路面修建过程中，材料起着至关重要作用，特别强调要把好材料进场前的第一关，否则进场后再检测时，出现不合格材料会造成浪费和损失。

对于沥青路面集料的选择必须经过认真的料源调查，确定料源应尽可能就地取材。集料粒径的规格以方孔筛为准。进场后不同料源、品牌、品种、规格的集料不得混杂到一起。

二、道路石油沥青

各种沥青等级的应用范围应符合表 5-1 规定。道路石油沥青技术标准应符合表 5-2 要求。

道路石油沥青的适用范围　　表 5-1

沥青等级	适用范围
A 级沥青	各个等级公路适用于任何场合和层次
B 级沥青	1. 高速公路、一级公路沥青下面层及以下的层次，二级及二级以下公路各个层次； 2. 用做改性沥青、乳化沥青、改性乳化沥青、稀释沥青的基质沥青
C 级沥青	三级及三级以下公路的各个层面

不论修建什么样的沥青路面，都应进行认真选择道路石油沥青，道路石油沥青对沥青混合料的黏聚力主要取决于集料与沥青的黏结力和沥青本身的黏聚力。优质沥青所产生的结构膜在集料的表面起化学吸附作用，具有很强的黏结力，有利于抵抗沥青路面的多种病害产生，尤其是抗疲劳和低温抗裂能力，有试验数据证明沥青对混合料的抗疲劳能力贡献率是 52%，对低温抗裂性能的贡献率是 89%，由此看出优质沥青的重要性。因此，沥青路面采用的沥青标号，宜按照公路等级、气候条件、交通条件、路面类型和结构层中的层位及受力特点、施工方法等，结合当地的经验，经技术论证后确定。

对高速公路、一级公路，夏季温度高、高温持续时间长、重载交通、山区及丘陵、上坡段、服务区、收费站、停车场等行车速度慢的路段，尤其是汽车荷载剪切应力大的层次，宜采用稠度大，60℃黏度大的沥青，也可按高温气候分区的温度水平选用沥青等级；对于冬季寒冷的地区或交通量小的公路、旅游公路宜选用稠度小、低温延度大的沥青；对温度日温差大，年温差大的地区宜注意选用针入度指数大的沥青，当高温要求和低温要求发生矛盾时可优先考虑满足高温性能要求。

道路石油沥青技术要求

表 5-2

指标	单位	等级	沥青标号																试验方法
			160 号	130 号	110 号			90 号					70 号					50 号	30 号	
针入度(25℃,5s,100g)	0.1mm		140～200	120～140	100～120			80～100					60～80					40～60	20～40	T0604
适用气候分区			见注④	见注④	2-1	2-2	3-2	1-1	1-2	1-3	2-2	2-3	1-3	1-4	2-2	2-3	2-4	1-4	见注④	附录 A
针入度指数 PI		A	−1.5～+1.0																	T0604
		B	−1.8～+1.0																	
软化点(R&B)不小于	℃	A	38	40	43			45			44		46		45			49	55	T0606
		B	36	39	42			43			42		44		43			46	53	
		C	35	37	41			42					43					45	50	
60℃动力黏度不小于	Pa·s	A		60	120			160			140		180		160			200	260	T0620
10℃延度不小于	cm	A	50	50	40			45	30	20	30	20	20	15	25	20	15	15	10	T0605
		B	30	30	30			30	20	15	20	15	15	10	20	15	10	10	8	
15℃延度不小于	cm	A、B	100															80	50	
		C	80	80	60			50					40					30	20	
蜡含量(蒸馏法)不大于	%	A	2.2																	T0615
		B	3.0																	
		C	4.5																	
闪点不小于	℃		230					245					260							T0611
溶解度不小于	%		99.5																	T0607
密度(15℃)	g/cm^3		实测记录																	T0603
TFOT(或 RTFOT)后																				T0010 或 T0609
质量变化不大于	%		±0.8																	
残留针入度比不小于	%	A	48	54	55			57					61					63	65	T0604
		B	45	50	52			54					58					60	62	
		C	40	45	48			50					54					58	60	
残留延度(10℃)不小于	cm	A	12	12	10			8					6					4	—	T0605
		B	10	10	8			6					4					2	—	
残留延度(15℃)不小于	cm	C	40	35	30			20					15					10	—	T0605

注:①试验方法按现行《公路工程沥青及沥青混合料试验规程》(JTJ 052—2000)规定执行。

②建设单位同意表中 PI 值 60℃动力粘度、10℃延度可作为选择性指标,不作质量检验指标。

③70 号沥青根据需要要求供应商提供针入度范围为 60～70 或 70～80 的沥青。

④130 号和 160 号除寒冷地区直接用于中低级公路外,通常用于乳化沥青、稀释沥青、改性沥青的基质沥青。

当缺乏所需标号沥青时，可采用不同标号掺配的调和沥青，其掺配比例由试验决定。掺配后的沥青质量也应符合表 5-1 要求。

三、乳化沥青

乳化沥青也是在沥青路面修建中常涉及到的一种沥青，而且用途较广，如表处路面、贯入式路面、修补裂缝、喷洒透层、黏层和封层等，其性能符合表 5-3 要求。

乳化沥青品种及适用范围 表 5-3

分　类	品种代号	适用范围
阳离子乳化沥青	PC-1	表处、贯入式路面及下封层用
	PC-2	透层油及基层养护用
	PC-3	黏层油用
	BC-1	稀浆封层或冷拌沥青混合料用
阴离子乳化沥青	PA-1	表处、贯入式路面及下封层用
	PA-2	透层油及基层养护用
	PA-3	黏层油用
	BA-1	稀浆封层或冷拌沥青混合料用
非离子乳化沥青	PN-2	透层油用
	PN-1	与水泥稳定集料用时使用(基层路拌再生)

乳化沥青在高温条件下宜采用黏度较大的，寒冷条件下使用黏度较小的，并符合表 5-4 规定。

道路用乳化沥青技术要求 表 5-4

试验项目		单位	品种及代号										试验方法
			阳离子				阴离子				非离子		
			喷洒用			拌和用	喷洒用			拌和用	喷洒用	拌和用	
			PC-1	PC-2	PC-3	BC-1	PA-1	PA-2	PA-3	BA-1	PN-2	BN-1	
破乳速度			快裂	慢裂	快裂或中裂	慢裂或中裂	快裂	慢裂	快裂或中裂	慢裂或中裂	慢裂	慢裂	T0658
粒子电荷			阳离子(+)				阴离子(—)				非离子		T0653
筛上残留物(1.18 筛)，不大于		%	0.1				0.1				0.1		T0652
黏度	恩格拉黏度计 E_{25}		2～10	1～6	1～6	2～30	2～10	1～6	1～6	2～30	1～6	2～30	T0622
	道路标准黏度计 $C_{25.3}$	s	10～25	8～20	8～20	10～60	10～25	8～20	8～20	10～60	8～20	10～60	T0621
蒸发残留物	残留分含量，不小于	%	50	50	50	55	50	50	50	55	50	55	T0651
	溶解度，不小于	%	97.5				97.5				97.5		T0607
	针入度(25℃)	0.1mm	50～200	50～300	44～150		50～200	50～300	44～150		50～300	60～300	T0604
	延度(15℃)，不小于	cm	40				40				40		T0605
与粗集料的黏附性裹附面积，不小于			2/3			—	2/3			—	2/3	—	T0654
与粗、细粒式集料拌和试验			—			均匀	—			均匀	—		T0659
水泥拌和试验的筛上剩余，不大于		%	—				—				—	3	T0657
常温贮存稳定性 1d，不大于 5d，不大于		%	1 5				1 5				1 5		T0655

注：P 为喷洒型；B 为拌和型；C、A、N 分别表示阳离子、阴离子、非离子乳化沥青。

乳化沥青类型根据集料品种及使用条件选择。阳离子乳化沥青可适用各种集料品种，阴离子乳化沥青适用于碱性石料。乳化沥青的破乳速度、黏度宜根据用途与施工方法选择。制备乳化沥青用的基质沥青对高速和一级公路，宜符合表5-2A、B级沥青要求，其他情况可采用C级沥青。

四、液体石油沥青

液体石油沥青也有时在沥青路面中使用，如用于透层、黏层及拌制冷拌沥青混合料。根据使用目的与场所，可用快凝、中凝、慢凝的液体石油沥青，其质量应符合表5-5要求。

道路用液体石油沥青技术要求 表5-5

试验项目		单位	快凝		中凝						慢凝						试验方法
			AL(R)-1	AL(R)-2	AL(M)-1	AL(M)-2	AL(M)-3	AL(M)-4	AL(M)-5	AL(M)-6	AL(S)-1	AL(S)-2	AL(S)-3	AL(S)-4	AL(S)-5	AL(S)-6	
黏度	$C_{25.5}$	s	<20	—	<20	—	—	—	—	—	<20	—	—	—	—	—	T 0621
	$C_{60.5}$	s	—	4～15	—	4～15	16～25	26～40	41～100	101～200	—	4～15	16～25	26～40	41～100	101～200	
蒸馏体积	225℃前	%	>20	>15	<10	<7	<3	<2	0	0	—	—	—	—	—	—	T 0632
	215℃前	%	>35	>30	<35	<25	<17	<14	<8	<5	—	—	—	—	—	—	
	360℃前	%	>45	>35	<50	<35	<30	<25	<20	<15	<40	<35	25	<20	<15	<5	
蒸馏后残留物	针入度(25℃)	0.1 mm	60～200	60～200	100～300	100～300	100～300	100～300	100～300	100～300	—	—	—	—	—	—	T 0604
	延度(25℃)	cm	>60	>60	>60	>60	>60	>60	>60	>60	—	—	—	—	—	—	T 0605
	浮漂度(5℃)	s	—	—	—	—	—	—	—	—	<20	<20	<30	<40	<45	<50	T 0631
闪点(TOC法)		%	>30	>30	>65	>65	>65	>65	>65	>65	>70	>70	>100	>100	>120	>120	T 0633
含水量，不大于		%	0.2	0.2	0.2	0.2	0.2	0.2	0.2	0.2	2.0	2.0	2.0	2.0	2.0	2.0	T 0612

液体石油沥青宜采用针入度较大的石油沥青，使用前按先加热沥青后，再加稀释剂的顺序，掺配煤油或轻柴油，经适当的搅拌、稀释制成。掺配比例根据使用要求由试验确定。液体石油沥青在制作、贮存、使用的全过程中必须通风良好，并有专人负责，确保安全。基质沥青的加热温度严禁超过140℃，液体沥青的贮存温度不得高于50℃。

五、改性沥青

随着公路交通量的增大，重型车和超载的增多，提高沥青混合料抵抗高温变形能力、低温开裂能力、抗水害能力和抵抗疲劳开裂能力，必须将一般沥青进行改性，提高它的物理性能。由于改性沥青的价格比普通沥青价格高，所以近些年来主要用于高速公路和一级公路，也是一种经常用到的一种沥青。改性沥青可单独或复合采用高分子聚合物、天然沥青及其他改性材料制作。各种聚合物改性沥青的质量应符合表5-6要求，其中PS值可作为选择性指标。当使用表列以外的聚合物及复合改性沥青时，可通过试验研究制订相应的要求。

聚合物改性沥青的技术要求 表 5-6

指　　标	单位	SBS(I类)				SBR(II类)			EVA、PE类(III)				试验方法
		I-A	I-B	I-C	I-D	II-A	II-B	II-C	III－A	III－B	III－C	III－D	
针入度(25℃,5s,100g)	0.1mm	＞100	80～100	60～80	30～60	＞100	80～100	60～80	＞80	60～80	40～60	30～40	T0604
针入度指数 PI 不小于		－1.2	－0.8	－0.4	0	－1.0	－0.8	－0.6	-1.0	-0.8	-0.6	-0.4	T0604
延度 5℃,5cm/min,不小于	cm	50	40	30	20	60	50	40	—				
化点 $T_{R\&B}$,不小于	℃	45	50	55	60	45	48	50	48	52	56	60	T0606
运动黏度 135℃,不大于	Pa·s	3											T0625 T0619
闪点,不小于	℃	230				230			230				T0611
溶解度,不小于	%	99				99			—				T0607
弹性恢复,25℃,不小于	%	55	60	65	75	—			—				T0602
黏韧性,不小于	N·m	—				5			—				T0624
韧性,不小于	N·m	—				2.5			—				T0624
贮存稳定性离析,48h 软化点差,不大于	℃	2.5				—			无改性剂明显析出、凝聚				T0661
TFOT(或 RTFOT)后残留物													
质量变化,不大于	%	±1.0											T0610 或 T0609
针入度比 25℃,不小于	%	50	55	60	65	50	55	60	50	55	58	60	T0604
延度 5℃,不小于	cm	30	25	20	15	30	20	10	—				T0605

六、改性乳化沥青

改性乳化沥青近几年也开始在高速公路中应用，根据用途按表 5-7 进行选用。质量应符合表 5-8 的技术要求。

当改性乳化沥青用于填补车辙时，BCR 蒸发残留物的软化点宜提高至不低于 55℃。破乳速度、集料黏附性采用实际的石料试验，仅进行产品质量评定时可不对这些指标提出要求。

改性乳化沥青的品种和适用范围 表 5-7

品　种		代号	适 用 范 围
改性乳化沥青	喷洒型改性乳化沥青	PCR	黏层、封层、桥面防水黏结层用
	拌和用乳化沥青	BCR	改性沥青稀浆封层和微表处用

改性乳化沥青技术要求 表 5-8

试验项目		单位	品种及代号		试验方法
			PCR	BCR	
破乳速度		—	快裂或中裂	慢裂	T0658
粒子电荷		—	阳离子(+)	阳离子(—)	T0653
筛上残留物(1.18mm),不大于		%	0.1	0.1	T0652
黏度	恩格拉黏度 E_{25}	—	1～10	3～30	T0622
	沥青标准黏度 $C_{25.3}$	s	8～25	12～60	T0621
蒸发残留物	含量,不小于	%	50	60	T0651
	针入度(25℃,5s,100g)	0.1mm	40～120	40～100	T0604
	软化点,不小于	℃	50	53	T0606
	延度(5℃),不小于	cm	20	20	T0605
	溶解度(三氯乙烯),不小于	%	97.5	97.5	T0607
与矿料的黏附性裹附面积,不小于		—	2/3	—	T0654
贮存稳定性	1d,不大于	%	1	1	T0659
	5d,不大于	%	5	5	T0657

七、粗集料

沥青混合料的粗集料,包括碎石、破碎砾石、筛选砾石、钢渣、矿渣等。但高速公路和一级公路不得使用筛选砾石和矿渣。粗集料应该洁净、干燥、表面粗糙、有棱角,以提高集料之间的内摩阻力和嵌挤力,起到抗车辙能力,内摩阻力和嵌挤力是抗车辙的主要应力来源,因为沥青只占抗车辙能力的29%,因此,要求粗集料要满足表5-9技术要求。

沥青混合料用粗集料质量技术要求 表 5-9

指标	单位	高速公路及一级公路		其他等级公路	试验方法
		表面层	其他层次		
石料压碎值,不大于	%	26	28	30	T0316
洛杉矶磨耗损失,不大于	%	28	30	35	T0317
表观相对密度,不小于	—	2.6	2.5	2.45	T0304
吸水率,不大于	%	2.0	3.0	3.0	T0304
坚固性,不大于	%	12	12	—	T0314
针片状颗粒含量(混合料),不大于	%	15	18	20	T0312
其中粒径大于9.5mm,不大于	%	12	15	—	
其中粒径小于9.5mm,不大于	%	18	20	—	
水洗法,<0.075mm颗粒含量,不大于	%	1	1	1	T0310
软石含量,不大于	%	3	5	5	T0320

当单一规格集料的质量指标达不到表5-9中要求,而按照集料配合比计算的质量指标符合要求时,工程上允许使用。对受热易变质的集料,宜采用经拌和机烘干后的集料进行检验。坚固性试验可根据需要进行。用于高速公路、一级公路时的多孔玄武岩的视密度可放宽至2.45t/m^3,吸水率放宽到3%,但要得到建设单位批准,且不得用于SMA路面。对于S14即

3-5规格的粗集料，针片状颗粒含量可不予要求，小于 0.075mm 含量可放宽到 3%，粗集料的粒径规格按表 5-10 的要求生产和使用。

沥青混合料用粗集料规格 表 5-10

规格名称	公称粒径(mm)	通过下列筛孔(mm)的质量百分率(%)												
		106	75	63	53	37.5	31.5	26.5	19.0	13.2	9.5	4.75	2.36	0.6
S1	40～75	100	90～100	—	—	0～15	—	0～5						
S2	40～60		100	90～100	—	0～15	—	0～5						
S3	30～60		100	90～100	—	—	0～15	—	0～5					
S4	2～50			100	90～100	—	—	0～15	—	0～5				
S5	20～40				100	90～100	—	—	0～15	—	0～5			
S6	14～30					100	90～100	—	—	0～15	—	0～5		
S7	10～30					100	90～100	—	—	—	0-15	0～5		
S8	10～25						100	90～100	—	0～15	—	0～5		
S9	10～20							100	90～100	—	0-15	0～5		
S10	10～15								100	90～100	0～15	0～5		
S11	4～15								100	90～100	40～70	0～15	0～5	
S12	4～10									100	90～100	0～15	0～5	
S13	3～10									100	90～100	40～70	0～20	0～5
S14	3～5										100	90～100	0～15	0～5

高速公路、一级公路沥青路面的表面层(或磨耗层)的粗集料的磨光值应符合表 5-11 要求。除 SMA、OEFC 路面外，允许在硬值石料中掺加部分较小粒径的磨光值达不到要求的粗集料，其最大掺加比例由磨光值试验确定。

粗集料与沥青的黏附性、磨光值的技术要求 表 5-11

雨量气候区	1(潮湿区)	2(湿润区)	3(半干区)	4(干燥区)	试验方法
年降雨量(mm)	>1 000	1 000～500	500～250	<250	
粗集料的磨光值 PSV，不小于高速公路、一级公路面层	42	40	38	36	T0321
粗集料与沥青的黏附性，不小于					
高速公路、一级公路表面层	5	4	4	3	T0616
高速公路、一级公路其他层次及其他等级公路的各个层次	4	4	3	3	T0663

粗集料与沥青的黏附性应符合表 5-11 要求。当使用不符合要求的粗集料时，宜掺加消石灰、水泥或用饱和石灰水处理后使用，必要时可同时在沥青中掺加耐热、耐水、长期性能好的抗剥落剂，也可采用改性沥青的措施，使沥青混合料的水稳定性检验达到要求。掺加外加剂的剂量由沥青混合料的水稳定性检验决定。

破碎砾石应采用粒径大于 50mm、含泥量小于 1% 的砾石扎制，破碎砾石的破碎面应符合表 5-12 要求。

粗集料对破碎面的要求 表 5-12

路面部位或混合料类型	具有一定数量破碎面颗粒的含量(%)		试验方法
	1个破碎面	2个或2个以上破碎面	
沥青路面表面层			T0631
高速公路、一级公路	100	90	
其他等级公路	80	60	
沥青面层中下面层、基层			
高速公路、一级公路	90	80	
其他等级公路	70	50	
SMA 路面	100	90	
贯入式路面	80	60	

筛选砾石仅适用于三级及三级以下公路的沥青表面处治路面。

八、细集料

沥青路面的细集料包括天然砂、机制砂、石屑。细集料应洁净、干燥、无风化、无杂质,并有适当的颗粒级配,并符合表 5-13 规定。细集料的洁净程度以小于 0.075mm 含量的百分数表示,石屑和机制砂以砂当量(适用于 0～4.75mm)或亚甲蓝值(适用于 0～2.36mm 或 0～0.15mm)表示。

沥青混合料用细集料质量要求 表 5-13

项目	单位	高速公路、一级公路	其他等级公路	试验方法
表面相对密度,不小于	—	2.50	2.45	T0328
坚固性(>0.3mm),不小于	%	12	—	T0340
含泥量(<0.075mm 含量),不大于	%	3	5	T0333
砂当量,不小于	%	60	50	T0334
亚甲蓝值,不大于	g/kg	25	—	T0346
棱角性(流动时间),不小于	s	30	—	T0345

天然砂可采用河砂或海砂,通常宜采用粗、中砂,其规格应符合表 5-14 规定。砂的含泥量超过规定时应水洗后使用,海砂中的贝壳类材料必须筛除。热拌密级配沥青混合料中天然砂的用量现行规范是不宜超过集料总量的 20%(经验值是 18%),SMA 和 OGFC 混合料不宜使用天然砂。

沥青混合料用天然砂规格 表 5-14

筛孔尺寸(mm)	通过各筛孔的质量百分率(%)		
	粗砂	中砂	细砂
9.5	100	100	100
4.75	90～100	90～100	90～100
2.36	65～95	75～90	84～100
1.18	35～65	50～90	74～100
0.6	14～30	30～60	60～84
0.3	2～20	8～30	14～45
0.15	0.10	0～10	0～10
0.075	0～5	0～5	0～5

石屑多是石料场通过 4.75mm 或 2.36mm 的筛下部分称为石屑，目前的机制砂采用专用的制砂机制造，并选用优质石料生产，其级配应满足 S16 的要求。采石场在生产石屑的过程中应具有抽吸设备，高速公路和一级公路的沥青混合料，宜将 S14 与 S16 组合使用，S15 可在沥青稳定碎石或其他等级公路中应用。石屑和机制砂应满足表 5-15 要求。

沥青混合料用机制砂或石屑规格

表 5-15

规格	公称粒径(mm)	水洗法通过各筛孔的质量百分率(%)							
		9.5	4.75	2.36	1.18	0.6	0.3	0.15	0.075
S15	0～5	100	90～100	60～90	45～75	20～55	7～40	2～20	0～10
S16	0～3	—	100	80～100	50～80	25～60	8～45	0～25	0～15

关于细料中石屑天然砂的使用问题。石屑由于生产条件造成粉尘含量太多，强度很低，扁片含量及碎土比例也大，且施工性能差，不易压实，路面的残留空隙率大。天然砂与沥青的黏附性较差，使用太多对高温稳定性不利，但天然砂在施工时容易压实，路面好成型的优点。石屑和天然砂合用往往起到互补的作用，原规范中规定各掺一半。现行规范对石屑的生产提出了抽吸措施，使 0.075mm 通过率不超过 10%，故去掉了限制石屑用量的规定，只提出天然砂的限量，使用时必须全面认识。一般二级路和县乡级公路使用以上两种较好，因为较为经济，而机制砂太贵。

九、填料

沥青混合料中的矿粉必须采用石灰岩或岩浆岩中的强基性岩石等憎水性石料经磨细得到的矿粉，原石料中的泥土杂质应除净。矿粉应干燥、洁净，能自由地从矿粉包流出，其质量满足表 5-16 的要求。

沥青混合料用矿粉质量要求

表 5-16

项目	单位	高速公路、一级公路	其他等级公路	试验方法
表面密度，不小于	t/m^3	2.50	2.45	T0352
含水量，不大于	%	1	1	T0103 烘干法
粒度范围＜0.6mm ＜0.15mm ＜0.075mm	% % %	100 90～100 74～100	100 90～100 70～100	T0351
外观	—	无团粒结块		—
亲水系数	—	＜1		T0353
塑性指数	—	＜4		T0354
加热安全性	—	实测记录		T0355

拌和机的粉尘可作为矿粉的一部分回收使用，但每盘用量不得超过填料总量的 25%，掺有粉尘的塑性指数不得大于 4。

粉煤灰作为填料时，用量不得超过总量的 50%，粉煤灰的烧失量应小于 12%，与矿粉混合后的塑性指数小于 4，其余量要求与矿粉相同。高速公路、一级公路的沥青路面不宜采用粉煤灰填料。

十、纤维稳定剂

近几年来随着对沥青路面性能要求的提高，有的高速公路、一级公路和桥面开始在沥青混合料中掺加纤维稳定剂，主要有木质素纤维和矿物纤维等。我国早期使用的石棉纤维，已不准使用，因石棉粉尘含有致癌物质，有的国家对木质素纤维也不主张使用，因为它影响沥青混合料的再生利用。对于我国过去试用的聚合物化学纤维，例如聚酯纤维（涤纶）和丙烯酸纤维（腈纶）等现行规范也没有提出主张使用，一是对其效果不清楚；二是价格过于昂贵，因此，使用时要慎重。

木质素纤维除满足表5-17要求外，在250℃干拌温度下不变质、不发脆，并符合环保要求，不危害人体，还必须在混合料拌和中能充分分散均匀，纤维的存放要在室内或棚内防止雨后变潮结团。

木质素纤维质量技术要求

表5-17

项　目	单　位	指　标	试验方法
纤维长度，不大于	mm	6	水溶液用显微镜观测
灰分含量	%	18±5	高温590～600℃（燃烧后测定残留物）
pH值	—	7.5±1.0	水溶液用pH值试纸或pH计测定
吸油率，不小于	—	纤维质量的5倍	用煤油浸泡后放在筛子上经振动后称重
含水量（以质量计），不大于	%	5	105℃烘箱烘2h后冷却称量

木质素纤维的掺量比例以沥青混合料总量的质量百分率计算，通常情况下用于SMA路面的不宜低于0.3%，如果矿物纤维（用玄武岩等矿石制造）掺量不低于0.4%，必要时可适当增加用量，允许误差不宜超过±5%。

第二节　热拌沥青混合料路面的组成设计

一、组成设计的目的

沥青混合料的组成设计一般主要任务是确定粗集料、细集料、矿粉和沥青材料相互配合的最佳组成比例，使之既能满足沥青混合料的技术要求，又符合经济的原则，并尽量满足以下要求。

1.高温稳定性

即在夏季高温时，沥青路面不致发生车辙、拥包、波浪、泛油、搓动等病害。我国采用沥青混合料马歇尔试验的稳定度和流值作为评定高温稳定性指标，对于高速公路、一级公路应采用车辙试验来验证高温稳定性，是否能满足规范要求的指标。

2.低温抗裂性

沥青路面在冬季期间，不致因气温太低收缩而形成裂缝。沥青混合料组成设计中，沥青用量、沥青标号、添加辅料、材料组成等因素均影响沥青混合料的低温抗裂性能。

3.耐久性

沥青路面在长期的自然环境（高温、低温、冰冻、强风、雨水等）作用下，要保证路面具有较长时间的使用，必须具备较好的耐久性。在设计中影响耐久性的因素主要是沥青混合料的空隙率。空隙率的大小又与矿料的级配、沥青用量、沥青品种及压实度等有关，应尽量减小空隙率。沥青混合料空隙率与水稳定性有关，空隙率大，且沥青与矿料黏附性差的混合料，在饱水后石料与沥青黏附力降低，易发生剥落；同时颗粒相互推移产生体积膨胀，以及出现力学强度显著降低等现象，引起路面的早期破坏。此外，沥青路面的耐久性与沥青用量有关，沥青用量较少时，使沥青膜变薄，混合料延伸能力降低，脆性增加，空隙率增加，加速老化，同时增加渗水率，规范要求的空隙率、饱和度、残留稳定度等指标表示了沥青路面的耐久性，要想提高耐久性必须同时都满足规范要求的以上各项指标。

4.抗滑性

沥青路面的抗滑性与表面深度有关，有微观构造深度和宏观构造深度，前者在抗滑性上贡献率是100%，后者主要是控制湿摩擦系数，与沥青混合料的级配及沥青用量有关。沥青用量对抗滑性非常敏感，沥青用量超过最佳用量的0.5%即可使抗滑性明显降低。另外，为了提高抗滑性，在选择矿料时应特别注意粗集料的耐磨性，应选择硬度较高的矿料，如酸性石料。

5.施工和易性

施工和易性好，便于摊铺、碾压、不离析。影响和易性的主要有混合料的级配情况，如粗、细集料颗粒大小相距较大时，缺乏中间尺寸，则混合料容易分层离析；细集料太少，沥青层就不易均匀分布于粗集料颗粒表面；细集料太多，则拌和就困难，出盘的沥青混合料和易性更差；此处，沥青用量太少，或矿粉用量太多时，混合料容易产生疏松，不易压实；反之，沥青用量过多，或矿粉质量不好，则容易使混合料黏结成团块，不易摊铺。只有矿料级配连续，不间断，符合(或基本符合)泰勒曲线，沥青含量在最佳范围内，沥青混合料的和易性才最好。

沥青路面在各种性能的选择上往往是相互矛盾的，高温稳定性和疲劳性能、低温抗裂性能之间的矛盾。为了提高高温抗车辙能力，希望尽量采用粗集料级配，增加集料粒径，增加粗集料数量，减少沥青用量，但这种混合料低温劲度大、发脆，很容易开裂，疲劳性能也差，而且施工和易性也较差。为了提高耐久性和低温抗裂性能，希望使用针入度大，用量较多的沥青和空隙率较小的混合料，这种混合料到了夏天很容易出现软化、泛油、车辙，抗滑性能下降等路面表面特性和耐久性之间的矛盾。高速公路对表面特性的要求较高，如抗滑性能好，不溅水、水雾小、噪声低等，为了达到这个目的，必须提高表面的粗糙性，采用构造深度大的开级配或半开级配沥青混合料。但是这种混合料的空隙率偏大，空隙率大后的混合料耐久性差，因为空隙率大了沥青与空气的接触面大，老化快；另一方面，水分易滞留在孔隙内部，逐步造成沥青与集料的黏结力丧失、剥离、集料颗粒产生剥落，最后导致松散、坑槽；此外，空隙率大的沥青混合料，沥青结合料与矿料的协同作用差，耐疲劳性能差，无论是荷载疲劳、温度疲劳都将受到严重影响。选择沥青混合料类型还应考虑以下几点。

(1)应满足耐久性、抗车辙、抗裂、抗水害能力以及抗滑性能等多方面要求，并应根据施工机械、工程造价、公路等级、路线所处地区(气候分区)等实际情况选择。

(2)沥青混凝土混合料面层采用双层或是三层式结构，其中必须有一层及一层以上是F型密级配沥青混凝土混合料，起到防水作用，当各层设计均用较粗的沥青混合料时，沥青面层下部必须做好下封层，防止水分渗入基层。

(3)多雨潮湿地区的高速公路、一级公路和城市快车路的上面层宜采用抗滑表层混合料，一般道路和少雨的干燥地区，采用F型沥青混合料作表层。

(4)对于交通量较小,投资又少的公路沥青路面来说,应综合考虑混合料的结构和施工方法,应把耐久性和抗水害及主要性能要求去选择。例如在搞好基层封层的时候,可搞一层F型密级配沥青混凝土面层。

二、热拌沥青混合料的种类

热拌沥青混合料(简称HMA)种类较多,适用于各种等级的公路沥青路面,按种类按集料公称最大粒径、矿料级配、空隙率划分,主要种类详见表5-18。

热拌沥青混合料种类 表5-18

混合料类型	密级配			升级配		半升级配	公称最大粒径(mm)	最大粒径(mm)
	连续级配		间断级配	间断级配				
	沥青混凝土	沥青稳定碎石	沥青玛蹄脂碎石	排水式沥青磨耗层	排水式沥青碎石基层	沥青碎石		
特粗式	—	ATB-40	—	—	ATPB-40	—	37.5	53
粗粒式	—	ATB-30	—	—	ATPB-30	—	31.5	37.5
	AC-25	ATB-25	—	—	ATPB-25	—	26.5	31.5
中粒式	AC-20	—	SMA-20	—	—	AM-20	19.0	26.5
	AC-16	—	SMA-16	OGFC-16	—	AM-16	16.0	19.0
细粒式	AC-13	—	SMA-13	OGFC-13	—	AM-13	13.2	16.0
	AC-10	—	SMA-10	OGFC-10	—	AM-10	9.5	13.2
砂粒式	AC-5	—	—	—	—	AM-5	4.75	9.5
设计空隙率(%)	3～5	3～6	3～4	>18	>18	6～12	—	—

注:设计空隙率可按配合比设计要求适当调整。

要求沥青混合料的集料最大粒径宜从上至下逐渐增大,并应与压实层厚变相匹配,每一层的压实厚度不宜小于集料公称最大粒径的2.5～3倍,对于SMA、OGFC等嵌挤型不宜小于公称最大粒径的2～2.5倍,以减少离析,便于压实。

三、沥青混合料的矿料级配、技术要求与设计步骤

1. *矿料级配*

沥青混合料组成设计的一个主要内容就是合理地确定矿料的级配组成。所谓矿料的级配组成,就是指矿料中的不同粒径的粒料相互之间的比例关系。级配常以不同粒径,粒料的质量来表示。一个良好的矿料级配组成,应该使其空隙率在热稳定性容许的条件下为最小,以及形成足够的结构,沥青所裹覆的充分表面积,以保证矿料之间处于最密的状态,并为矿料与沥青之间相互作用创造良好条件,使沥青混合料最大限度地发挥其结构强度效应,从而获得最好的使用品质。

沥青混合料的矿料级配应符合工程设计规定的级配范围,密级配沥青混合料宜根据公路等级、路线所处气候位置(可从附录A中查找)、车辆组成,交通量大小等客观情况按表5-19选择采用粗型(C型)或细型(F型)混合料,并按表5-20范围内确定本工程设计级配范围,一般情况下密级配沥青混合料矿料的级配范围不应超过表中要求的级配范围。

粗型和细型密级配沥青混凝土的关键性筛孔通过率　　表 5-19

混合料类型	公称最大粒径(mm)	用以分类的关键性筛孔(mm)	粗型密级配		细型密级配	
			名称	关键性筛孔通过率(%)	名称	关键性筛孔通过率(%)
AC-25	26.5	4.75	AC-25	<40	AC-25F	>40
AC-20	19	4.75	AC-20	<45	AC-20 F	>45
AC-16	16	2.36	AC-16	<38	AC-16 F	>38
AC-13	13.2	2.36	AC-13	<40	AC-13 F	>40
AC-10	9.5	2.36	AC-10	<45	AC-10 F	>45

密级配沥青混凝土混合料矿料级配范围　　表 5-20

级配类型		通过下列筛孔(mm)的质量百分率(%)												
		31.5	26.5	19	16	13.2	9.5	4.75	2.36	1.18	0.6	0.3	0.15	0.075
粗粒式	AC-25	100	90~100	75~90	65~83	57~76	45~65	24~52	16~42	13~23	8~24	4~17	4~13	3~7
中粒式	AC-20		100	90~100	78~92	62~80	50~72	26~56	16~44	12~33	8~24	4~17	4~13	3~7
	AC-16			100	90~100	76~92	60~80	34~62	20~48	13~36	9~26	7~18	4~14	4~8
细粒式	AC-13				100	90~100	68~85	38~68	24~50	14~38	10~28	7~20	4~15	4~8
	AC-10					100	90~100	45~75	30~58	20~44	13~32	9~23	6~16	4~8
砂粒式	AC-5						100	90~100	55~75	34~55	20~40	12~28	7~18	4~10

2. 其他类型的沥青混合料的矿料级配控制

(1)沥青玛蹄脂碎石(SMA)混合料矿料级配范围(表 5-21)

表 5-21

级配类型		通过下列筛孔(mm)的质量百分率(%)											
		26.5	19	16	13.2	9.5	4.75	2.36	1.18	0.6	0.3	0.15	0.075
中粒式	SMA-20	100	90~100	72~92	62~82	40~55	18~30	13~22	12~20	10~16	9~14	8~13	8~12
	SMA-16		100	90~100	65~85	45~65	20~32	14~24	14~22	12~18	10~15	9~14	8~12
细粒式	SMA-13			100	90~100	50~75	20~34	14~26	14~24	12~20	10~16	9~15	8~12
	SMA-10				100	90~100	28~60	20~32	14~26	12~22	10~18	9~16	8~13

(2)密级配沥青碎石(ATB)混合料矿料级配范围(表 5-22)

表 5-22

级配类型		通过下列筛孔(mm)的质量百分率(%)														
		53	37.5	31.5	26.5	19	16	13.2	9.5	4.75	2.36	1.18	0.6	0.3	0.15	0.075
特粗式	ATB-40	100	90~100	75~92	65~85	49~71	43~63	37~57	30~50	20~40	14~32	10~25	8~18	4~14	3~10	2~6
	ATB-30		100	90~100	70~90	53~72	44~66	30~60	31~51	20~40	14~32	10~25	8~18	4~14	3~10	2~6
粗粒式	ATB-25			100	90~100	60~80	48~68	42~62	32~52	20~40	14~32	10~25	8~18	4~14	3~10	2~6

(3)半开级配沥青碎石(AM)混合料矿料级配范围(表 5-23)

表 5-23

级配类型		通过下列筛孔(mm)的质量百分率(%)											
		26.5	19	16	13.2	9.5	4.75	2.36	1.18	0.6	0.3	0.15	0.075
中粒式	AM-20	100	90～100	60～85	50～75	40～65	14～40	4～22	2～16	1～12	0～10	0～8	0～5
	AM-16		100	90～100	60～85	45～68	18～40	6～25	3～18	1～14	0～10	0～8	0～5
细粒式	AM-13			100	90～100	50～80	20～45	8～28	4～20	2～16	0～10	0～8	0～6
	AM-10				100	90～100	35～65	10～25	4～22	2～16	0～12	0～9	0～6

(4)开级配排水式磨耗层(OGFC)混合料矿料级配范围(表 5-24)

表 5-24

级配类型		通过下列筛孔(mm)的质量百分率(%)										
		19	16	13.2	9.5	4.75	2.36	1.18	0.6	0.3	0.15	0.075
中粒式	OGFC-16	100	90～100	70～90	45～70	12～30	10～22	6～18	4～15	3～12	3～8	2～6
	OGFC-13		100	90～100	60～80	12～30	10～22	6～18	4～15	3～12	3～8	2～6
细粒式	OGFC-10			100	90～100	50～70	10～22	6～18	4～15	3～12	3～8	2～6

(5)开级配沥青碎石(ATPB)混合料矿料级配范围

该混合料主要用于高级沥青路面基层找平和柔性基层使用,级配范围如表 5-25 所示。

表 5-25

级配类型		通过下列筛孔(mm)的质量百分率(%)														
		53	37.5	31.5	26.5	19	16	13.2	9.5	4.75	2.36	1.18	0.6	0.3	0.15	0.075
特粗式	ATPB-40	100	70～100	65～90	55～85	43～75	32～70	20～65	12+50	0～3	0～3	0～3	0～3	0～3	0～3	0～3
	ATPB-30		100	80～100	70～95	53～85	36～80	26～75	14～60	0～3	0～3	0～3	0～3	0～3	0～3	0～3
粗粒式	ATPB-25			100	80～100	60～100	45～90	30～82	16～70	0～3	0～3	0～3	0～3	0～3	0～3	0～3

以上是各种热拌沥青混合料结构类型的级配范围,各种等级的沥青路面可以从中进行选择,对于一些投资较少路面较薄的县、乡、村热料沥青混合料路面可采取修正性地进行选择,以满足本工程的实际需要为目的。

各种沥青混合料矿料级配时,首先应根据级配类型选择符合技术标准的各种矿料,通过各自相应的筛孔筛分后,将单料筛分结果进行合成级配,合成级配可通过级配图进行,也可通过微机进行,以满足各级筛孔通过百分率为准。进行矿料级配时,应尽量使 0.075mm、2.36mm、4.25mm 筛孔在内的较多筛孔的通过率接近设计范围的中值;再是对交通量大、轴载重的道路,宜偏向级配范围的下(粗)限,对于中、小交通量的偏向级配范围以上(细)限。

(6)密级配沥青混凝土混合料马歇尔试验技术标准(表5-26)

表5-26

试验指标		单位	高速公路、一级公路				其他等级公路	行人道路
			夏炎热区(1-1、1-2、1-3、1-4区)		夏炎热区及夏凉区(2-1、2-2、2-3、2-4、3-2区)			
			中轻交通	重载交通	中轻交通	重载交通		
击实次数(双面)			75				50	50
试件尺寸		mm	φ101.6mm×63.5mm					
空隙率 *VV*	深约90mm以内	%	3~5	4~6	2~4	3~5	3~6	2~4
	深约90mm以下	%	3~6		2~4	3~6	3~6	—
稳定度 *MS*,不小于		kN	8				5	3
流值 *FL*		mm	2~4	1.5~4	2~4.5	2~4	2~4.5	2~5
矿料间隙率 *VMA*(%),不小于	设计空隙率(%)		相应于以下公称最大粒径(mm)的最小 *VMA* 及 *VFA* 技术要求(%)					
			26.5	19	16	13.2	9.5	4.75
	2		10	11	11.5	12	13	15
	3		11	12	12.5	13	14	16
	4		12	13	13.5	14	15	17
	5		13	14	14.5	15	16	18
	6		14	15	15.5	16	17	19
沥青饱和度 VFA(%)			55~70	65~75			70~85	

注:①对于空隙大于5%的夏炎热区重载交通路段,施工时应至少提高压实度1%。

②当设计空隙不是整数,由内插法确定要求的 *VMA* 最小值。

③对改性沥青混合料的马歇尔试验的流值可适当放宽。

(7)沥青稳定碎石混合料马歇尔试验配合比设计技术标准(表5-27)

表5-27

试验指标	单位	密级配基层(ATB)		半开级配面层(AM)	排水式开级配磨耗层(OGFC)	排水式开级配基层(ATBP)
公称最大粒径	mm	26.5mm	等于或大于31.5mm	等于或小于26.5mm	等于或小于26.5mm	所有尺寸
马歇尔试件尺寸	mm	φ101.6×63.5	φ152.4×95.3	φ101.6×63.5	φ101.6×63.5	φ152.4×95.3
击实次数(双面)	次	75	112	50	50	75
空隙率 *VV*	%	3~6		6~10	不小于18	不小于18
稳定度,不小于	KN	7.5	15	3.5	3.5	—
流值	Mm	1.5~4	实测	—	—	—
沥青饱和度 *VFA*	%	55~70		40~70	—	—
密级配基层ATB的矿料间隙率 *VMA*,不小于(%)	设计空隙率(%)			ATB-40	ATB-30	ATB-25
	4			11	11.5	12
	5			12	12.5	13
	6			13	13.5	14

注:在干旱地区,可将密级配沥青稳定碎石基层的空隙率适当放宽到8%。

(8)OGFC 排水式沥青磨耗层混合料的技术要求(表 5-28)

表 5-28

试验项目	单位	技术要求	试验方法	试验项目	单位	技术要求	试验方法
马歇尔试件尺寸	mm	ϕ101.6×63.5	T0702	马歇尔试件击实次数	—	两面击实 50 次	T0702
空隙率	%	18～25	T0708	马歇尔稳定度,不小于	kN	3.5	T0709
析漏损失	%	＜0.3	T0732	肯特堡飞散损失	%	＜20	T0733

(9)SMA 混合料马歇尔试验配合比设计技术要求(表 5-29)

表 5-29

试验项目	单位	技术要求		试验方法
		不使用改性沥青	使用改性沥青	
马歇尔试件尺寸	mm	101.6×63.5		T0702
马歇尔试件击实次数	—	两面击实 50 次		T0702
空隙率 VV	%	3～4		T0708
矿料间隙率 VMA,不小于	%	17.0		T0708
粗集料骨架间隙率 VCA_{mix},不大于	—	VCADRC		T0708
沥青饱和度 VFA	%	75～85		T0708
稳定度,不小于	kN	5.5	6.0	T0709
流值	mm	2.5	—	T0709
谢伦堡沥青析漏试验的结合料损失	%	不大于 0.2	不大于 0.1	T0732
肯塔堡飞散试验的混合料损失或浸水飞散试验	%	不大于 20	不大于 15	T0733

注:①对集料坚硬不易击碎通过重载交通路段,可将击实次数增加到双面 75 次。

②对高温稳定性要求较高的重交通路段或炎热地区,设计空隙率允许放宽到 4.5%,VMA 允许放宽到 16.5%(SMA-16)或 16%(SMA-19),VFA 允许放宽到 70%。

③稳定度难达到要求时,容许放宽到 5.0kN(非改性)或 5.5kN(改性),但动稳定度必须合格。

(10)沥青混合料车辙试验动稳定度技术要求(表 5-30)

表 5-30

<table>
<tr><td colspan="2">气候条件与技术指标</td><td colspan="9">相应于下列气候分区所要求的破坏应变(次/mm)</td><td rowspan="4">试验方法</td></tr>
<tr><td colspan="2" rowspan="3">7 月平均最高气温(℃)及气候分区</td><td colspan="4">＞30</td><td colspan="4">20～30</td><td>＜20</td></tr>
<tr><td colspan="4">1. 夏炎热区</td><td colspan="4">2. 夏热区</td><td>3. 夏凉区</td></tr>
<tr><td>1-1</td><td>1-2</td><td>1-3</td><td>2-1</td><td>2-1</td><td>2-2</td><td>2-3</td><td>2-4</td><td>3-2</td></tr>
<tr><td colspan="2">普通沥青混合料,不小于</td><td colspan="2">800</td><td colspan="2">1 000</td><td>600</td><td colspan="3">800</td><td>600</td><td rowspan="5">T0719</td></tr>
<tr><td colspan="2">改性沥青混合料,不小于</td><td colspan="2">2 400</td><td colspan="2">2 800</td><td>2 000</td><td colspan="3">2 400</td><td>1 800</td></tr>
<tr><td rowspan="2">SMA 混合料</td><td>非改性,不小于</td><td colspan="9">1 500</td></tr>
<tr><td>改性,不小于</td><td colspan="9">3 000</td></tr>
<tr><td colspan="2">OGFC 混合料</td><td colspan="9">1 500(一般交通路段)、3 000(重交通量路段)</td></tr>
</table>

(11)沥青混合料水稳定性检验的技术要求(表 5-31)

表 5-31

气候条件与技术指标		相应于下列气候分区的技术要求(%)				试验方法
年降雨量(mm)及气候分区		>1 000	500～1 000	250～500	<250	
		1.潮湿区	2.湿润区	3.半干区	4.干旱区	
浸水马歇尔试验残留稳定度(%),不小于						
普通沥青混合料		80		75		T0790
改性沥青混合料		85		80		
SMA 混合料	普通沥青	75				
	改性沥青	80				
冻融劈裂试验的残留强度比(%),不小于						
普通沥青混合料		75		70		T0729
改性沥青混合料		80		75		
SMA 混合料	普通沥青	75				
	改性沥青	80				

(12)沥青混合料低温弯曲试验破坏应变($\mu\varepsilon$)技术要求

该试验宜对密级配沥青混合料在温度－10℃,加载速度 50mm/min 的条件下进行弯曲试验,测定破坏强度、破坏应变、破坏劲度模量,并根据应力应变曲线的形状,综合评价沥青的低温抗裂性能,其破坏应变宜不小于表 5-32 要求。

表 5-32

气候条件与技术指标	相应于下列气候分区所要求的破坏应变($\mu\varepsilon$)									试验方法
年极端最低气温(℃)及气候分区	<－37.0		－21.5～－37.0			－9.0～－21.5		>－9.0		
	1.冬严寒区		2.冬寒区			3.冬冷区		4.冬温区		
	1-1	2-1	1-2	2-2	3-2	1-3	2-3	1-4	2-4	
普通沥青混合料,不小于	2 600		2 300			2 000				T0728
改性沥青混合料,不小于	3 000		2 800			2 500				

(13)沥青混合料试件渗水系数技术要求(表 5-33)

表 5-33

级 配 类 型	渗水系数要求(ml/min)	试 验 方 法
密级配沥青混凝土,不大于	120	
SMA 混合料,不大于	80	T0730
OGFC 混合料,不小于	实测	

3.沥青混合料的设计步骤

在沥青混合料路面组成设计过程中不论什么样的级配类型和什么样的设计方法都应进行三阶段设计,即目标配合比设计、生产配合比设计和生产配合比验证。按照附录 A 路线所处气候分区,再按表 5-26 制作试件,作好马歇尔试验前的准备工作。试验后要满足马歇尔的有关技术指标表 5-27～表 5-29 要求,根据面层的层次和功能重点进行高温稳定性、低温抗裂性、水稳定性、抗冻融性、动稳定性、抗剥落性和劈裂性等,并分别满足表 5-30～表 5-33 有关要求。

满足要求后方可进行开工。高速公路、一级公路沥青混合料的配合比设计应在调查以往同类材料的配合比设计经验和使用效果的基础上，按以下步骤进行三阶段设计。

(1)目标配合比设计阶段。用工程实际使用的材料按现行规范附录B、附录C、附录D的方法选择矿料级配，确定最佳沥青用量，符合配合比设计技术标准和配合比设计检验要求。以此作为目标配合比，并供拌和机确定各冷料仓的供料比例、进料速度及试拌使用。

(2)生产配合比设计阶段。对间歇式拌和机应按规定方法取样测试各热料仓的材料级配，确定各热料仓的配合比，供拌和机控制室使用。同时选择适宜的筛孔尺寸和安装角度，尽量使各热料仓的供料大体平衡。并取目标配合比设计的最佳沥青用量OAC、OAC±0.3%等三个沥青用量进行马歇尔试验和试拌，通过室内试验及从拌和机取样试验综合确定生产配合比的最佳沥青用量，由此确定的最佳沥青用量与目标配合比设计的结果的差值不宜大于±0.2%，对连续式拌和机可省略生产配合比设计步骤。

(3)生产配合比验证阶段。拌和机按生产配合比结果进行试拌、试铺试验段，并取样进行马歇尔试验，同时从路面上钻芯取样观察空隙率的大小，由此确定生产用的标准配合比，再次进行车辙和水稳性试验。

(4)确定施工级配允许波动范围。根据标准配合比与质量管理要求中各筛孔的允许波动范围，制定施工用的级配控制范围，用以检查沥青混合料的生产质量。

(5)沥青混合料的检测与验收对于高速公路和一级公路的密级配沥青混合料，需在配合比设计的基础上，按技术要求进行各种使用性能的检验，不符合要求的沥青混合料必须进行更换材料或重新进行配合比设计。其他等级公路沥青混合料可参照执行。检验的主要内容如下：①沥青混合料的沥青用量控制在最佳量上，在交通量大，重型车多的路线(段)取低值，在重型车少的路线(段)可取偏高值；②动稳定度的检验，对于公称最大粒径等于或小于19mm的混合料，按规定方法进行车辙试验；③水稳定性检验。进行浸水马歇尔试验和冻融劈裂试验，残留稳定度及残留强度比试验；④低温抗裂性能检验。对公称最大粒径等于或小于19mm的混合料按规定方法进行低温弯曲试验；⑤渗水系数检验。利用轮碾机成型的车辙试件进行渗水试验；⑥可根据需要也可在现场进行有关的检验，但不宜用规范规定的技术要求进行合格评定。

对沥青混合料的生产配合比确定之后，要进行试拌试铺，进行实际验证混合料的各项技术指标是否符合技术要求，特别是沥青混合料的集料级配、油石比和温度的均匀及施工的良好和易性，其和易性对平整度、压实度和防止混合料的离析起着重要作用，决定施工和易性的主要是集料的级配、沥青用量和粉胶比，这是验证的主要指标之一，其二是验证路面的外观质量，颜色和集料表面的均匀性，以及平整度等；其三是钻孔取芯，测密实度，并与核子密度仪进行校正；其四是针对局部存在的问题进行调整。当各项技术指标要求达到标准，写出总结，报监理或是业主批准即正式施工。

4.组成设计中应注意的几个问题

(1)在标准配合比的矿料合成级配中，至少应包括0.075mm、2.36mm、4.75mm及公称最大粒径筛孔的通过率接近优选的工程设计级配范围的中值，并避免在0.3～0.6mm处出现“驼峰”。因为它影响压实，酸性材料的天然砂还容易松散，天然砂在现行规范中控制不超过20%，施工经验一般控制在不超过18%。

(2) 设计空隙率要与业主要求及规范要求相协调，当是上面层时为防止水害，应尽量设计小的空隙率。假如按试验室标准密度控制压实度时，现行规范要求是97%，设计空隙率是4%

时，则压实后的原位空隙是 7%，也符合按最大理论密度压实控制标准 93%的空隙率，但 7%的空隙率偏大，施工时应增加压实度。

(3) 考虑沥青路面压实后与集料粒径的关系。现行规范规定对热拌热铺密级配沥青混合料每一层的压实度不宜小于集料公称最大粒径的 2.5～3 倍(所谓集料公称最大粒径尺寸是指混合料中筛孔通过率为 90%～100%的最小标准筛孔尺寸)，从受力和抗车辙的角度讲，下面层的公称最大粒径应取偏大值，上面层的可取偏小值。

(4)混合料各种试验评价时应在第一次热拌后做试验，尽量不把已冷却的混合料加温再做试验，第二次加温的混合料易造成沥青的老化，所做试验准确性不够，降低施工质量，如果必须应用这种混合料做试件时，其数据应做适当调整，以便接近实际。

(5) 要重视借鉴以往的成功配比经验。每个施工单位大多积累了很多成功的经验，在组成设计时要充分利用和借鉴这些经验，对于同一公路等级、同一结构、同一厚度的热拌沥青混合料，可以借鉴其集料的级配范围，按现行规范对材料的技术要求，制作马歇尔试件，然后进行各项功能检验，如有不适宜的地方可作局部调整等措施，以满足各项要求为止，此法最快、最省。

(6) 现行规范在集料的级配范围上都有很大的空间，因为我国地域辽阔，各种条件也千差万别，其目的就是让设计者按实际要求进行组成设计，因此，组成设计时的集料级配可以在其范围内选择，不可只限中值。目前较好的级配曲线是“S”形，其粗集料较多，高温稳定性好，抗车辙能力强。

(7)目前较好的级配曲线是“S”形，其粗集料多，高温性好，抗车辙能力强。具体设计方法是：在配合比设计时宜适当减少公称最大粒径附近的粗集料用量，减少 0.6mm 以下部分细粉的用量，使中等粒径集料较多，即形成了“S”形级配曲线并取中等或偏高水平的设计空隙率。

(8)要与沥青混凝土面层的功能确定粉油比。有学者试验，当粉油比在 1.07～1.85 之间时，动稳定度大于 3 500 次/mm；当粉油比为 1.43 时，动稳定度最大；当粉油比 1.2 时，混合料的低温性能最好，当小于 0.78 或大于 1.45 时，低温性能急剧下降；当粉油比 1.49 时构造深度最大；当粉油比为 1.56 时，残留稳定度最大，综合考虑路用性能，当粉油比在 1.07～1.45 时，各项路用性能指标均较优，若考虑某一方面时可调整。

5.组成设计的其他方法

以上是热拌沥青混合料的马歇尔法组成设计，下面讨论热拌沥青混合料其他方法的组成设计：

(1)体积法

首先是实测主骨架集料的空隙率，计算其空隙体积，沥青、砂、粉料体积及设计空隙率之和等于主骨架的空隙率体积。即细集料和沥青所组成的胶浆是作为填充料，以填充主骨架空隙，因此，不会发生胶浆干涉，为避免颗粒的干涉，细集料颗粒不能太大，据此，一般间断 2.36～4.75mm 或 1.18～4.75mm 细集料，以利于主骨架充分嵌挤。体积法即强调主骨架的充分嵌挤作用，又充分利用细集料的填充和黏结作用，把嵌挤和填充有机地结合起来。

(2)贝雷法

贝雷法是美国伊利诺伊州发明的一种评价和判断集料级配是否嵌挤的方法。贝雷法基于集料的装填特性对集料级配进行评价，以选择具有内摩阻力和较大摩擦角的集料结构。该法的精髓是根据混合料最大公称颗径和对集料分界点进行分类并进一步细化，从集料的装填特性出发，对集料的骨架性和混合料的和易性进行评价。贝雷法按照控制粒径将集料分成三级结构，采用级配评价参数粗集料 A、细集料 FAc、细集料 FAf，分别评价各级装填特性以最终判断集料骨架性是否良好。由于此法技术性较高，没有得到广泛推广应用。

目前，贝雷法在我国更多地用于沥青混合料、无级混合料的集料级配评价和验证。其作法如下：

①CA 比

即为粗集料比，这个参数用于评价矿料中粗集料部分的嵌挤形成情况，其计算公式如下：

$$CA = \frac{P_{D/2} - P_{pcs}}{100 - P_{D/2}} \tag{5-1}$$

式中：$P_{D/2}$——粒径 $D/2$（D 为公称最大粒径）的通过率（%）；

P_{pcs}——第一控制筛孔的通过率（%）。

CA 比对混合料的体积特性有重要影响，它反映了粗集料中大粒径颗粒与 $D/2$～PCS 粒径颗粒之间的均衡关系，这种均衡关系将影响混合料的压实特性和路用性能。CA 比偏大时混合料的空隙率相应增大，因为粗集料中 $D/2$～PCS 粒径颗粒增多，降低了集料的压密效果。当 CA 比接近 1.0 时，会因粗集料中 $D/2$～PCS 粒径颗粒含量过大需使混合料在施工中难于压实，且因粗集料颗粒之间容易产生移动而不易嵌挤成型。当 CA 比大于 1.0 时，$D/2$～PCS 粒径颗粒将控制粗集料的骨架结构形成，而较大粒径的粗集料浮于其中，当 CA 比小于 0.4 时，混合料易发生离析。因此，美国的推荐值是 0.4～0.8 之间。

②FAc 比

FAc 用来反映细集料中粗料部分与细料部分的嵌挤、填充情况，其计算公式是：

$$FAc = \frac{P_{scs}}{P_{pcs}} \tag{5-2}$$

式中：P_{scs}——第二控制筛孔的通过率，其筛孔尺寸是第一控制筛孔尺寸的 0.22 倍（%）。（贝雷法中规定粗细集料的分界点取公称粒径的 0.22 倍）。

FAc 值增大，表明细集料中超填充作用的细料部分比例增大，从而使细集料形成更为紧密的结构。通常 FAc 值应小于 0.5，大于 0.25，如果大于 0.5 表明混合料中含有过量的细料。如果 FAc 比低于 0.25，则表明合成级配不均匀，这种级配可能存在压实问题。

③FAm 比

FAm 用于评价合成级配中最细部分的压实性能。计算公式如下：

$$FAm = \frac{P_{rcs}}{P_{scs}} \tag{5-3}$$

式中：P_{rcs}——第三控制筛孔的通过率，其筛孔尺寸是第二控制筛孔尺寸的 0.22 倍，一般来说，FAm 比也应处于 0.25～0.5 之间。

以上三个比例参数都是通过与不同混合料公称最大粒径相联系的，各个控制筛孔的通过百分含量计算而得的，它们对于评价和调整混合料的空隙也有很大价值。

(3)GTM 法

选择 5 个沥青用量在要求的温度下旋转压实至平衡状态（所谓平衡状态就是每旋转压实 100 次试件密度的变化率为 0.016g/cm^3）测得试件密度，再按其密度要求压实成型试件达到实际路面密度，将试件在 60℃条件下养生 6h 以上，然后再压实到平衡状态测定试件的应变比和抗剪强度。最后应变比 GSI<1.05 较合适；抗剪安全系数 GSF（它是指沥青混合料被压实到平衡状态时的抗剪强度与行车荷载作用下的剪应力的比值）应大于 1；还有密度，平衡状态时的密度要与实际路面在设计荷载作用下的最终密度相当。

（4）SPP（美国）

SPP 是美国 SHRP 公路战略计划四个成果中的一个，也是四个中最重要的一个，耗资 5 000万美元，SHRP 成果共计 21 项，其中：沥青胶结料占 10 项，混合料体积设计占 3 项，混合料分析和性能预测占 8 项。SPP 的具体设计步骤为：

第一步是原材料。集料要求满足规范的各项指标，如粗集料棱角应不小于 100%，细集料棱角大于 40%，扁平颗粒小于 10%等具体要求（美国集料标准中粗集料扁平颗粒定义是粗集料最小厚度方向和最大长度方向的尺寸之比为 1∶5，而我国原规范定义是粗集料最小厚度方向和最大长度方向的尺寸之比为 1∶3）。混合料体积设计的级配选择是通过设置控制点和限制区来进行的。设置控制点是要求集料级配必须通过其间的范围，控制点分别设于公称最大尺寸、中等尺寸（2.36mm）和最小尺寸（0.075mm）处，而限制区则不允许级配曲线通过的区域，它沿最大密实度曲线（0.45 次方级配线）存在于中等尺寸 2.36mm 和 0.3mm 尺寸之间，图 5-1 为 12.5mm superpave 矿料的控制点和限制区。设置限制区的目的有两个：一是限制砂的用量；二是为使矿料具有足够的矿料间隙率（VMA）。在混合料的压实时还有温度（93～115℃）禁区，目的避免沥青混合料碾压时产生推移。

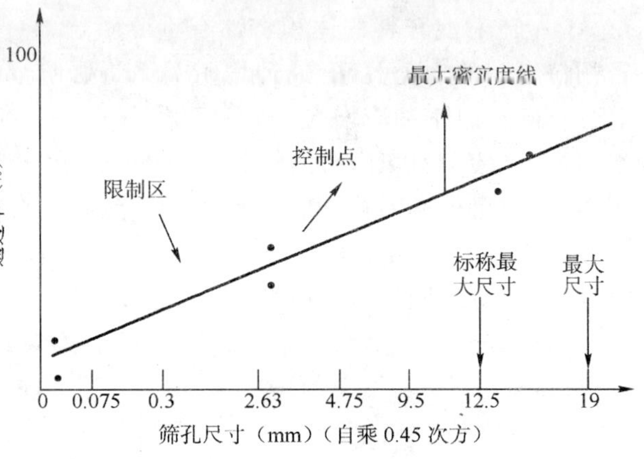

图 5-1　superpave 矿料级配控制图

第二步试件的制备。试模加大到 150mm 能适合于大粒径（24～50mm）的集料。用初始用油量做粗、中、细级配试件，试件用旋转压实仪。在用旋转压实仪进行压实时，首先要根据工程所在地的气候情况（7d 平均最高气温）和预测的设计交通量，确定压实仪的初始压实次数、设计压实次数和最终压实次数。设计压实次数表示当地气候条件下，设计年限交通量作用后期混合料的情况，初始压实次数和最终压实次数表示混合料的可压实性。3 个级配的沥青混合料在空隙率为 4%时的配比，进行指标评价。

第三步沥青用量。按前边确定的级配及空隙率 4%时的沥青用量 P_b，选用 4 种沥青用量，P_{bi}、$P_{bi}+0.5\%$、$P_{bi}+1\%$，根据沥青用量和空隙率的关系曲线，通过图表插值法选出合适的沥青用量。

目标配合比确定之后，可进行马歇尔试验的全面评价，如车辙和浸水冻融等，满足要求后即可进入生产配合比设计，以至试拌、试铺和施工。施工压实时除 93～115℃敏感区不易压实外，由于粗集料含量高，内摩阻力大，压实时要做到高温、强振，紧跟压路机方能取到好的压实效果。压实标准是现场采用最大理论密度控制，也就是空隙率控制，比马氏更合理、科学。它的另一个特点是粗集料和细集料少、中间尺寸的集料多，可达到较大的构造深度，提高了摩擦系数。

由于其压实困难，在中国试用后，很多学者和施工人员建议取消限制区。

第三节　热拌沥青混合料路面施工

一、施工前的准备工

施工前的准备是保证路面施工质量的重要一环，做到不打无准备之战，施工前的准备主要有以下几个方面。

1. 下承层准备

在铺筑沥青路面前，它的下承层(即前一层)主要是基层。虽然基层完成后，已进行过检查验收，但在两层的施工时间相隔一定时间里，很可能因某种原因，如雨天、施工车辆通行或其他施工干扰等，会使其发生不同程度的损坏，如基层可能出现松散或表面浮尘等，因此，需进行维修。沥青类联结层下层表面可能有泥土污染，必须清理干净。下承表面出现的任何质量缺陷，都会影响到路面结构的层间结合强度，以至影响路面整体强度。特别对桥头及通道两端基层发现沉陷，则应在两端全宽范围内进行挖填处理，并在两端适当长度内，线型略向上抬起 0～3cm，使线型“饱满”。如有沉槽、松散和平整度差时，也必须采取措施，超高的进行适当洗刨，低洼的用沥青碎石混合料找平。当已喷洒黏层油时，也对黏层油一起进行检查，对修补的基层和有缺陷的黏层油进行补洒。

2. 施工放样

施工放样包括高程测定与平面控制两项内容。高程测定的目的是确定下承层表面高程与原设计高程相差的确切数值，以便在挂线时纠正到设计值或保证施工层厚度。根据标准值设置挂线标准桩，控制摊铺厚度和高程。对自控装置的摊铺机，不存在挂线问题，但应根据所测标准值和本层应铺厚度综合考虑确定实铺厚度，用适当垫板或定位螺旋调整就位，为便于掌握铺筑宽度和方向，还应放出摊铺的平面轮廓线或设置导向线。

标高放线应考虑下承层高程差值(设计值与实际高程值之差)、厚度和本层应铺厚度。综合考虑后定出挂线桩顶的高程，再打桩挂线。当下承层厚度不够时，应在本层内加入厚度差并兼顾设计高程。如果下承层厚度够而标高低时，应根据设计高程放样。如果下承层的厚度与标高都超过设计值时，应按本厚度放样。若厚度和高程都不够时，应按差值大的为标准放样。总之，不但要保证沥青路面总厚度，而且要考虑高程不超出容许范围。当两者有矛盾时，应以满足厚度为主考虑放样，放样时计入实测的松铺系数。

3. 施工机械检查

各种施工机械在开工前都要进行机械性能的检查，轮胎压路机的气压是否基本一致，各种压路机的碾压轮如贴有油石或泥土等应进行清除，各种机械的发动机工作性能的检查，运转是否良好等，特别是摊铺机更要进行检查，对工作装置及其调节机构进行专门检查，即检查刮板输料器、闸门和螺旋摊铺器(即供料系统)的状况是否良好，有无黏附沥青混合料(包括受料斗)；振动梁的底面及其前下部是否磨损过大，行程及运动速度是否恰当，它与熨平板之间的间隙以及离熨平板底面的高度是否合适，熨平板底面有无磨损、变形和黏附混合物，其加热装置是否良好；厚度调节器和拱度调节是否良好；各部位有无异常振动；采用自动调平装置时要检查装置是否良好。

4. 原材料的复查

大宗的原材料都是提前运到的，有时是突击运输的，很容易出现局部材料的不合格，很有必要再进行一次全面检查，特别是沥青不但要检测三大指标，还要进行薄膜加热后的三项指标试验。目前有的国产沥青三大指标虽符合规范要求，但薄膜加热后的指标非常差，造成沥青路面拉裂和搓动非常严重；再是对集料数量和质量的复查，各种集料是否已备到一定的数量并具备开工条件，集料的各种规格料是否真正符合规范要求，都要进行详细检查，特别是影响沥青路面质量最大的石屑含土量和 0.075 筛孔通过量，要求通过量不得大于 10%。此外，天然砂的含泥量也要进行复查。

5. 摊铺机的调整(略)

6. 确定沥青混合料的拌和温度

石油沥青加温及沥青混合料施工温度应根据沥青标号及黏度、气候条件、铺装层的厚度确定。普通沥青结合料的施工温度宜通过在 135℃及 175℃条件下测定的黏度—温度曲线按表 5-34 规定确定。

确定沥青混合料拌和及压实温度的适宜温度 表 5-34

黏 度	适宜于拌和的沥青混合料黏度	适宜于压实的沥青混合料黏度	测 定 方 法
表观黏度	0.17Pa·s±0.02Pa·s	0.28Pa·s±0.03Pa·s	T0625
运动黏度	$170mm^2/s \pm 20mm^2/s$	$280mm^2/s \pm 30mm^2/s$	T0619
赛波特黏度	85s±10s	140s±15s	T0623

当缺乏黏度曲线数据时，可参照表 5-35 的范围选择，并根据实际情况确定施工用高值或低值。当表中温度不符合实际情况时，容许作适当调整。

热拌沥青混合料的施工温度(℃) 表 5-35

施 工 工 序		石油沥青标号			
		50 号	70 号	90 号	110 号
沥青加热温度		160～170	154～165	150～160	144～155
矿料加热温度	间隙式拌和机	集料加热温度比沥青温度高 10～30			
	连续式拌和机	矿料加热温度比沥青温度高 4～10			
沥青混合料出料温度		150～170	144～165	140～160	134～155
混合料储料仓贮存温度		贮料过程中温度降低不超过 10			
混合料废弃温度，高于		200	195	190	185
运输到现场温度，不低于		150	145	140	135
混合料摊铺温度，不低于	正常施工	140	135	130	125
	低温施工	160	150	140	135
开始碾压的混合料内部温度，不低于	正常施工	135	130	125	120
	低温施工	150	145	135	130
碾压终了的表面温度，不低于	钢轮压路机	80	70	65	60
	轮胎压路机	85	80	75	70
	振动压路机	75	70	60	55
开放交通的路表温度，不高于		50	50	50	45

注：①沥青混合料的施工温度采用具有金属探测针的插入式数显温度计测量。表面温度可采用表面接触式温度计测定。当采用红外线温度计测量表面时，应进行标定。

②表中未列入的 130 号、160 号及 30 号沥青的施工温度由试验确定。

聚合物改性沥青的施工温度根据实际经验并参照表 5-36 选择。通常较普通沥青混合料的施工温度提高 10～20℃，对采用冷态胶乳直接喷入法制作的改性沥青混合料，集料烘干温度应进一步提高。

聚合物改性沥青混合料的正常施工温度范围(℃) 表 5-36

工　　序	聚合物改性沥青品种		
	SBS 类	SBR 胶乳类	EVA、PE 类
沥青加热温度	160～165		
改性沥青现场制作温度	164～170	—	164～170
成品改性沥青加热温度,不大于	175	—	175
集料加热温度	190～220	200～210	184～195
改性沥青 SMA 温合料出厂温度	170～185	160～180	164～180
混合料最高温度废弃温度	195		
混合料贮存温度	拌和出料后降低不超过 10		
摊铺温度,不低于	160		
初压开始温度,不低于	150		
碾压终了表面温度,不低于	90		
开放交通时的路表温度,不高于	50		

当是 SMA 混合料的施工温度时应视纤维品种和数量、矿粉用量的不同,在改性沥青混合料的基础上适当调整。

二、沥青混合料的拌和

沥青混合料的拌和是沥青路面质量的关键工序,它涉及到混合料中集料级配的均匀性,沥青含量的均匀性,混合料温度的高低及均匀性,为此在混合料拌和前要对搅拌设备进行选择,要按混合料的生产总量和工期选择拌和站的生产能力,拌和能力还要与摊铺能力相匹配,拌和能力可高出摊铺能力的 10%左右,要根据沥青路面的等级选择拌和站的性能,对于高等级公路要求其拌和站达到计量精度高、微机控制准确的间歇式拌和站要求,在数量上要尽量选用 1 台拌和量大的拌和站,使混合料各项指标达到一致,如果采用两台拌和站时,要求两台拌和站的性能和质量基本一致。沥青路面开工前首先应对拌和站进行调试。

(1)全面进行检查

各部机件运行是否正常,重点是振动筛的倾角和筛孔与标准筛孔要对应地选择,一般要求对应的筛孔如表 5-37 所示。

表 5-37

标准筛孔(mm)	2.36	4.75	9.5	13.2	16	19	26.5	31.5
振动筛孔(mm)	2.5	6	11	15	19	22	30	35

(2)拌和温度的控制

要依照混合料的类型、施工季节、混合料的运距和摊铺温度来调整拌和站的拌和温度。一般情况下天热时采用规范的下限,天冷时采用上限。具体施工拌和温度可参照表 5-35 执行。

(3)拌和时间的控制

拌和时间和拌和温度都对沥青混合料的均匀性起着重要作用,间歇式拌和机一般对改性沥青混合料的拌和时间为 45～60s,其中干拌不少于 5～10s,普通沥青混合料拌和时间不得少于 45s,其中干拌不少于 5～10s。加入絮状纤维时,宜延长 5s 以上,颗粒纤维与粗集料一起投入，干拌5～10s后，再投入矿粉。

(4)保证拌和质量要求

拌和机的冷料仓数量满足配合比需要，通常不宜少于5～6个，必要时增加纤维、消石灰等外剂的设备。当有成品储料仓时，贮存过程中的混合料温降不得大于10℃，且不能有沥青滴漏。普通沥青混合料贮存时间不得超过72h，改性沥青混合料不宜超过24h，SMA只限当天使用；OGFC随拌随用。

(5)现行规范要求

高速公路和一级公路施工用的间歇式拌和机必须配备计算机，拌和过程中逐盘采集并打印各个传感器测定的材料用量和沥青混合料拌和量、拌和温度等各种参数。每个台班结束时打印出一个台班的统计量，按附录G的方法进行沥青混合料生产质量及铺筑厚度的总量检验。有异常波动时，应立即停止生产，分析原因以利改进。对于沥青混凝土路面的二级公路也应进行以上检测。

(6)试拌验证

试拌试铺混合料符合要求后，即可进入生产阶段。

总之，沥青混合料的拌和是保证沥青路面质量的第一步，只有拌和质量满足要求后，才能保证其他各项技术指标符合要求。

三、平整度控制

平整度是沥青路面的关键性指标，也是业内人士和公众评价公路路面质量最直观、最常见的评述，平整度的高低也反映了一个施工队伍全面素质的高低，平整度对路面的服务水平和路面的使用年限起着非常重要的作用，路面不平整后加剧了路面的早期破坏，有文献记载当不平整度为1.8m/km(国际标准)时，动荷系数约为1.3，当不平整度为3.2m/km时，动荷系数约为1.5，当一个100kN重的轴载通过的相当于150kN轴载的作用，100kN的汽车以65km/h速度驶过不平整度为3.2m/km路面一次，相当于标准轴重(100kN)作用了5.2次，使路面寿命减少4～9倍。现行规范在沥青路面的平整度上比原规范虽然没有提高标准，但对基层、下面层和中面层的平整度都分别提出了具体要求，这样显得更科学、更实际、更便于达到。影响路面不平整度的原因很多，为达到较高的平整度，施工时应从以下几个方面进行控制。

(1)检测下承层平整度，做到心中有数

平整度实际应从路床就开始控制，路床的平整度是路面平整度的基础，然后层层进行控制，面层是平整度的关键层次，为做到心中有数，在面层施工前应对下承层(基层)平整度进行检测，用比较精确的仪器如连续式平整度仪对基层的中心、边缘分别进行检测，并记录在案，根据业主对上面层平整度的要求(或内控指标)数值，按照ABG-423摊铺机精度($\sigma=0.4$mm)，再按每铺一层平整度可提高1/3数值计算出上面层的平整度σ，看是否满足业主或是施工单位的内控指标，注意计算出来的数值要留有余地。如果不能满足要求时，应采取补救措施，对略高的路块可用洗刨机或磨光机处理，对于低洼的路块可采用(ATPB)开级配沥青碎石找平，使全幅基层都能达到要求，之后，再行喷洒透层油和黏层油。2001年施工的某段一级公路由于基层的不平整，再加上铺面没有采取措施，造成超支几百万元的损失，是一个深刻的教训。

(2)沥青混合料的摊铺

摊铺是控制平整度的关键工序，应做到以下几点：

第一步，做好摊铺前的准备工作，首先要清理下承层的杂物，当下封层完成以后不能及时铺筑面层时，可能要受到一定污染，要做到彻底清除，确保面层与基层的连接。再是摊铺机的选择，目前摊铺机的型号较多，要选用自动找平能力强又能满足铺量的需要，特别是混合料的初始密度较大的摊铺机，使摊铺混合料的初始密实度可达90%以上。

铺筑高速公路、一级公路沥青混合料时，一台摊铺机的摊铺宽度不宜超过6(双车道)～7.5m(3车道以上)，通常采用两台或更多台数的摊铺机进行前后错开呈梯队方式同步摊铺。

第二步，摊铺机的调整，包括熨平板的宽度，摊铺厚度和拱度，分料器的离地高度，分料螺旋与熨平板的距离，刮料板的离地高度，振捣器的行程等。还有熨平板初始工作角度的调整，一般向前端抬起0.6～1.2mm(厚大薄小)，分料螺旋离地高度要以上面有1/3的混合料为准，上面层时最好调到最低点。振捣梁和振幅的调整，振幅的调整范围是3～5mm之间，可根据厚度和料的大小来选择，上面层一般4～5mm较好，振幅的调整本着大振幅低频，小振幅高频，由低逐渐增高。一般情况下，摊铺机每前进5mm，振捣不得少于1次，调整范围一般是3～5mm之间，使初始密度达到90%左右，可有效提高平整度，减少了压实遍数，熨平板调拱时，前拱比后拱抬高3～5mm。

第三步，确定找平方式。一般情况下底面层用控制基准标高的钢丝绳法(等高线法)找平，钢丝的型号是F2或F3，拉力是800～1 000kN，每10m一个支柱，弯道5m，垂度小于2mm，这样就在大范围内相对准确地控制了设计高程、纵横坡度、厚度和平整度，为整个面层平整度控制打下基础，到中面层和上面层时可用浮动基准梁找平，基准梁的长度控制在9m或16m的高强铝合金，不易变形；再是用声纳法或激光扫描找平法非接触式找平，使每层可提高平整度的均方差$\sigma=0.2\sim0.4$mm。但目前激光法受到雾天和夜间影响较大，实际应用还较少，声纳法不受到任何环境影响，已被大量应用，现在我国多采用的是摩巴(大连)自动控制系统有限公司生产的声纳法设备。

第四步，最低摊铺温度控制。热拌沥青混合料的最低摊铺温度要根据摊铺厚度、气温、风速及下卧层的表面温度按表5-38执行，且不得低于表中要求。

沥青混合料的最低摊铺温度(℃)

表5-38

下卧层的表面温度(℃)	相应于下列不同摊铺厚度的最低摊铺温度(℃)					
	普通沥青混合料			改性沥青混合料或SMA沥青混合料		
	<50mm	50～80mm	>80mm	<50mm	50～80mm	>80mm
<5	不允许	不允许	140	不允许	不允许	不允许
4～10	不允许	140	135	不允许	不允许	不允许
10～15	145	138	132	165	155	150
14～20	140	135	130	158	150	145
20～25	138	132	128	153	147	143
24～30	132	130	126	147	145	141
>30	130	125	124	145	140	139

第五步，摊铺。

沥青混合料摊铺前先对摊铺速度进行选择，摊铺机的作业速度对摊铺机的作业效率和摊铺质量影响很大。正确选择作业速度，是加快施工进度，提高摊铺质量的重要手段。现代摊铺机都具有较宽的速度变化范围，从零值到每分钟数十米之间，可进行无级调节。如果摊铺时快时慢，时开时停将导致熨平板受力系统平衡变化频繁，会对铺层平整度和密实度产生很大影响；过快使摊铺层疏松，供料困难，停机会使铺层表面形成台阶状，且料温下降不易压实。

选择摊铺速度的原则是保证摊铺机连续作业。首先要考虑供料能力，包括沥青混合料拌和设备的生产能力和运输车辆的运输能力。供料能力应使摊铺机在某种速度下连续作业。因此，合理的摊铺速度可根据混合料供应能力、摊铺宽度和厚度按下式计算：

$$V=\frac{100G}{60bh\gamma} \qquad (\mathrm{m/min}) \tag{5-4}$$

式中：G——混合料供给能力(m/min)；

h——压实后的摊铺厚度(cm)；

b——摊铺宽度(m)；

γ——沥青混合料压实后的密度(一般取 $2.35\mathrm{t/m^3}$)。

如以 $\gamma=2.35\mathrm{t/m^3}$ 代入公式，则该式可写成：

$$V=\frac{G}{1.4bh} \qquad (\mathrm{m/min}) \tag{5-5}$$

根据摊铺机的标准宽度或加宽后的宽度 b 和沥青混合料搅拌设备生产能力 G，以不同的摊铺厚度 h 值代入后面的公式，就可列出一张相应的摊铺速度的关系表，以拱摊铺作业时查阅。实际上摊铺速度还因所用混合料类型、温度及铺筑的层次不同而有所区别。一般中、下面层的摊铺速度较快，约为 8m/min 左右，上面层的摊铺速度较慢，上面层又较薄，为考虑沥青路面表面的一致性和外观质量，在摊铺机的有限摊铺宽度内，尽量利用一台摊铺机进行摊铺，一般选择速度在 4m/min 以下(美国在沥青混合料摊铺速度上可达 12m/min，原因是沥青混合料进入摊铺机料箱时用的是二传手，摊铺速度快，摊铺机也受不到运料翻斗车的碰撞而影响摊铺质量)。速度慢，是为了使面层能获得足够的实密度和平整度。对于薄层罩面更要慢些。因为机械前进速度慢，摊铺层可得到较多的振次数。一般摊铺机每前进 1m，振捣梁的振捣次数不少于 200 次。在现代沥青混合料摊铺机中，不论是机械式的有级变速，或是液压式的无级变速，摊铺工作速度以及振捣梁的频率都能满足工作要求。

第六步，摊铺过程中的质量检验与缺陷分析。热拌沥青混合料在摊铺过程中极易出现各种质量问题及缺陷，应在摊铺过程中加强检验，否则到碾压完成后再处治缺陷，就难度大多了，而且也影响外观。

在质量检验方面应作如下检查：①沥青含量的直观检查，如果混合料又黑又亮，料车上的混合料呈圆锥状或混合料在摊铺机受料斗中“蠕动”，则表明沥青含量正常；如果混合料特别黑，料车上的混合料呈平坦状或沥青结合料从骨料中分离出来，则表明沥青含量过大(或骨料没有充分烘干，表面看起来沥青太多)；如果混合料呈褐色、暗而脆、粗骨料没有完全被裹覆、受料斗中的混合料不“蠕动”，则说明沥青含量太少(或过热、拌和不充分)。②混合料的温度检查。沥青混合料在正常摊铺和碾压温度范围内，往往冒出淡蓝色蒸气。沥青混合料产生黄色蒸气或缺少蒸汽时，说明温度过高或过低。测量铺层温度时，应将温度计的触头插进未碾压的铺层内，然后把触头周围轻轻用足踏实。目前最快测量温度的方法是用电子点温计，但它测的都是表面温度。③厚度检测，一般在摊铺后用插尺插入检测，一个台班完成后也可用总量计算平均厚度进行核对。④表观检查，未压实混合料的表面结构无论是纵向或横向都应均匀、密实、平整，无撕裂、小波浪、局部粗糙、拉沟等现象，否则应查明原因，及时处理。

在摊铺中出现的质量缺陷及其预防对策：摊铺中常见的质量缺陷有：厚度不准、平整度差（小波浪、台阶）、混合料离析、裂纹、拉沟等。产生的原因有：机械本身的调整、摊铺机的操作和混合料的质量等方面，如表 5-39 所示。

表 5-39

质量缺陷		裂纹	拉沟	小波浪	混合料离析
混合料	0.075mm 以下料过多	○			
	温度不当	○			
	沥青含量过多或过少		○		
	矿粉含量不足		○		
	骨料的尺寸与摊铺厚度不协调		○		
	砂未完全烘干	○			
摊铺机的操作	受料斗两翼板上积料过多				○
	受料斗两翼板翻动过速				○
	供料系统速度忽快忽慢			○	
	机械猛烈起步和紧急制动	○		○	
	摊铺速度快慢不匀			○	
	行走装置打滑			○	

为了防止和消除在施工中可能发生的各种质量缺陷，应注意以下几点：①基层形成的波浪在混合料摊铺时，不必考虑摊铺厚度的均匀性，实际的混合料用量应比理论计算的要多。在波浪地段，即使摊铺的很平整，当碾压后仍会出现与基层相似的波形。因此，对有大波浪的基层应在其凹陷处预先铺上一层混合料，并予以压实。在平整度较差的地段摊铺联结层和面层时，应预先测好各点铺层的标高。把厚度调节器调整到与各点标高相适应的位置。但要求达到更高平整度时，最好采用自动调平装置。②摊铺机的操作及本身的调整对摊铺质量影响很大。摊铺机速度的改变会导致摊铺厚度的变化。为了保持恒定的摊铺厚度，当速度变快时，厚度调节器应稍微向左（增加厚度方向）转动。当速度减慢时，则稍微向左（减小厚度的方向）转动。其调整量还应根据混合料种类的不同而不同。转动厚度调节器时，每次不应超过 1/4 圈，一般尽量避免转动它（除非发现了严重的凹凸与波浪），因为利用熨平装置的自动调平能力可能比转动厚度调节器去调整更好些。振捣梁起振捣混合料作用，同时混合料对熨平板有一定的支撑作用，如果工作不正常，会改变混合料的支撑能力，从而使摊铺厚度发生变化，铺层出现不平。振捣梁的底面比熨平板底低得太多时，熨平板的边缘容易黏附混合料，这样熨平板底面就不能全部用来压实混合料，而使铺层易形成裂纹和拉沟。如果振捣梁的底面过高时，熨平板底板容易磨损。振捣梁的底面应调整到比熨平板底面低 0.4～0.5mm 为宜。熨平板底面磨损或严重变形时，铺层容易产生裂纹和拉沟。在这种情况下，可调整熨平板的前缘拱度，并在试铺过程中应多次调整，直到能铺出具有良好的铺层为止。如果多次调整仍不能消除上层缺陷，就应该更换熨平板的底板。③沥青混合料的性质也是影响摊铺质量的主要原因之一，混合料的性质不稳定，易使摊铺厚度发生变化。如温度过高，沥青量过多，矿粉掺量过多等都会使铺层变薄。

摊铺前先把熨平板温度提前0.5～1h加热到不小于100℃，为减少收斗时所产生的集料离析和全幅一次铺筑所造成边缘路面的集料离析，下、中面层用两台摊铺机不等宽地进行梯形作业，两层的中间接缝相错开，两台摊铺机的距离10～15m，以保证热接缝温度和施工机具互不影响为宜。中间热接缝宽30～60mm，摊铺速度按混合料的类别和生产情况确定，由于上面层一般较薄，再考虑表面的一致性，采用一台摊铺机进行全幅一次摊铺，在保证分料器不停地旋转情况下，还要保证摊铺机两端的混合料高度不能低于正常混合料高度的2/3，死角部分用人工找平。

上面层混合料摊铺过程中各参数设置如表5-40所示。

表5-40

参　数	摊铺速度(m/min)	预夯锤行程(mm)	主夯锤行程(mm)
沥青混合料	2.0～4.0	4.0～5.0	4.0～5.0

摊铺机在摊铺过程中要做到匀速连续不停、等待卸料时运输车要配合摊铺机行驶速度，约在距前30cm停车变空挡，然后被摊铺机推行。摊铺机螺旋送料器应不停地进行转动，以保证两侧有充足的混合料。

(3)碾压

碾压也是控制平整度的一道工序。在压实中影响平整度的主要有：①压路机的不合理掉头、错轴；②碾压的不均匀性，如多压和漏压，碾压中的接头是造成的主要原因，因此，要求接头要设置明显的标志；③压路机的停机和启动过猛，造成波浪，应做到慢停慢起动；④碾压温度不适宜也影响平整，所以要求在适宜温度时进行碾压；⑤要保证规范要求的压实度，不要因追求平整度而忽略压实度，压实度的不足会造成运营后的平整度快速衰减；⑥保证压路机的匀速行驶，忽快忽慢也影响平整度，这些问题都必须在开工前向司机讲清楚。

对混合料初压后，要用3m或6m直尺抓紧检测平整度和路拱，不满足标准要求时，应进行补修。3m直尺下的间隙与连续式平整度仪测出的不平整度σ的关系是：$\sigma=2.5$mm时，$h=5$mm，$\sigma=1.8$mm时，$h=3$mm，现在的规范要求的σ是1.2mm，h约是2mm左右。要本着留有余地地进行检测，因为压实成活后，平整度还有变化。

(4)接缝处理

沥青路面的接缝在施工时要保证紧密、连接平顺，不得产生明显的接缝离析，这是对接缝的基本要求。

纵缝：在梯队作业时将先铺的混合料留下10～20cm暂不碾压，作为后铺部分的高程基准面，并有4～10cm左右的重叠，形成热接缝。碾压时用非振动式压路机或胶轮压路机以10～15cm的宽度逐渐向新铺层混合料碾压，直到全轮进入新铺混合料为止，这样可消除缝迹。

横向接缝：当施工段快要结束时，预计在端部1m处撒一薄层砂或铺一层牛皮纸，也有的洒水，摊铺到此时，平板稍稍抬起，待碾压后用3m或6m直尺控制平整度，铲去不合格的端部，第二天施工时，先将毛接缝的端部刷沥青(或乳化沥青)，摊铺机就位后：①按虚铺系数在已铺层上垫木板或是钢板；②加热熨平板不少于0.5～1h，温度上升到100℃以上，开始摊铺新料。新料碾压时将压路机调到横路方向，轮子先伸入新铺层10～15cm，逐渐全部进入新铺层(也有的主张斜压)碾压基本完成后，用3m或6m直尺进行检查，略低时趁热可补些细料，差距大时可采取其他措施，达到标准为止，否则应重铺，相临两幅及上、下层的横向接缝均应错位1m以上。

(5)平整度的检测

每铺完 1km 后应用连续式平整度仪对中心和两侧进行一次检测,对不符合预定目标的路段要在下铺层前或铺筑中采取相应措施,以便达到平整度的预定目标。

平整度的检测方法:路面平整度的检测仪器主要有两大类:第一类是纵断面测定(直接式检测类),即测出路面的纵断面剖面曲线,然后对曲线进行数学分析,得出平整度指标。第一类用于施工质量的验收和评价,也可用于施工过程中的检测,以此指导施工;第二类主要用于公路路面养护中的周期评价,第二类要常常借助第一类进行标定。精密水准仪、连续式平整度仪和自动化路面纵断面剖面仪属于第一类,颠簸累积仪和响应式平整度仪是属第二类。自动式路面纵断面剖面仪和连续式平整度仪是以步行速度测定平整度,适用于施工单位应用,其检测路段的长度为 1km,颠簸累积仪采用 50km/h 检测速度,响应式平整度仪采用 60km/h 检测速度。

国际平整度标准:不平整度是对道路沿纵断面方向表面形态的描述。为了使不平整度能在统一的基础上进行比较,1982 年在巴西召开的国际道路平整度试验会议上,指出了国际不平整度指数(简称不平整度指数)IRI 概念。IRI 用来表征轮迹方向上道路表面的起伏变化,用平均调整坡度(ARS)来定义,该值的确定是用一个标准的 1/4 汽车数字模型,沿着量测断面以 80km/h 的速度行驶时,悬挂累积值与行驶距离的比值,其计量单位为 m/km。国际平整度标准(IRI)和我国平整度均方差 σ 的关系是 $\sigma=0.6\times 1R1$,这是 1998 年太原鉴定会议确定的系数,实际上每一条公路测的结果都不一样,0.6 只是个大概的系数。目前国际标准要求高速公路不平整度 IRI 是 2m/km,与现在我国现行公路工程施工技术规范要求的平整 $\sigma=1.2$mm 是相等的。

四、厚度控制

沥青路面的厚度是非常重要的指标,验收评分中占到最高分(20 分),沥青混凝土路面的厚度不但涉及到评分多少,还涉及到施工单位的经济效益。做到略薄于设计路面厚度,既节省投资,又能满足评分标准要求,这是最理想的。

(1)用摊铺数量控制厚度的准确性

检查每天拌和机中计算机打出的沥青混合料数量,与每天摊铺的面积相对照,如果摊铺的面积太多说明厚度不足,反之就超厚。应结合路面平整度的控制情况和路面厚度的评定标准去控制厚度,以便满足现行《公路工程质量检验评定标准》的要求。

(2)用高程控制厚度

高程控制对路面的厚度控制起着重要作用,应从路床就开始控制路基的设计高程,材料一层比一层贵,在高程控制上应一层比一层严。在路床时,就开始用仪器进行测量两个边线和 1 个中心的高程,然后层层进行控制,特别到了面层的时候,应先将基层按三条线(中心,两边)进行详细的高程检测,按验收标准中面层厚度允许的偏差值,设置在基层的高程内,使略高的部分正好是面层偏差的负值。当基层达不到以上标准时要进行处理,特别是基层高出的部位,必须进行洗刨,否则面层达不到应有的厚度,评定时减分,达不到优质工程。

(3)控制经济合理的路面厚度

施工单位要想控制经济厚度,首先要弄清和掌握控制沥青路面厚度的各项指标,只有在满足各项评分标准后,才能得分多。当然每个施工单位在保证施工质量的前提下,都考虑自己的经济效益,质量是施工企业的生命,效益是企业生存的根本。在承包每项路面工程时都要提前进行经济核算。路面的投资大，应列入重点抓，经济合理的路面厚度是当今施工企业追求的目标，应按照《公路工程质量检验评定标准》中每个结构层的厚度要求，施工人员要多动脑筋，多做文章，找出本项目经济合理的施工厚度。

(4)在沥青混合料摊铺过程中要不断用插尺检测虚铺厚度，还可在路面冷却后钻芯检查。

五、压实度控制

(1)压实度不足的弊端

压实度主要关系到路面的使用年限和效果。①路面竣工时的平整度虽然很高，如果压实度不足时，经过短时间行车后，平整度的衰减很快；②当压实度不足时，空隙率增大，渗水，当压实度减低1%，沥青混合料的渗透性提高2倍。标准压实度相应的孔隙率增加1%，疲劳寿命可降低35%。水在面层中行车时形成动水压力，冲刷油石界面而松散，再是滞留水冻融，使油石松散；③空隙大，加快沥青老化，失去黏结力(包括压密形成的结构车辙、流动车辙、疲劳车辙)；④通车后很快出现车辙，影响行车安全和加快路面损坏。

(2)压实度的控制方法

主要有四种：①最大理论密度作为控制标准；②用试验室马歇尔密度作为标准密度；③用实验路的密度作为标准密度；④用现场马歇尔密度作为标准密度。我国现行规范是以前三种方法作为控制压实度的标准密度。

关于其标准密度的确定方法。施工及验收过程中的压实度检验不得采用配合比设计时的标准密度，应按如下方法确定：

①实验室标准密度。以实验室作为标准密度，即沥青拌和厂每天取样1～2次实测的马歇尔试件密度，取平均值作为该批混合料铺筑路段压实度的标准密度。

②最大理论密度。以每天实测的最大理论密度作为标准密度。对普通沥青混合料，沥青拌和厂在取样进行马歇尔试验的同时以真空法实测最大理论密度，平行试验的试样数不少于2个，以平均值作为该批混合料铺筑路段压实度的标准密度；对于改性沥青混合料、SMA混合料以每天总量检验的平均筛分结果及油石比平均值计算的最大理论密度为准，也可采用抽提筛分的配合比及油石比计算最大理论密度。

③以试验路密度作为标准密度。用核子密度仪定点检查密度不再变化为止，然后取不少于15个的钻孔试件的平均密度为计算压实度的标准密度。

注意施工中采用核子密度仪等无破损检测设备进行压实度控制时，宜以试验路密度作为标准密度，核子密度仪的测量数不宜少于39个，取平均值，但核子密度仪需经标定认可。其检测方法是：每2000m^2检查1组，逐个试件评定并计入平均值。按试验室的标准密度为基准时，要求压实度是97%；按最大理论密度要求时，压实度是93%，SMA是94%；按实验路的密度为基准时，压实度要求是99%。现以压实后的原位空隙率对以上三种方法进行分析，假如设计空隙率是4%，则第一种是7%；第二种是7%；第三种是8%，说明第三种控制压实标准时空隙率比前两种大1%，另外，7%的空隙率也偏大，应将原位空隙率控制在不大于5%，经过行车的碾压使残留空隙率达到2%～3%，则基本不渗水了。所以它是压实时应考虑的一个问题。但也说明现行规范达到的原位空隙率还是偏大，不能解决渗水问题。

(3)造成压实不足的原因

造成压实度不足的原因很多，但主要有以下几个方面：①现行规范要求的97%，虽比原规范要求的95%提高了两个百分点，由于目前的压实设备的大型化、自动化程度很高，提高压实标准是完全有条件的，作为其他等级公路尚可，作为高速公路和一级公路有些偏低；②有的施工单位只顾追求路面的平整度和粗糙度，减小了压实度，忽略了压实度不足对路面所造成的危害；③施工原因造成压实度不足，如混合料的出场温度偏低，碾压时间过长，使终压温度低，天气不良，温度衰减快，压实机械配备不合理等。

有的学者经过实际路面试验认为7%空隙率并不能导致路面水害，研究表明，8%空隙率是沥青混凝土路面渗水性急剧的拐点。由此看出压实度控制时不能用第三种空隙率方法。再是高速公路和部分一级公路面层一般是三层结构，二级路是两层面层结构，在压实面层的时候应把第二层和第三层列入重点压实，并应适当提高压实标准，使空隙率达到不透水的标准(5%～7%)，从而在此层内形不成滞留水。原因是中、下面层形成滞留水后危害最大，水无处消失，只有长期滞留在路面内部，久而久之，造成路面深层冻融和水害，而上面层沥青混凝土一般较薄，渗入一些水后，在阳光照射下可很快蒸发，形不成滞留水，还有当上面层压实不足空隙率大时，通过短时间的行车也能得到压实，达到了不渗水的压实标准。当是单层面层时，应把压实标准达到空隙率为5%的不透水标准，比现行规范提高了2个百分点，这样对于压实时出现的较低偏差路块也能达到93%压实度，原位空隙率是7%，也不渗水。因此，较低等级公路的单层热拌沥青混合料路面基层标准都较低，面层渗水后滞留在两个层次的中间，或是继续渗入基层，造成冻融或其他水害，使路面很快出现早期破坏。

(4)压实机械的组合与选择

轮胎压路机可装5～11个光面橡胶轮胎，有效改变轮胎压力的性能，一般质量是5～30t，由于轮胎的弹性变形，工作时除有静压力作用外，还产生揉搓(剪切压实效果)作用，轮胎压路机可用来接缝处的预压、边缘预压、消除裂纹、薄铺层的压实等。轮胎压路机的优点是：①不易将大骨料压碎和外露的沥青膜磨去；②减少混合料的离析；③压实度较高，可达到98%；④用胶轮压路机碾压后的沥青路面由于每个部位都能得到压实，所以通车后平整度的衰减较慢；⑤表面的构造深度较大，因为大骨料尖角不容易被揉压到下面，使表面的构造深度变深。其缺点主要是：①利用轮胎压路机的沥青路面平整度较振动压路机的平整度差些；②当碾压时的温度控制偏低时，易出现轮迹，而且这种轮迹一直保持到中修封面。比较正确使用胶轮压路机的方法是：①严格控制碾压时的温度，最好不低于90℃；②为防止温度较高碾压时黏轮，可用肥皂水或是洗衣粉水少许喷轮，现行规范提出用隔离剂或防黏结剂，当改性沥青做面层时，有的提出可用少量的植物油刷轮；③胶轮压路机要与振动式压路机组合最好。所以碾压沥青混凝土路面时，轮胎压路机应是尽量选用的压实机械。轮胎压路机的型号可据路面的厚度和压实的标准选用，如GTM碾压时可用20、25、30t较好，其他密级配沥青混凝土也不应低于25t，吨位不足时宜附加重物，使每个轮胎的压力不小于15kN。冷时的轮胎气压不小于0.55MPa，轮胎发热后不小于0.6MPa，且每个轮胎压力大体相同，相邻碾压带应重叠1/3～1/2的碾压轮宽度。

对粗集料为主的较大粒径混合料振动压路机是首先选择的压实机械，其压实效果最好，可根据实际情况选择型号，并通过试验路段验证其压实效果。目前大、中型振动压路机最佳静线压力是200～400N/cm，高速公路规定线压力不宜小于350N/cm，可按此规定选择。碾压时要选用适宜的振频和振幅，一般沥青混合料使用振频范围是35～55Hz，振幅范围是0.3～0.8mm，可通过变化频率和振幅来改变强度，对于摊铺厚度小于6cm时最好使用振幅为0.35～0.6mm的中型压路机，对于铺层厚大于6cm时，可使用0.6～1.0mm的高振幅大中型压路机。以上轮胎压路机和振动压路机即构成组合式压实机械，在实际工作中要结合摊铺机的生产率，摊铺厚度，混合料特性，业主要求的压实标准和施工现场的具体情况等因素来选择压路机的种类、大小和数量，以达到最佳经济效果为目的。

当采用三轮钢筒式压路机时总质量不宜小于 12t，碾压重叠后轮的 1/2 宽度，并不少于 200mm。当是投资少、路面又较薄的县、乡级沥青路面时，可选择 12t 和 8t 的钢轮压路机，钢轮压路机虽然工作量完成的较少，但也能满足县、乡道路需要。

(5)碾压标准控制

一般沥青路面的碾压分初压、复压和终压。根据混合料的种类、压路机种类、气温、厚度等情况经试压确定。现行规范提出在不产生严重推移和裂缝的前提下，初压、复压、终压都应在尽可能高的温度下进行。同时不得在低温状况下作反复碾压，使石料棱角磨损、压碎、破坏集料嵌挤。关于初压、复压和终压速度可参考表 5-41。

表 5-41

压路机类型	初压(km/h)		复压(km/h)		终压(km/h)	
	适宜	最大	适宜	最大	适宜	最大
钢筒式压路机	2～3	4	3～5	0	0 6	6
轮胎压路机	2～3	4	3～5	6	4～6	8
振动压路机	2～3 静压或振动	3 静压或振动	3～4.5 (振动)	5 (振动)	3～6 (静压)	6 (静压)

美国沥青学会认为 4.8km/h 可获得最好效益，5km/h 与 10km/h 进行比较，在遍数相同时，平均压实度只差 7%。

过去一般用钢轮压路机或关振的振动压路机进行初压，现行规范要求初压要紧跟摊铺机进行，尽量保持较短的距离，以尽快使表面压实，减少热量的散失。对摊铺后的初始密实度较大时，经实践证明采用振动压路机或轮胎压路机直接碾压无严重推移而又有良好效果时，可免去初压，直接进入复压工序。此时也可将大吨位的轮胎压路机在前边压实，由于轮胎压路机的揉搓作用，可提高压实平整度，又可将表面快速压实保证混合料温度，后边紧跟大型振动压路机，提高下层的压实效果，还可提高平整度。这样经过两种压路机的六遍压实，能使压实度基本达到标准，本作法对 GTM 路面的压实效果更好。当初压时略有推移可将振动压路机调配到前边，以去时关振，回压时开振，然后紧跟轮胎压路机，这样两种压路机的有机配合，也能收到较好压实效果。

①初压。一般沥青路面的初压通常采用钢轮压路机或关振的振动压路机静压 1～2 遍，碾压时应将压路机的驱动轮面向摊铺机，从外侧向中心碾压，在超高路段则由低向高碾压，在坡道上应将驱动轮从低处向高处碾压。当初压完成后立即检查平整度、路拱，有严重缺陷时进行修整乃至返工。

②复压。复压一般都是用大吨位轮胎压路机和振动压路机，复压时轮胎压路机重叠 1/3～1/2；振动压路机的重叠宽度是 100～200mm，另外复压时的速度比初压时速度略快些，在进度上要做到一致。

③终压。复压对压实度达到要求后进行终压，为消除轮迹而进行终压，一般终压不少于两遍，终压可选用双轮钢筒式振动压路机或是一般钢轮压路机，无明显轮迹为止。现行规范提出了如经复压后已无明显轮迹时可免去终压。

④OGFC(排水式沥青磨耗层)沥青混合料路面宜采用小于 12t 的钢筒式压路机碾压。

⑤碾压时对钢轮可涂刷隔离剂或防黏结剂，严禁刷柴油，轮胎压路机开始碾压时，可适当烘烤，涂刷少量隔离剂或防黏结剂，也可少量喷水，并先到高温区碾压使轮胎尽快升温，之后停

止洒水。在较低温度施工时轮胎压路机的轮胎外围宜加设围裙保温。

⑥压路机不得在未碾压成型路段上转向、掉头、加水或停留。关于沥青路面的碾压温度参照表5-35执行，不过表中对70号沥青混合料的终压表面控制70℃时，可能有些偏低，在施工中应尽量提高，最好控制在90℃，以便使沥青混合料达到较高的压实度。

⑦关于压实遍数，可据压路机类型、吨位，经过试验段确定。

(6)压实度的检测

在完成路面压实并完全冷却后可随机选点钻孔取样，分别测定密度。压实度计算及标准密度的确定方法应遵照附录E规定。测定压实度的一组数据最少为3个钻孔试件，当一组检查的合格率小于60%，或3次平均值小于要求的压实度时，可增加1倍测点数。如6个测点的合格率小于60%，或6次平均值仍然达不到压实度要求时，允许再增加1倍的检测点数，要求其合格率大于60%，且12次平均值达到规定的压实度要求(注意记录所有数据，不得遗弃)。如仍然不能满足要求，应核查标准密度的准确性，以确定是否需要返工以及返工的范围。当所有钻孔试件检测的压实度持续稳定并符合要求时，钻孔频度可减少至每公里不少于1个孔。施工过程中的钻孔试件要编号，并贴上标签，以备交工时使用。

当压实厚度小于或等于3cm的超薄表面层或磨耗层、厚度小于3cm的SMA表面层，易发生裂缝的严寒地区表面层、桥面铺装沥青层以及使用改性沥青后钻孔试样表面形状改变，难以测定密实度时，均可免去钻孔取样，但应严格控制碾压。其压实遍数可据压路机类型和吨位经监理和业主同意确定压实遍数，并从外观上符合有关要求。

(7)压实度的评定

压实度的评定方法按附录E执行。

六、空隙率控制

沥青路面的空隙率不是《公路工程质量检验评定标准》中的内容，但它对路面功能起着非常重要的作用，正如原规范条文说明中谈到"沥青混合料配合比设计时，最重要的指标莫过于空隙率了"。实际上热拌沥青混合料路面从组成设计、碾压完毕到路面使用期间，一直到路面的破坏，空隙率都起着非常重要的作用。所以本书也作重点叙述一下空隙率的控制。对于如何确定设计空隙率各国都有不同的做法，大部分国家规定了一个范围，而且普遍认为3%～5%或3%～6%，美国采用的superpave组成设计方法，统一采用空隙率为4%，结合我国的实际情况，现行规范规定了一个空隙率范围更能够适应于不同的需要，其范围是：密级配3%～6%，半开级配6%～12%，开级配大于18%，可根据实际需要从中进行调整和选择。

(1)空隙率大后的弊端

空隙率大以后会给沥青路面带来很多弊端，主要有以下几个方面：①增大路面的渗水程度，造成水害；②通过渠化交通的行车很快出现压密和剪切两种车辙；③加快平整度的衰减速度；④空隙率大后阳光紫外线射入空隙内部加快沥青的老化速度；⑤影响沥青路面的使用寿命。

(2)影响空隙率的因素

影响沥青混凝土空隙率的因素主要有如下几个方面：一是集料的级配类型和矿粉的含量，传统连续级配的沥青混合料空隙率较小，但它是悬浮结构，抗车辙能力较差，当粗骨料断级配时，多加入一定数量的矿粉也能调整到较小的空隙率，如SAC—16矿粉加到8%，空隙率就小多了；二是沥青的含量对空隙率也有很大影响，大约每1%的沥青含量影响沥青混凝土1%～

1.5%空隙率；三是与沥青混凝土的压实度有关，压实度越高，空隙率就越小，两者成反比作用。现以4%的设计空隙率为例，其压实度与空隙率的关系如表5-42所示。

表5-42

压实度(%)	93	94	95	96	97	98	99	100
空隙率(%)	10.7	9.8	8.8	7.8	6.9	5.9	5.0	4.0

(3)沥青路面空隙率的控制

沥青路面空隙率主要有三种状态存在：第一种是沥青混合料组成设计时的空隙率，简称设计空隙率；第二种是沥青混合料铺筑在路上经过碾压后形成的空隙率，简称原位空隙率；第三种是沥青路面竣工后经过一定的时间行车碾压(压密)剩下的空隙率，简称残留空隙率。

关于控制多大的空隙率要视沥青混合料的功能而定，它的功能也有三种：第一种是防止车辙，当空隙率是0%～2%的时候，通过行车就会出现百分之百的车辙(这是学者经过试验得出的结果)，但空隙率大后也出现压密型车辙，所以，为防止车辙产生要有一定的空隙率；第二种是防止水害的空隙率，这是一般AC类所要求的空隙率；第三种是排水式沥青碎石，它要求的空隙率要大于18%，否则不能把表水和部分污物排除。所以需要多大的空隙率主要由沥青路面的功能决定。但从沥青路面总的要求都应该是防水的，当然也考虑到防车辙问题，多年来水对沥青路面造成了严重损害，就是设计的排水式沥青碎石也是建立在防水沥青混合料路面下层基础之上的。因此，本书主要谈的是防止水害的沥青路面空隙率控制。

关于不透水的空隙率尚没有确切的说法，原规范条文说明中谈到，具有等于或小于5%的空隙率实际上是不透水的。SMA路面原位空隙率达到2%～4%也是不透水的，GTM路面原位孔隙率达到2%～3%也不透水，现行规范对密级配沥青混凝土的设计空隙率是3%～6%，压实质量控制标准的空隙率即原位空隙率是7%，本人认为应把原位空隙率控制在5%～6%左右较好，经过竣工后的一段行车碾压使残留空隙率达到3%～4%，则可达到不透水的标准。有学者经过试验得出8%的孔隙率是透水系数急剧增大的拐点，因此笔者提出的竣工(原位)空隙率最大不得大于6.0%，当空隙率出现偏差值时，其最低值也不小于7%。减小空隙率的方法主要有三种：

①沥青混合料的设计空隙率。沥青混合料的组成设计是控制空隙率的第一步，也是控制空隙率的基础，因此，必须认识对待设计空隙率的大小，从表5-43可以看出组成设计的毛体积密度不同，得到的空隙率也不同。毛体积密度大，得到的设计空隙率就小，反之空隙率就大。

表5-43

毛体积密度 2.45g/cm^3	压实度(%)	93	94	95	96	97	98	99	100
	空隙率(%)	9.8	8.8	7.9	6.9	5.9	4.9	4	3
毛体积密度 2.41g/cm^3	压实度(%)	93	94	95	96	97	98	99	100
	空隙率(%)	12.6	11.4	10.7	9.8	8.8	7.9	6.9	6

②压实度控制。从表5-42和表5-43都可以看出压实度与空隙率有着直接的关系，因此，在沥青路面施工中必须保证足够的压实度，并且要与设计空隙率结合确定压实度，当然控制较小的空隙率关键是从设计着手，如果设计空隙率较大后，只提高压实度是不能满足要求，碾压遍数多了以后会起反作用。当然为达到较高的压实度还要从压实机械配备上、碾压工艺上、沥青混合料的拌和上多想办法。特别是结构选择上，如GTM沥青混合料的毛体积密度可达到2.529g/cm^3，压实达到98%，原位空隙率只有2%～3%，是根本不透水的，而且抗车辙能力达

到 4 000 次/mm 以上。

③沥青用量。现行规范控制沥青用量，高速公路和一级公路是±0.3%，其他等级公路是±0.4%。沥青用量减少空隙率就会增大。在组成设计时首先设计一个 VMA(矿料间隙率)值，然后向 VMA 中填充沥青结合料，除去有效沥青含量所占孔隙后剩下的部分就是空隙率。所以设计的 VMA 必须是合理，过大和过小填充沥青后都影响混合料的空隙率，每 1%的沥青含量要影响沥青混合料的空隙率是 1%～1.5%。应按此值控制 VMA，才能保证有理想的设计空隙率，然后从沥青混合料拌和中控制沥青用量，除按规定进行试验外，每天的混合料拌和量要与沥青使用总量进行对照，做到总量控制。

④全面提高沥青混凝土面层压实度。在以往沥青路面混合料设计中，当是多层面层结构时，一般是按上面层防水，空隙率较小，集料较细；中、下面主要是抗车辙，所以空隙率相对大些，集料相对粗些，实际上每个层次都应防水和抗车辙。当路面刚刚竣工的时候，一般空隙率较大，雨(雪)后的水一方面自由顺着孔道下渗，另一方面在车轮的挤压下使水进入面层内部，尤其是层与层之间的表面离析，容易形成孔隙，水滞留在孔隙中形成滞留水，在上面层的遮盖下，水还不容易蒸发，在行车的作用下形成动水压力。有学者经过试验得出，层间的孔隙水压力随荷载的增大而近似呈线性增长，尤其是上面层与中面层之间的孔隙水压力受荷载的影响最显著；中面层与下面层，下面层与半刚性基层之间孔隙水压力相当，都比前者小得多。在标准轴载作用下，层间孔隙水压力一般在 100～500kPa 范围内变化，这种压力远大于沥青与集料之间的黏附力。由此可对空隙率大、滞留水多、离析严重、强度低的薄弱路块很快导致沥青与集料过早剥离而诱发水害。这些水害由层底逐渐向上扩展，最终整个沥青混凝土面层破坏。再是抗车辙的问题，只有中、下面层是抗车辙的观点也是不完全正确的，因为上面层在阳光的强烈照射下，温度增高最明显，有文献记载当气温在 33℃时，沥青路面的表面温度可达到 60℃，当路表面温度达到 66℃的时候，5cm 下的温度只有 34.5℃，15cm 下的温度只是16.5℃。当温度在 55℃以下时，每增加 1℃时，动稳定度下降 53 次/mm；当大于 60℃时，每增加 1℃动稳定度下降 96 次/mm。由此看出沥青路面表面温度高后最容易引起车辙。总之，沥青路面通过压实工序控制空隙率时，不论哪个层次都应通过压实和组成设计将空隙率控制在基本不渗水的标准上，从而全面提高整个路面面层的性能。

七、沥青混合料离析控制

1.形成离析的原因

离析主要是粗集料集中形成的离析，离析有片状离析和条状离析。造成离析的原因很多，如集料的级配、最大粒径、油石比、油粉比、拌和质量、沥青混合料的运输和摊铺等。造成条状离析的原因较多：①沥青混合料向自卸汽车车箱内装料时，由于卸料高度原因，大骨料滚落到车箱边缘，形成第一次粗集料集中。②混合料卸向摊铺机料厢时，大骨料又滚到摊铺机料厢的两侧，形成粗料的第二次集中。③摊铺机送料器在送料过程中，先将料厢中间的集料送到布料器，剩余的粗集料留存在料厢两侧，当摊铺机收斗时，形成粗集料的第三次集中。在摊铺机继续不停地摊铺时，将大料较多的混合料送入摊铺室形成粗集料集中。④摊铺机本身机械性能造成的离析。一是竖向离析，所谓竖向离析就是在横断面上，下部大粒径料多而上部大料少的上下离析现象。原因是螺旋料箱上部大粒径料沿开口处向下滚落，这种现象发生在螺旋前挡离地间隙调节偏大且箱中缺料的工作下，以及螺旋外端料箱前方的缺口处，由于大粒料沿着螺旋前挡板的间隙和缺口处向下滚落是造成竖向离析；二是摊铺密度增大后离析加重。原因是螺旋分料器工作参数设定存在缺陷,强调了混合料输送高度位于螺旋分料器中心上方叶片直径 2/3 处为宜,在这种较低料位下需要螺旋分料器较高转速才能满足输料要求,在抛撒和快速推移运动中不同粒径的混合料再次离析。由于其指导思想是沿用了传统的螺旋设计理论,而螺旋分料器的主要功能是均匀输料和布料,而设有赋予第二次搅拌的功能以改变前期工序产生的物理和温度形成的离析;三是条状离析。由于摊铺机左右螺旋分料器的中缝处有各自的支撑点和中间螺旋驱动链轮箱的空间干涉,使左右螺旋分料器在缝处离开一定距离,这一断面处的混合料得不到螺旋分料器的强制挤压和搅拌,而仅依靠混合料自身流动来充填,造成摊铺后的密实度较低,而且级配不均匀,形成一条明显的条状离析带,另一种容易形成条状离析带的是双机摊铺时 300~600mm 的接缝。

2.防止离析的措施

(1)集料的级配尽量控制在规范的中值范围,级配曲线不大起大落,达到集料级配均匀。这样还可提高集料的嵌挤力和内摩阻力,同时能提高混合料的工作性,便于碾压成形。在粉油比上要进行选择,一般密级配沥青混合料的粉油比控制在 1.4~1.6 较好。

(2)有条件时,运料车可将混合料卸入转运车,经二次拌和后向摊铺机连续均匀供料。解决了摊铺机因收斗造成的粗骨料集中现象。

(3)沥青用量和拌和温度控制。适宜的拌和温度和拌和时间及恰当的沥青用量能使沥青混合料拌和均匀,无花白料,提高沥青混合料良好的和易性,便于摊铺和碾压,不易造成离析。

(4)在沥青混合料运输中要使用车厢较大的大吨位翻斗车,如太拖拉、卡玛斯等,其轮胎尺寸是 1200 英寸,要求轮胎尺寸最低不小于 1000 英寸,车厢高了以后沥青混合料容易卸入摊铺机料厢内,特别是能保证料厢内储存较多的混合料,当第一辆翻斗车离开时,收斗时两侧粗料能与较多的合格沥青混合料混合,相对减少了传送到摊铺机室内粗料过多现象,再是控制第二部翻斗车抓紧靠近摊铺机,在料厢内卸料,使车内中间粗骨料较少的混合料与料厢收斗时中间粗料较多的混合料混合,混合料送到摊铺室内再通过分料螺旋器的转动拌和,使铺层的混合料大大减少了离析。

(5)摊铺机进料闸门高度、摊铺室出料高度、螺旋分料器不停的转动速度和摊铺速度的协调一致。摊铺室的出料数量基本上是依靠闸门的开启高度来调节,在摊铺速度恒定时,如果闸门开启过高,使得螺旋摊铺室中的总积料过多,形成高堆,螺旋器不能正常转动,使混合料得不到螺旋分料器的最后拌和,到摊铺层的混合料就可能使产生离析的机遇增多,因此,要求闸门的开启高度要根据摊铺速度、混合料需用数量,使进入摊铺室的混合料基本保持恒定的高度,保证摊铺室内混合料数量的高度略高于螺旋分料器,即稍微看见螺旋叶片或刚盖住叶片为度,并保证摊铺室两侧混合料高度不小于分料螺旋器高度的 2/3,还不能造成离析,死角用人工找平。在闸门开启高度除满足上述要求外,还要使刮板输送器和螺旋分料器在全部工作时间内不停歇地持续工作,当遇到基层不平整及其他的因素时,为保证摊铺室内混合料维持标准高度,刮板输送器与螺旋分料器不可避免地要有暂停运输和再起动的情况发生,这种情况越少越好,因为停止就起不到拌和,离析机遇增多,最好刮板输料器和螺旋分料器的运转时间占摊铺机工作时间的 80%~90%。

(6)在沥青混合料由拌和楼向翻斗车内装料的时候,要做到每装一盘,车辆移动一次,使混合料比较均匀地装入车内,防止混合料成堆、大料滚动形成的离析。

(7)当采取以上措施仍出现表面离析时,可设专人在初压后进行检查,发现离析路块后可将热拌混合料过 10mm 或 15mm 筛孔的小方筛,将筛下部分撒在离析路块的表面,用以填充较大的空隙。

(8)用大功率摊铺机控制离析。目前生产的大功率摊铺机可有效控制沥青混合料在摊铺中的各种离析。如ABG525功率达到211kW，摊铺宽度可达到16m，厚度达到50cm；中国陕西中大DT1400功率达到220kW，摊铺宽度达到14m，厚度也是50cm。大功率摊铺机不但解决了一般摊铺机机械性能不足形成的混合料离析。同时避免了施工工艺不当而产生的离析。大功率摊铺机控制离析的机理是：①混合料满埋螺旋分料器。混合料满埋分料器后可增大输料能力，降低螺旋转速，增加二次搅拌作用，防止横向离析。由于摊铺的宽度宽16m，厚50cm，螺旋分料满埋和低转速，所以摊铺机的功率较一般摊铺机增加了一倍左右，低速和大扭矩，马达除可满足驱动转矩要求外，马达还具有启动效率高，带载启动能力强且平稳的优点，避免了马达高速启动和停止引起的混合料冲击推扬离析；②采用变径螺旋设计，达到输料分料均匀预防离析。螺旋器在分输混合料过程中一边卸料一边输料，最终将混合料均匀地布送于熨平板的整个幅宽中。因此，不同位置的螺旋应有不同的输料能，要求分料器有不同的升角或直径，变升角有制造上的困难，互换性差且搅拌不均匀的缺陷。PT1400采用变径螺旋设计，螺旋自内向外直径逐渐减小。整体断面包络线呈梯形，考虑到制造上的方便，可以近似为几种间断的直径结构，这样在分料工作中可以达到全部螺旋被混合料满埋，且达到搅拌强度一致的效果，除了有效防止横向离析外，还可保证不同宽度上的混合料摊铺密度一致，平整度一致；③整机的功率相匹配，防止调速形成离析。摊铺机在摊铺的作业中，主要的功率消耗于螺旋分料器的驱动，特别被混合料满埋和大宽度摩阻力矩增大，其消耗的整机功率达50%～60%，加之刮板、熨平板加宽也增加了功率的消耗，所以发动机必须有足量配置，避免了各种超载产生的调速现象，因为发动机的调速会影响摊铺机的正常工作，产生离析和影响平整度，这是普通摊铺机不能达到这一要求的通病，而大功率摊铺机由于功率大，对超载频繁发生于螺旋启动、刮板发卡、料车倒撞等情况都有特定的预防功能；④防止竖向离析。大功率摊铺机采用混合料满埋螺旋分料器设计，避免了料箱因缺料在螺旋与前挡板之间产生的粒料滚落斜坡；因在前挡板下方加装了上下高度可调的前导板，根据摊铺的厚度和材料不同适当调节离地间隙，同时前导板下部采用弹性橡胶板结构，可以将离地间隙调为最小，且利用弹性板的外张效果减小螺旋的输料阻力；对螺旋外端处的卸荷口同样采用弹性橡胶板的悬臂式结构，既防止了大粒料向下滚落，又起到防止螺旋卡死而影响卸料的作用，也可避免了因螺旋卸料不畅顶起熨平板影响平整度；⑤预防纵向离析。原摊铺机是由于两螺旋的中间距离形成的离析，大功率改进型摊铺机是在两螺旋断开处的左右加装了一组角度可调的反应螺旋叶片，根据摊铺厚度和材料的变化来调节叶片数量和角度，使中缝的混合料充填密实且均匀。再是摊铺机加大了螺旋料箱前后方向的宽度，减少支撑处的结构尺寸，并使支撑结构呈现圆弧过渡面，在支撑处的螺旋上加装圆周角100°以上的过渡叶片等措施，有效解决了混合料在支撑处的阻滞状态。

(9)加强沥青混合料的检测。沥青混合料的表面离析通过目测是不难发现的，并可用第六种办法进行修正。但下层的离析就不易发现了，而且油面的下层离析使空隙率增大后，容易形成滞留水，危害更大，为减少这种情况的发生，只有加强检测。现行规范中沥青路面施工过程质量控制标准要求每台沥青混合料拌和机每日检测1～2次，在拌和场取样抽提后矿料进行筛分，应至少检查0.075mm、≤2.36mm、≥4.75mm公称最大粒径及中间粒径五个筛孔，中间粒径宜为细中粒式9.5mm，粗粒式13.2mm，以上五种筛孔偏差控制是：高速和一级公路0.075mm±2%，≤2.36mm±5%，≤4.75mm±6%，中间和最大粒径筛孔通过率分别控制是±8%，±5%。其他公路是0.075mm±2%，2.36mm±6%，4.75mm±7%，对于中间粒径和公称最大粒径，施工单位自己提出内控指标。在取样的时候可把拌和场的取样改成刚刚摊铺完的铺层上，这样不但检测了拌和机的拌和沥青混合料的均匀性，还检测了摊铺后的沥青混合料的均匀性，通过以上的检测如果出现超过规范要求的偏差时，要立即找出原因进行改正。

3. 离析分类

离析分三个标准，既轻度、中度、严重。

轻度离析：若以回弹模量表示，其力学性质，离析的只有均匀的 70%～90%，空隙率增加 4%，粗集料约增加 5%。

中度离析：其回弹量只有均匀的 30%～70%，空隙率增大约 6%，发生离析的路块粗集料约增加 10%。

严重离析：其回弹模量只有均匀的 30%左右，空隙率增大 5%～8%，粗集料比均匀地方约增加 15%。

4. 介绍判断离析程度的两种办法

(1)数字图像对路面表面分析法

使用数码相机拍成照片后，通过计算机分析这些小区域的数字图像，得到未发生离析处的平均构造深度，也称为期望构造深度(ETD)，用作参照以判断其他地方是否发生离析，及离析的程度值。另外还可以利用一些已知的数据来估算路面这个期望的构造深度，这些数据包括通过率计 100%的最小筛孔尺寸，4.75mm 筛孔通过百分率及不均匀系数和级配系数等，计算公式是：

$$ETD = 0.01980(\max \cdot agg \cdot size) - 0.004984(\%pass \cdot 4.75mm) + 0.1038(C_c) \cdot 0.004861C_u) \tag{5-6}$$

式中： ETD——期望构造深度；

max · agg · size——通过率为 100%的最小筛孔尺寸；

%pass · 4.75mm——4.75mm 筛孔通过百分率；

C_c——级配系数，$C_c=(D_{30})2/(D_{10} \cdot D_{60})$；

C_u——不均匀系数，$C_u=D_{60}/D_{10}$；

D_{10}、D_{30}、D_{60}分别为通过 10%、30%、60%百分率的筛孔尺寸(mm)。

通过表 5-44 对应的系数乘以没有发生离析的区域平均构造深度或期望构造深度值，可以得到判别轻、中、严重水平离析的上下限界值，如表 5-44 所示。

表 5-44

离析程度	表面致密	没有离析	轻度离析	中度离析	严重离析
上限	< 0.75	0.75	1.16	1.57	> 2.09
下限	—	1.15	1.56	2.09	

(2)激光构造深度路面离析分析方法

就是根据激光脉冲反射原理来测定路面表面构造深度的大小，它与数字图像方法类似，对横向宽度在 3.75m 以上(含 3.75m)的试验路段，沿路线纵向采用激光构造深度以测量 3 个 4 分点位置的构造深度，对于横向宽度小于 3.75m 的路段沿路线的纵向 2 个 3 分点位置构造深度，最后根据所得到的构造深度值分别在各个不同离析程度范围内的数目可以达到每个试验段中不同离析程度的百分率。

5. 离析评价

沥青混合材料表面的离析还有比较简单的方法进行评价：一是目测法。目测法是主观上的评价，每个人的目测是不一样的，一般情况用比较有实践经验和技术权威人员担当此任务。二是铺砂法。离析后的表面构造深度很深，铺砂必然用砂量多，这就说明离析很严重。以上两种方法可以结合进行评价，首先有几名有权威人员对沥青路面的表面进行评价，大家一致认为轻度离析的每平方米或是几个平方厘米用已筛分好的标准砂是多少，对于中度离析和严重离析的各用砂量多少，作为评定离析的标准，这种结合后评定起来比较快。如对某路段进行评定时，先用目测进行评定，对有争议的路块再用铺砂法进行仲裁。用图像法和激光法都比较慢。但用数码相机拍摄的图像可以把前面的评定结果存入微机中，也可用图像存在档案中。

关于沥青混凝土表面离析程度的判断可参考表5-45。

表5-45

离析程度	定义	处治方法
轻度离析	粗集料颗粒之间的沥青和细集料含量基本正常，但和周围的表面相比局部表面构造明显偏粗	
中度离析	粗集料颗粒之间的沥青和细集料含量明显偏少，“多石”现象严重	稀浆封层或热料补丁
严重离析	粗集料颗粒之间的沥青和细集料含量明显缺乏，“多石”现象非常严重	清除重铺或罩面

6.关于离析路段检测后的评分

按以下公式进行：

$$AREA=(A_1 \cdot a+A_2 \cdot b+A_3 \cdot c)/A_{总}\times 100\% \quad (5\text{-}7)$$

式中：AREA——检测路段的离析面积百分率(%)；

A_1——轻度离析面积；

A_2——中度离析面积；

A_3——重度离析面积；

a,b,c——离析程度的影响系数，文献给出的数值分别为1.0、1.43、2.5；

$A_{总}$——检测的路段总面积。

再有一种计算方法是

$$S=S_1 \cdot a+S_2 \cdot b+S_3 \cdot c \quad (5\text{-}8)$$

式中：S——检测路段的离析百分率(%)；

S_1——轻度离析百分率；

S_2——中度离析百分率；

S_3——重度离析百分率；

a,b,c——影响系数。

7.沥青路面的抗滑标准控制

沥青路面的抗滑是沥青路面面层功能的一部分。虽然不是施工过程中的控制指标，但它是沥青路面验收时不可缺少的项目，也是沥青路面使用过程中始终考核的指标。抗滑性能的高低关系到控制汽车刹车的距离，防止交通事故，保障交通安全的根本措施，所以说抗滑标准也应作为沥青路面施工过程中控制的重要指标。

(1)抗滑指标的要求

我国根据国内情况并结合外国抗滑标准确定了沥青路面采用横向力系数SFC60和路面宏观构造深度及石料磨光值作为主要指标。高速公路、一级公路在交工验收时应符合表5-46要求。

表 5-46

抗滑技术指标

年平均降雨量(mm)	交工检测指标值	
	横向力系数 SFC_{60}	构造深度 TD(mm)
>1 000	≥54	≥0.55
50～1 000	≥50	≥0.50
250～500	≥4 545	≥0.45

注:横向力系数 SFC_{60}——用横向力系数测试车,在 60km/h±1km/h 的车速下测得的横向力系数。

(2)沥青路面构造深度

路面宏观构造深度 TD(mm)用铺砂法测定。

高速公路和一级公路、二级公路沥青表面层用粗集料时应选用硬质、耐磨碎石,其石料磨光值应符合表 5-47 要求。

表 5-47

石料磨光值技术要求

PS 公路等级 / 年降雨量(mm)	高速公路和一级公路	二级公路
>1 000	>42	>40
500～1 000	>40	>38
250～500	>38	>36
<250	>36	—

沥青路面在施工中要保证有足够的构造深度,构造深度分宏观构造和微观构造两种。宏观构造是指水平方向 0.5～50mm、垂直方向 0.2～10mm 之间;微观构造是指石料表面水平方向 0.0～0.5mm、垂直方向 0.0～0.2mm 之间。宏观构造主要是起到及时排除路面积水,使轮胎与路面接触,如果宏观构造深度不足,水膜作用会使轮胎与路面之间摩擦力降低,两者脱离接触后而产生水漂现象,所以说宏观构造深度还起到抑制溅水和水雾作用。总之,宏观构造控制湿抗滑能力,该抗滑能力是随车速提高而下降的比率,车速从 50km/h 增加到 100km/h 时,表面的构造深度 TC 与横向力摩擦系数 SFC 降低的百分率如表 5-48 所示(国内)。

表 5-48

TC(mm)	0.3	0.5	0.7	1.0	1.2
SFC 降低(%)	18	11	8	5.5	4.8

微观构造是对沥青路面起到基本的摩擦力,微观构造深度介于$(1-3)\times10^{-3}$mm 之间较好,当增大到 5×10^{-3}mm 时,湿摩擦值急剧增加,当大于 100×10^{-3}mm 时对轮胎的磨损增大,而湿摩擦系数增加不大,为此,学者建议微观构造介于$(10\sim100)\times10^{-3}$mm 之间最好。

(3)抗滑标准的选择

在多雨的潮湿地区为提高沥青路面的湿摩擦系数,防止水漂和水雾,预防行车事故,可选用表面构造深度较大的沥青路面结构,如 SMA 和 SAC 结构,集料都是断级配,其构造深度可达到 0.8～1.1mm。当比较干燥的地区可选用一般沥青混合料结构,如 AC 类和 GTM 类,其构造深度都能达到 TC≥0.55mm 的规范要求。

(4)提高抗滑性能措施

影响抗滑力大小的除沥青路面结构外,主要还有以下主要因素:①轮胎的磨耗量,表面形状及构造，当轮胎的磨耗量在80%以上时，摩擦系数可减少10%～30%，还与轮胎的花纹有关；②路面类型、干湿状态、温度、车速对摩擦系数都有影响；③路面的结合料、集料的磨光值也对摩擦系数有影响，如煤沥青好，多蜡沥青差，硬质石料高，软质石料低；④路面上的冰和雪；⑤沥青路面的沥青用量对路面摩擦系数影响也非常敏感，当超过最佳用油量的0.5%时，可能出现泛油，抗滑系数明显增大。

根据以上影响因素，提出如下抗滑措施：

①提高沥青路面石料硬度，石料影响抗滑幅度占到30%～50%，沥青混合料中集料的最大颗料9.5～12.5mm可获得最佳抗滑性。经试验研究，设计具有抗滑性能的沥青混合料时，并且集料以$D/4$～D为主（D为最大粒径）应占到集料总量的2/3左右的重量比，提供良好的抗滑力和抗车辙能力，$D/4$以下集料采用理想的级配组成，以提高结构的稳定性和抗滑性，这种结构虽有一定的空隙，但渗水性大大降低并兼顾了各方面的技术要求。再是要求石料为酸性的岩石，其硅和铝的含量高，中性石料以钙、镁为主的基性和超基性，二氧化硅含量66%以上是酸性，如花岗岩等；二氧化硅含量52%～60%为中性岩石，如安山岩；二氧化硅含量小于52%为基性岩石，如玄武岩，以及超基性岩石，如辉岩等。规范要求设计的高速公路、一级公路的沥青路面应选用抗滑、耐磨石料，其石料的磨光值不小于42。常用的抗滑、耐磨石料有玄武岩、安山岩、片麻岩、辉绿岩、砂岩、花岗岩、闪长岩、硅质石灰岩以及轧制破碎的砾石等。

②严格控制沥青路上面层的沥青用量。高等级沥青路面一般由两层以上组成，上面层是抗滑的关键层次，沥青用量对抗滑能力起着重要作用，当沥青含量偏多后，抗滑能力降低，为保证最适宜的沥青用量，应从以下几个方面控制；(a)沥青标号，要根据交通量大小车辆组成、气候条件，特别是高温及其持续时间，选择适宜的沥青标号；(b)选择硬度高、磨耗值小、有棱角级配时嵌挤能力强的粗集料，提高抗车辙能力，预防早期疲劳。粗骨料压入路面下部，表面细料和沥青偏多，降低抗滑性能，施工时应加以预防；(c)组成设计时的马歇尔试验，选择最佳沥青用量，并通过试拌试铺调整沥青用量。对高温持续时间长、超载车多，特别是四轴以上的重型车多时，在高温条件下，在短时间内连续碾压最易形成泛油，此种情况时，应采取用油量的偏小值，还可用附录B中的规定对沥青混合料中的有效沥青用量和沥青膜厚度（连续密级配）进行验证；除此之外，还可用粉胶比进行沥青用量的验证。(d)施工过程中的沥青含量检测，首先选择自动控制程度高的热拌沥青混合料拌和楼，以保证各种原材料的计量准确无误，然后及时对混合料的马歇尔抽查试验，重点是沥青含量的抽测；还可从拌和到摊铺、碾压过程中有经验的施工人员用目测观察用油大小，并结合试验进行。

③在沥青路面施工中碾压时，要选用胶轮压路机和钢轮压路机组合碾压，在碾压工序的前半时，两种压路机一前一后碾压，最好是胶轮在前，通过第一遍的揉搓碾压使混合料表面有一定密度，并起到保温作用，之后用钢轮碾压，不但进一步提高了压实度，更重要的是起到提高平整度的作用。两种压路机组合压实到一程度后，粗骨料形成了相互嵌挤作用，平整度也达到要求，混合料温度在100℃左右时，可改为全用胶轮碾压完成，这样粗骨料的棱角可以不受到压碎，压实度也能达到标准。要注意碾压温度不低于80℃，同时不能有明显的胶轮轮迹，影响沥青路面的外观质量。因为这种轨迹很难消失，一直保持到中修封面。

(5)抗滑标准的检测

沥青路面竣工后，施工单位都要进行构造深度TC、摆值Fb的自检。沥青路面施工技术规范要求在交工验收时对抗滑标准的全面检测与验收，包括：构造深度每1km 5点，摩擦系数摆值FC每1km 5点，横向力系数SFC60全线连续。除此之外，高速公路、一级公路竣工后的第一个夏季也应进行检测，当然在业主和施工单位同意下，也可结合检测，分别检测时，可按以下执行：

①摩擦系数：高速公路、一级公路宜在竣工后第一个夏季采用摩擦系数测定车以60±1km/h的车速测定横向力系数SFC60。

②路面宏观构造深度：路面宏观构造深度，应在竣工后第一个夏季用铺砂法测定。

③竣工后第一个夏季测定沥青路面面层横向力系数，路面宏观构造深度，均应符合竣工验收时数值。

抗滑标准的检测国际上也有规定，十六届国际道路会议推荐用SCRLM作为抗滑标准测试工具，叫横向力系数常规测试车，在车上装有20°度倾角的自由运转测试轮，轮下有自动洒水装置，确保轮下处于潮湿状态，前进时产生与轮胎面成垂直的横向力，此力与轮胎荷载之比即为横向力系数，它是路面纵横向摩擦系数的综合反映。摆值与测试车的关系是：SFC(测试车)＝－34＋1.98Fb。

对于二级以下沥青路面的抗滑性能，《公路沥青路面设计规范》(JTG D50—2006)提出根据各路段的具体情况采取必要的技术措施。由于目前的二级路标准也较高，行车速度也较快，特别是小型车也较多，又都是混合车辆行驶，交通秩序又较乱，经常有急刹车出现，抗滑性能不足时也容易发生交通事故，所以其抗滑标准也不应低于以上标准；对于三、四级路来说，由于行车速度较慢，路面的材料较差，可以适当降低，如Fb可控制在34～42之间，有条件时尽量把Fb控制大于42，以减少交通事故。

第四节　沥青路面施工人员分工及质量控制

一、路面工程师

(1)负责路面的全部工程质量。施工前首先弄清路面工程的设计图纸、结构组成、工程数量、技术要求、质量标准、完成时间及相应的施工方法和措施等方面基本情况，做到心中有数，还要熟练掌握涉及到的规范标准及内控指标。

(2)对施工人员进行技术交底，并根据分工提出具体要求。

(3)在施工中及时掌握每一道工序的完成情况，工程质量高低并与目标对照，对存在问题和施工人员反馈的质量信息，组织有关人员进行研究，正确采取措施加以解决。

(4)经常深入工地调查研究，有预见性提前处治各种技术问题，防止问题出现后再解决造成浪费。

(5)检查和指导职能，要及时检查和指导每个工序施工。

(6)要有开拓精神。在调查和总结的基础上要不断开发新的施工方法和新的施工工艺，以便不断提高工程质量。

总之，路面工程师要始终掌握路面施工的动态和信息，恰当地处治各种技术问题，使路面工程按质、按量、按时完成施工任务。

二、路面施工工长

(1)路面工程师的助手，协助路面工程师解决有关技术问题。

(2)紧跟摊铺机进行工序的质量控制，按照规范和标准及组成设计对照施工现场，对不符合要求的要及时进行修正，重点是在摊铺中明显出现的不平整度、拉沟、离析等表面质量问题时，及时发现，及时结合有关人员进行处理，做到不放过任何缺陷。

(3)对路面施工中出现的较大问题，自己又不能处理时，要及时反馈给路面工程师或有关施工人员。

三、测量人员

测量包括高程测量和中线测量，其目的是控制路面平整度、路面宽度、路面厚度及其标高，并保证路面中心不偏位。具体任务是：

(1)路面施工前对基层的中心和两边即三条线进行高程测量，测量点每 10m 一个，位置要与设计桩号相对应，对于偏差(与设计比较)较大的地点列表反馈给路面施工工长，以便下面层施工时进行调整。对于其他层次在必要时也进行高程测量，以更准确地控制路面的标高。并将测量的数据数据反馈给路面工程师，以便对不合格路块进行处理。

(2)钢丝基准线高程测量。到了基层和下基层开始使用基准线法进行找平，因此要对桩的高程进行测量。钢丝绳的拉力在 800～1 000kN，垂度小于 2mm，一般要求柱的高程要高于设计高的 1～2mm。在面层施工中每完成一层后都应对中心和两个边缘进行一次高程测量。

(3)路面的边线测量，以保证准确的路面宽度。当用钢丝绳基准线找平的基层时，其桩可与中心等距来控制边线，以防偏位。

四、平整度检测人员

目的是控制路面平整度，使用工具：一是连续式平整度仪；二是 3m 或 6m 直尺，其任务是：

(1)对竣工后的基层利用连续式平整度仪按每公里一段进行平整度检测，找出初始平整度值 σ，并与规范要求进行对照，再按每摊铺一层提高平整度 1/3 的数据结合摊铺层数推算出上面层 σ 终值(以 ABG423 和英格索兰摊铺机及使用相应的基准线钢丝和平衡基准梁的找平方式，每层提高平整度 1/3)，推算出的 σ 终值与竣工要求的上面层 σ 值相对照，当满足竣工 σ 值时，可根据实际情况和留有余地的做法，确定每个铺层的平整度 σ 值作为施工中平整度的控制值。当基层不能满足要求时，应对基层提出处理意见。

(2)每完成 1km 铺层后要用连续式平整度仪检测一次，并与控制值相对照，低于要求时，要将信息传给路面施工工长，下一层再采取措施。

(3)将每层的平整度控制值 σ 换算成了 3m 直尺的 h 值，在摊铺中利用 3m 直尺进行控制。其方法是当铺层初压后，立即用 3m 直尺进行检测，对于超标的点立即告知工长采取措施，此项工作要在复压终了前完成。

五、厚度和沥青混合料温度检测

(1)厚度的检测包括虚铺厚度和压实厚度，可随时进行检测。特别在试验段施工时，厚度检测要特别重视，它关系到施工中很多其他数据控制，为验证厚度的准确性，可按所拌混合料数量与摊铺面积相对照。当检测铺层薄厚超标时要立即将信息反馈给路面施工工长，同时一起找原因，以便进行调整。

(2)沥青混合料的温度检测。重点是摊铺温度、初压温度和终压温度，以上三种温度应从试验段开始检测，并与规范和施工单位设定的温度相对照，防止温度过高后沥青老化，沥青温度过低后影响压实度。当出现以上情况时要立即反馈给路面施工工长和拌和质量控制人员。

六、混合料质量控制人员

内容包括混合料的级配、胶结材料含量、压实度、马氏试验，按现行规范要求的频率检测。

1. 混合料的集料级配检测

沥青混合料的级配以最大粒径、中间粒径、4.75mm、2.36mm、0.075mm控制，其偏差值按规范或业主要求，关于取样地点最好在未碾压的铺层上，以提高试样的代表性和真实性。

2. 沥青混合料的马歇尔试验

取样可尽量在未冷却的铺层上，通过马氏的各种指标试验，检查混合料是否符合设计要求。

3. 胶结材料含量检测

高速公路和一级公路沥青混合料的沥青含量控制在±0.3%，其他路是±0.4%。

4. 压实度

通过试验路段确定压实度的压实遍数，正常施工段以压实遍数控制压实度，为保证其准确性要按要求的频率检测实际的压实度，并与要求的压实度相对照，不足时应立即增压。

对上检测出来的数据与要求的数据相对照后，对于超标的项目要立即反馈给有关施工人员，以便进行调整。

七、现场机械管理人员

(1)压路机的碾压速度控制。

(2)碾压顺序和接茬碾压控制，以防过压和漏压。

(3)摊铺机的摊铺速度控制及性能调整。

(4)其他现场施工机械的管理及问题处理。

八、混合料拌和质量控制人员

沥青混合料拌和场，要求拌和出场的混合料在材料级配、胶结材料含量等都要均匀一致，防止出现大偏差，影响路面质量。其任务是：

(1)料场原材料的质量控制。各种材料符合规范要求。通过检测对有问题的材料向路面工程师反馈信息。

(2)对沥青混合料拌和质量的控制。首先对拌和后的混合料从外观上察看是否满足组成设计要求及材料均匀性，判断不准时可结合检测人员用仪器检测，有问题的要找出原因和把信息反馈给路面工程师。

(3)对胶结材料总量的控制。每天拌和的数量(或路面铺筑面积)、所用胶结材料总量按比例粗略地进行一次计算，记录在生产日记中，有问题时反馈给路面工程师。

(4)沥青混合料的出场温度控制，防止温度过高或过低。

(5)控制翻斗车接料时错位接料(每盘前后移动一次)，防止混合料形成高堆使粗骨料滚动形成离析。

(6)每台班后将拌和机的计算机打印的各种数据进行分析，有问题时反馈给出路面工程师或有关人员，以利处理。

九、卸料翻斗车的指挥人员

(1)当翻斗车向摊铺机料厢卸完料后，立即指挥离开现场，紧接着指挥后边的翻斗车倒入摊铺机前做好准备，此时由于衔接较紧，通过指挥车辆方可移动，防止两车相撞事故发生。

(2)当前车卸料时要使后边翻斗车停在摊铺机中线的前边，做好倒车的准备工作。

(3)指挥倒车时要在摊铺机前 20～30cm 停车，变成空挡，此时严格防止碰撞摊铺机。摊铺路段是平坡时可放开刹车，如有坡度时可略有刹车，防止车辆下滑，以免造成碰撞摊铺机。在卸料中要配合摊铺机挂挡略加油或略刹车，防止摊铺机产生过大推力，影响摊铺质量。

(4)要教育司机经常检查刹车性能和后轮胎气压是否一致。一是防止停车后放气不彻底，仍有一定的刹车性能，影响摊铺机的推力和摊铺质量；二是防止后轮胎气压相差太大时，使摊铺机推力不平衡，影响摊铺质量。

(5)当摊铺机履带前和找平装置前有散落的混合料时，要立即组织人员彻底清除，否则影响路面平整度。

(6)当翻斗车的轮胎有污染和粘有泥土时，要提前处治干净，防止对沥青混合料铺层造成污染。

十、自检工程师

路面每完成一个层次后都要按照质量检验评定标准或是内控指标进行自检评定，满足要求后方可进行下个层次的施工。其数据可与施工检测相结合，也可单独进行检测。

施工人员应注意的事项如下：

(1)全体施工自检人员要树立团结合作、齐心协力、互帮互助、积极主动、认真负责、同舟共济的思想。

(2)检测数据要比较齐全、真实、可靠、可信、可用。

(3)通过学习熟练地掌握自己所分管的知识，对路面施工的其他知识也要通过学习提高自己的总体素质。

(4)要做好安全生产，防止事故发生。每个施工人员都要根据自己的分管工作范围制定相应的生产安全措施。

第六章　沥青混凝土路面病害分析与质量控制

导读　本章对沥青路面病害原因进行了分析，提出了施工时的预防措施，为进一步减少沥青路面早期破坏，提出了偏差法质量检测和控制方法，并就路基、底基层、基层、面层进行了具体阐述。

第一节　病害分析与预防

沥青路面竣工通车后，经过一段时间的运营，不少路段出现了一些病害，而且是多种多样的。沥青路面病害，原养护规范分类主要是结构性破坏类和表观破坏两大类，现行《公路沥青路面养护技术规范》(JTJ 073.2—2001)规定分成裂缝类、松散类、变形类和其他类。其中裂缝类分为龟裂、不规则裂缝、纵缝、横缝；松散类分为坑槽和松散；变形类分为沉陷、车辙、波浪拥包；其他类分为泛油和修补损坏。下面分别谈病害产生的原因和施工中如何进行预防，供同仁们在施工中参考，目的是减少或杜绝早期病害发生。

一、裂缝类

1. 龟裂

龟裂有轻、中、重三个层次，轻的缝细无散落，无变形；中的裂块明显，缝较宽，轻度变形；重的裂块破碎，缝宽，变形明显。龟裂都是由轻到重变化的。

(1)产生的原因

产生的原因是多方面的，但主要有以下几点：

①路基的强度不足，如变形、下沉。

②基层局部强度不足，如胶结料偏少，集料离析，压实度不足等。

③面层强度不足，空隙率过大，造成渗水、唧浆，矿料的离析也能使面层模量变小，在重车作用下面层拉断成裂缝，变形成为龟裂。

(2)龟裂的危害

龟裂对路面产生很大危害，特别是渗水后在基层和面层形成滞留水，造成基层唧浆；面层产生动水压力，冲刷油石界面，久而久之使油石分离而松散；滞留水对基层和面层都产生冻融，加剧裂缝的发展，使基层和面层遭到严重破坏。

(3)预防措施

①路基施工质量控制。参照第四章第一节路基施工质量控制。

②基层施工质量控制。参照第四章第二节路面基层施工质量控制。

③面层施工质量控制。参照第五章热拌沥青混合料面层的施工质量控制。

2. 不规则裂缝

(1)产生原因

①路基的不均匀下沉和变形造成路面变形，出现不规则裂缝。

②基层施工时含水量偏大，施工后的干缩，加上冬季低温时的温缩，两者合起来，肯定会更大，再加超载车的作用，会产生不规则的裂缝。

③基层的集料组成设计不佳，细料和粉料偏多，拉力不足，在干缩和温缩下产生不规则裂缝，特别是局部胶结料偏少时，形成强度不足，在超载车的作用下变形，造成面层的不规则裂缝。

④沥青路面沥青的老化和沥青质量不佳，在冬季低温时引起裂缝，而且是不规则的。

(2)施工控制措施

①材料选择上要符合规范要求，如沥青的标号和品种要满足当地气候需要，因为沥青路面在抗冻稳定度方面沥青的贡献率最大，可占89%。所以沥青质量不但要满足规范要求，在数量上也不能少。如果按设计要求减少0.5%，路面的寿命减少一半，其减少的原因就是提前老化，从而使路面损坏，因此，沥青的数量不但满足形成沥青膜与矿料进行物理吸附和化学吸附，还应在矿料和缝隙中存有一定数量的自由沥青，以抵抗过早老化。在基层材料的选择上其规格和质量也应符合规范要求，在组成设计时要综合考虑，尽量做到在满足强度要求的情况下，少用细料和粉料以及胶结材料，以便减少干缩和温缩。

②粒料基层含水量控制。水泥稳定级配碎石施工时，不少人员控制含水量比最佳含水量高1%～2%，还有人主张提高3%。水稳碎石试验室的含水量一般是5%～6%，若提高2%或3%，肯定会造成含水量过大，含水量过大后会造成很多弊端，特别是在拌和机内一次加水过多后，粉料和水泥成团，拌和不均匀产生离析；压实时水膜过厚，产生滑动，集料形不成嵌挤，影响压实度，同时碾压中产生推移影响了平整度；危害最大的是加大了基层的裂缝，特别是干缩裂缝，因为水泥在硬化过程中只吸收水泥重量20%左右的水分，虽然硬化时也增加一定体积，但比失去水分的体积要小的多。这是产生干缩裂缝的主要原因。为防止以上弊端发生，施工时最好控制在最佳含水量内。要想法减少施工中的水分消耗，如采取翻斗运料车盖贴布、据天气情况适当缩短施工路段长度、在下承层上洒水等措施。其含水量最多不要超过1%，当天气干燥时也可在水分消失快的表面适量洒水，以保证表面湿润，便于成型。

③养生。养生不但要做到及时，还要全面、不留死角，不论是下基层的二灰碎石，还是上基层的水稳碎石都要保证表面湿润。当上基层基本养生完成后，如不能及时铺筑面层，为防止水分大量流失，最好在水稳碎石碾压完成后尚未干燥时喷洒透层油，以保证基层有充足的水分起到养生作用，继续水化反应，并且达到均匀、缓慢地干缩，不会造成水分骤降而裂缝。最好的方法是基层压实成型稍干后喷洒透层油以起到保湿养护作用。

④适当提高粒料基层主骨料的粒径和数量，以此增加基层的抗拉强度，减小温缩和干缩变形。同时在摊铺中要跟机进行检查，对于细料过多的路块要挖掉，更换标准的混合料。

3.纵裂

(1)产生的原因

①旧路加宽路基连接不牢，压实度不足，也可能是路基的局部路段沉陷。

②基层施工和面层施工时纵向接缝不佳。

(2)施工预防措施

①路基加宽施工时，新旧路基之间可铺上一层塑料格栅，加强新旧路基连接，防止产生纵向裂缝。

②不论是基层还是面层分两次以上摊铺，又是两台摊铺机梯形作业时，中间的接缝都要错开50～100cm，两台摊铺机的距离错开10～20m，前幅的混合料压实时不要到边，留有15cm

左右，待第二台摊铺机摊铺过后一起碾压，碾压要从未压实部分逐渐以 15cm 的错动碾压到新铺层，使纵向接缝连接牢固。上面层路幅不太宽时，尽量用一台摊铺机进行摊铺，这样可避免纵缝。

4. 横缝

横缝是最普遍最严重的一种病害，不论是水稳碎石还是二灰碎石都存在横缝，水稳碎石有局部横缝也有全幅长的横缝，一般在第二年就开始出现；二灰碎石大部分有全幅的横缝，也有半幅或局部的横缝，大多在两年或三年以后出现。两种结构相比二灰碎石横缝较轻些。

(1)产生的原因

①不论是二灰碎石还是水稳碎石，按规范要求的细料和粉料大多偏多，都在 35%～40% 以上，细料和粉料多了以后使主骨料形不成嵌挤，而成了悬浮结构，所以抗拉强度很低，细料和粉料过多后还要加大含水量和水泥用量，更加剧了干缩裂缝。

②规范要求的 7d 水稳碎石强度偏高(3～5MPa)，28d 的强度达到 8～9MPa，如果胶结料水泥出现偏差时，水泥偏高的路块将接近 10MPa，强度越高，温缩和干缩系数越大，裂缝增加。

③路基低，含水量又较高时，再加上冬季温度很低时，路基的收缩裂缝，影响到了路面的收缩裂缝。

④面层收缩，特别是温缩引起面层裂缝。如沥青混合料的收缩系数是 $25\times10^{-6}\sim40\times10^{-6}$，可到冬季气温骤降时所产生的抗应变能是 $300\times10^{-6}\sim500\times10^{-6}$，远远超过了沥青混合料的极限抗拉应变能力，这样在比较薄弱的位置就会拉断成裂缝。

⑤路面基层和面层施工时的横向接缝不佳也容易引起横向裂缝。

沥青路面的横向裂缝主要还是基层裂缝引起的比较普遍和严重，特别干缩和温缩两种应力叠加后最容易引起横向裂缝。

(2)横缝的预防

①粒料基层要增加粗骨料数量，适量减少细料和粉料数量，在 7d 的无侧限抗压强度方面不要超过 3MPa，28d 强度不超过 6MPa。当强度达不到要求时，要改变组成设计，尽量使水泥用量不大于 5.5%，虽然强度略低些，但完全能满足强度要求，因为目前最大超载车的轮胎压力也超不过 2MPa，15cm 面层下的基层表面也只有 0.6MPa 左右，所以抗压强度要求是没有问题的，重点应该在施工中抓好影响强度的材料均匀性问题。

②探索性的基层粒料结构。就像沥青混合料中的矿料进行断级配设计一样，在最大料径加大到 40mm 后，骨料也相应增加，二灰碎石用二灰和细料填充空隙，水稳碎石用水泥和细料填充空隙，使粗骨料形成完整的骨架结构，用大吨位的压路机碾压使其紧密的嵌锁在一起，其干缩和温缩自然就大大地减小了。

③路基低时，要加深边沟，加强排水设施，防止冬季时路基含水量过高。

④沥青路面的施工要选用合适的沥青，或是改性沥青，也尽量采用断级配的骨架型密实结构，提高抗变形能力。施工中加强矿料级配和沥青含量均匀性的检测，使其受力均匀。为全部满足矿料级配均匀性的要求，要加强检测，每个拌和站每半天至少检测一次，取样可在未碾压的铺层上，做马歇尔试验和抽提试验，油石比不超过±0.3%(高速、一级公路)，同时通过筛分检测 0.075mm、2.36mm、4.75mm 三个筛孔通过率，高速和一级公路 0.075mm 筛孔通过率允许偏差为±2%，≤2.36mm 为±5%，≤4.75mm 为±6%，公称最大粒径控制在±5%，中间粒径 9.5mm 或 13.2mm 控制在±8%，这是沥青路面规范中的要求，也可搞个自控指标，二级及二级以下公路可放宽。

二、松散类

1. 坑槽

坑槽按《公路沥青路面养护技术规范》(JTJ 073.2—2001)分为轻、重两种。轻坑槽的面积$<1m^2$、坑深$\leqslant 25mm$;重坑槽的面积$>1m^2$、坑深$>25mm$。

(1)坑槽形成的原因

①由于严重龟裂发展成坑槽。

②面层空隙率局部偏大或沥青偏少而渗水,行车时产生动水压力冲刷油石界面,使油石分离;滞留水在冬季产生冻胀也使面层松散,这两种原因都使面层形成坑槽。

③基层局部强度不足通过行车作用变形、渗水,再通过第②条所述的两种作用使基层松散,影响到面层松散形成坑槽。

(2)施工预防

①加强基层材料均匀性控制,防止集料级配不佳、压实度不足、胶结材料偏少、养生不到位等几种不良施工,有两种以上不良施工在同一路块出现,造成强度过低,使基层局部早期破坏。

②加强面层施工质量控制,如矿料级配、油石比、压实度,都应达到不渗水的标准(详见第五章热拌沥青混合料面层的施工质量控制)。

③沥青混合料中要控制天然砂的用量,现行规范是20%,经验数据最多不得超过18%,尽量要用石灰石制造的机制砂;与沥青黏附性不佳的酸性石料,要掺加抗剥落剂,最好掺熟石灰粉及水泥,但两者合计不能超过2%,还可以将石料用石灰水冲洗烘干,也有的用沥青与煤油混合后对石料进行预拌,主要是增加石料与沥青的黏附性,以防动水冲刷油石界面而松散形成坑槽。

2. 松散

(1)产生的原因

①混合料拌和时温度过高、拌和时间过长使沥青老化,失去了应有的黏结力,在行车作用下松散。

②沥青质量不佳,如含蜡高,或是沥青含量偏少,还有就是沥青标号过高不适宜当地气候条件,在天冷时沥青发脆,黏结力不足,在行车的作用下松散。

③石料质量不佳,如含泥量过高与沥青黏结力不足;再是酸性石料与沥青的黏结力差;还可能由于天然砂含量过多(超过20%)。

(2)预防措施

①选择符合当地气候条件和规范要求的优质沥青。

②石料质量的选择。一般应尽量选择亲沥青的碱性石料,如石灰岩有0.02mm的小孔,不但物理吸附性好,而且化学吸附也特别高,能抗水害和抗剥落。如果在上面层为提高摩擦系数及耐久性,选择硬质的酸性石料时,应采取技术措施。

③为防止沥青混合料中沥青的老化影响与矿料的黏结力,要严格控制沥青的加热温度,一般沥青的老化温度是166.2℃,尽量低于该温度指标,如果是改性沥青,加热温度一般应是165℃,不得超过170℃,成品改性沥青加热温度不大于175℃,沥青不可长时间高温加热,要做到当天加温的沥青当天用完,不得高温贮存沥青。拌和温度和拌和时间的控制,一般沥青混合料的拌和温度是150～170℃,拌和时间30～45s,改性沥青混合料拌和温度是170～185℃,拌和时间45～60s。干拌时间控制在5～10s内。

三、变形类

路面的变形也是非常多见的路面病害，而且它的危害也非常大，严重影响着行车安全、运输效益、服务水平。

1. 沉陷

沉陷有轻度和重度两种，轻度的沉陷小于或等于25mm，重度的沉陷大于25mm。

(1)产生的原因

①路基强度不足，是主要原因。

②基层强度不足，路面基层(包括底基层)由于材料选择不当，形成强度不足，超载重车碾压产生变形。

③面层也可造成沉陷，如组成设计中粗骨料偏少，形不成骨架，再是矿料的强度不足易压碎，还有路面施工时压实度不足、孔隙过大。

(2)预防措施

①路基填料的选择和压实度的控制，可参考第四章第一节路基工程质量控制有关部分。

②基层(包括底基层)要选择强度高、变形小、不裂缝的粒料基层，如水泥稳定级配碎石和二灰稳定级配碎石等半刚性基层，近几年来也有的采用沥青稳定碎石柔性基层。总之应使基层具有足够的强度。

③面层。要控制矿料质量，选择符合现行规范要求的矿料，组成设计时保证主骨料的粒径及其数量，马歇尔试验满足稳定度和流值要求。提高压实度，规范要求是97%(马歇尔标准)，可提高到98%，使变形大大减小。

2. 车辙

分轻重两种，轻车辙的深度≤25mm，重车辙的深度>25mm。

(1)形成的原因

①沥青面层的压实不足，在渠化交通的作用下，沥青混合料被压实，如马歇尔试验设计空隙率是4%，压实度是97%，则竣工后的原位空隙率是7%，当行车碾压到残留空隙率为2%～3%时，则面层产生一定变形。

②沥青路面在高温天气时变软，抗剪强度降低，在渠化交通特别是重车车轮反复作用下，沥青混合料被挤向两边，使两边增高，车轮下部降低，形成车辙。

③矿料的强度不足，在车轮碾压下，矿料的棱角被互相磨光，失去嵌挤作用，也就是矿料达到疲劳阶段，在行车作用下产生车辙。

④矿料的粗骨料偏小，数量偏少，形不成骨架结构，在渠化交通的作用下也很容易形成车辙。

⑤基层的强度不足也是形成车辙的一个原因，据文献记载，形成车辙原因面层占32%、基层占14%、底基层占45%、路基占9%。

(2)预防措施

①提高面层沥青混合料的压实度，减小空隙率。在组成设计时尽量设计小的空隙率，3%是完全可以做到的，并在压实中要采用相匹配的压实机械，如大吨位的胶轮压路机和振动压路机，都能将压实度提高到98%以上，这样施工后的空隙率是5%，通车压实后达到2%～3%，变形也就很小了。在压实上还可采用最大理论密度(空隙率)控制，也可达到理想的空隙率。

②根据当地气候和交通量组成情况选择相适应的沥青标号，必要时也可选择改性沥青提高软化点，以保证路面的稳定性，提高高温时沥青路面的抗剪强度。

③根据路面上、中、下三种面层层次的功能，选择矿料的最大粒径和粗骨料的数量。发达国家主骨料的最大粒径是公称最大粒径，占路面厚度的1/3，我国现行规范要求沥青面层集料的最大粒径宜从上至下逐渐增大，并应与压实层厚度相匹配。对于热拌热铺密级配沥青混合料，沥青层一层的压实厚度不宜小于集料公称最大粒径的2.5～3倍。这样与发达国家基本一致，但是我省中南部地区气温高，持续时间长，冬季又冷，年内温差接近60℃，与外国和我国的其他地区有差别，所以在考虑空隙率的时候，粗骨料的粒径也不应忽视。下面层主要是抗车辙，中面层是承上启下的作用，这两层的主骨料粒径都不应过小，可取规范略大的值，4.75mm以上的粗骨料不少于60%，从而形成骨架起到抗车辙作用。上面层的主要功能是防水和抗滑作用，当然也有抗车辙的功能，在组成设计上最好也搞成紧密嵌挤的骨架型结构。

④基层(包括底基层)强度和材料的选择，参照第四章第二节基层施工质量控制有关部分。

⑤在选择集料硬度和棱角上都要满足现行规范要求，以此提高粗集料之间的嵌挤力，加上高黏稠度沥青的物理吸附和化学吸附，则会大大提高抗车辙和抗疲劳能力。

3.波浪和拥包

分轻重两种，轻波浪和拥包的高差≤25mm，重波浪和拥包的高差>25mm。

(1)形成的原因

①沥青混合料的沥青标号偏低，软化点低，用油量偏大，当天热的时候路面发软，在汽车轮的推动下产生波浪和拥包。

②在路面面层较薄的时候，如果面层和基层的连接不牢，在车辆行驶时轮胎对面层产生剪切作用，面层与基层分离形成面层的推动，从而形成波浪和拥包。

③集料偏细，形不成骨架，天热时在行车作用下也易形成波浪和拥包。

(2)预防措施

①要根据所处地理位置的气候、交通量组成控制沥青混合料的沥青用量，在交通量大，重型车多的路段，沥青用量可偏小些，不超过规范中值。

②加强面层与基层之间的层间结合，洒好粘层油，《公路沥青路面设计规范》(JTJ 014—97)提到加强路面各层之间的紧密结合，提高路面结构整体性，应使各结构层之间不产生滑移。另外，在喷洒粘层油时必须把基层上的污染物清除干净，否则影响层间结合。

③面层结构应设计成骨架密实结构，以此提高抗剪切能力。

四、其他类

其他的病害包括《公路养护技术规范》(JTJ 073—96)谈到的泛油和修补损坏。泛油有局部的和大面积的，是油量太大所造成，它的危害主要是影响路面的构造深度，使摩擦系数严重下降，雨天时易引发交通事故，所以施工时要严格控制用油量，保证均匀性。修补后的损坏不属施工造成。

第二节　质量检测与控制

多年来修建的沥青路面，不分结构先进与落后，标准高与低都存在早期破坏现象，给社会造成极坏的影响，同时也降低了施工单位的声誉。所谓早期破坏就是在路面设计年限的1/4～1/3前或是高速公路和一级公路在施工后的四五年内就出现的局部破坏。早期破坏多为局部、小面积的，而大部分路面是完好的，这就说明设计标准是符合要求的，各结构层的组成设计也满足了规范要求。沥青路面早期破坏的原因很多，主要原因是在施工质量抓得不严、不细，表现在涉及到的质量技术指标变异性过大，所以是局部破坏。由于沥青路面是由多层次、多结构、多工序完成的，所以材料数量出现偏差是正常的，关键是有的偏差系数超过规范要求，特别是在同一路块出现两项超规范偏差时，必然要产生早期破坏。例如沥青路面的油石比，高速公路和一级公路规范要求是±0.3%，而有的路块却达到±0.5%或更高，这样沥青多的路块就会出现泛油或形成油包；沥青少的路块可能会出现渗水、松散。又如水泥稳定级配碎石，当水泥含水量、集料级配、压实、养生等出现大的偏差时，就会引起强度不足，从而导致路面早期破坏。

如何将各种偏差系数控制在最合理的范围时，避免在工程质量上存在隐患，其关键是要抓好工程施工质量管理，制定严格的目标要求。其中，质量管理的变异性是各种变异性的总和，它包括取样的不均匀(缺乏代表性)性，试验方法的选取问题，以及材料和施工过程的变异性等。美国将总的变异性用公式表示为：

$$S^2_{QC/QA}=S^2_s+S^2_t+S_{mat/con} \tag{6-1}$$

式中：$S^2_{QC/QA}$——检测指标致总的变异性；

S_s——取样代表不足造成的变异性；

S_t——实验方法精度方面造成的变异性；

$S_{mat/con}$——材料及施工过程本身的变异性。

在总的变异性中取样占到23%，试验方法占到43%，材料和施工本身占到34%。

现行《公路沥青路面施工技术规范》(JTG F40—2004)在施工质量管理中提出用动态管理方法进行质量控制，并将各项工程的技术指标即平均值、期望值、质控上限、质控下限等输入微机进行管理，当出现超标值时，要立即分析原因，提出改进措施予以纠正。

根据规范要求，总结过去的工程情况，结合美国质量变异性理论，我们提出衡水外环一级公路沥青路面质量要求的偏差值及评定标准。

省道肃临线衡水市区段，全长14.8km，一级公路标准，双向四车道，路面结构为：二灰土底基层厚18cm；二灰碎石下基层厚16cm；水泥碎石基层厚15cm；沥青路面下面层厚6cm，为AC-25C型；上面层厚4cm，为AC-13C型。为保证质量采用了偏差值控制的办法。

一、路基工程

路基是路面的基础，规范要求路基有足够的强度和稳定性，按照沥青路面层状体系理论，路面强度是以路表弯沉值的大小来表示的，弯沉值越小路面强度越高，对于影响路面弯沉大小的路基公认要占到70%左右。路基的强度也应是均匀的，否则通车后会引起不均匀变形致使路面出现早期破坏。只有强度和稳定性的均匀一致，方能使路基真正达到质量要求。具体的控制内容及其变异性要求如下：

1.土质

不同的土质有不同的标准干密度，不同的强度，不同的最佳含水量，不同的碾压机械和不同的碾压遍数等。因此，要求同一碾压层(规范要求同一种土层厚度不小于30cm)的土质塑性指数不超过±2%，超过时要经监理批准，并采取相应措施，就是在此范围的混合土也应经过拌和达到基本均匀后再进行碾压。在选择土质时要将渗水性好的土质安排在上层，渗水性差的土质安排在下层。

2.最佳含水量

含水量是控制压实度的重要指标，根据压实机械的不同，要求含水量的值也不同，越接近最佳含水量越容易压实，也越节省机械费用。本项目要求控制的含水量为最佳含水量的±2%。为保证含水量的均匀性和压实度的均匀性，可采取以下措施：①当取土场土的含水量很低时，应先对取土场加水，待到基本均匀后再将土运到施工路段；②当取土场土的含水量过大时，可先将土运到路上并摊铺晾晒，待基本达到最佳含水量时，再经过拌和均匀后进行碾压；③当含水量接近最佳含水量时，可在路上加水碾压；④含水量相差较大的土质要分开路段进行施工，不得混合到一起。

3. 压实度

现行路基压实度的评定方法是 1～3km 为一个评定路段，其代表值

$$k=\bar{k}+t_a s/\sqrt{n}\geqslant k_0 \tag{6-2}$$

式中：$\bar{k}$——检测点的平均值；

t_a——t 分布表中随测点数和保证率（或置信度）而变的系数，可按保证率查表取值；

s——检测点的标准差；

n——检测点数；

k_0——压实度的标准值（规范值）。

评定办法是当 $k\geqslant k_0$，且单点压实度全部大于等于规范的极值（标准值减 5 个百分点）时，按测定值不低于标准值减 2 个百分点的测点数计算合格率。路基路床顶面下 0～80cm 范围，规范要求的压实度是 96%，极值为 91%，这样单点的 91% 与 96% 或大于 96% 的点相比相差太大，特别是两层填土均在极值压实度时，很容易引起不均匀下沉和路基的变形，达不到路基所需的足够的强度和稳定性。实践证明过去沥青路面的路基都有不同程度的变形，所以说现行规范的偏差太大，应予以改进。

本项目要求压实度控制在标准值（指导书中提出的压实度）± 两个百分点。低于 2 个百分点的点为不合格，应局部进行补压，若超过 50% 的点不合格应找出原因，必要时进行全段补压。对压实度低于 1 个百分点的按优良评分；对低于 1 个到 2 个百分点按合格评分；低于 2 个百分点的为不合格。

为保证比较均匀的压实度，除土质、含水量控制均匀外，虚铺土密实度均匀性和铺土层平整度也要引起重视。

4. 路基顶部的回弹弯沉值

路基完成后和路面施工前都要对路基顶部进行回弹弯沉值的检测，以验证路基的强度是否能满足路面设计要求。本路基顶部的设计回弹弯沉值是不大于 280mm。由于该路的路基土质相差很大，有重黏土路段也有粉砂土路段，一般情况下黏性土的弯沉恢复较快，砂性土的弯沉恢复较慢，当两者的回弹弯沉相等时，黏性土的回弹弯沉要比砂性土的回弹弯沉略小些，因为弯沉是一瞬间测定的，两种土质有一定的差距。影响路面使用效果的弯沉应是绝对弯沉，也就是说当车轮压在路基上时所产生的下沉给路面带来的弯拉应力最大，因此用路基的绝对弯沉值较好，但绝对弯沉不易测得，为保证路基的强度，除按要求实测回弹弯沉值外，还要求用 E_0（路基顶部的弹性模量）进行验证。其公式是

$$L_0=9\,308E_0^{-0.938} \tag{6-3}$$

式中：L_0——路基的回弹弯沉值；

E_0——路基的弹性模量。

E_0 值的获得一是从路面设计时的 $E_0=32$ 得到；二是用承载板实测 E_0，设计文件要求施工单位进行路基的实测。对于实测的回弹弯沉值和计算的每个测点的回弹弯沉值都应不大于

280mm。当局部测点大于280mm时，要找出原因并采取措施。所以要求每个测点的回弹弯沉值的偏差只准小于设计值，不准大于设计值。

5.土基现场实测CBR值，进一步验证路基的强度

CBR值也是路面设计时对路基的一项实测项目，它是保证路基强度和稳定性的一项重要指标。规范要求高速公路和一级公路CBR值是8。当路基完成以后要求进行实测CBR值，实测的方法可用落球仪法，实测的CBR值也不准小于8。或是用土基的模量E_0与CBR值进行校对，其公式是$E_0=8.9CBR^{0.85}$。应为实测的E_0值与CBR值进行校对。按设计的$E_0=32$与规范要求的CBR值8是能满足要求的。实测的E_0可能要大些。

6.平整度

平整度是路面工程极为重要的一项技术指标，施工指导书中提出的连续检测路面上面层平整度要求是$\sigma \leqslant 0.8$mm，较标准提高了0.4mm。为保证上面层这一较高平整度，要求路基顶部的平整度，3m直尺$h \leqslant 15$mm。较原规范($h=20$mm)也有所提高(现行路基施工技术规范的平整度，3m直尺$h \leqslant 15$mm)。

7.其他项目偏差值的要求

纵断高程(mm)允许+10、-15；中心偏位(mm)50；横坡(%)±0.5；宽度不小于设计值；边坡不小于设计值。以上多是现行《公路工程质量检验评定标准》(JTG F80/1—2004)的具体要求和允许的偏差值。只是纵断高程由-20提高到-15。

8.检测时的方法与取点要求

此要求关系到检测数据的准确性和代表性，必须认真对待。

(1)压实度。每200m(半幅)每层实测4处，具体地点可随机取点，统一用灌砂法检测。

(2)土的塑性指数。取有代表性的土样，用四分法取样，用液塑限联合测定法测塑性指数。

(3)回弹弯沉值。每公里(双车道)按200点检测，要求每个车道检测100点，两车道上的测点相错开。用后轴重BZZ—100kN的标准车和5.4m长的贝克曼梁等仪表检测。

(4)回弹模量。按每公里(双车道)每个车道每50m检测一点。如果出现不合格点时，要在该点的前后各20m加点检测，测点的位置尽量与弯沉测点相一致，以便相互核对。检测的方法可用承载板法。

(5)CBR值。每公里(双车道)每个车道的中心每隔20m检测一点。用落球仪法进行现场检测。

(6)纵段高程。全幅(四车道)每隔200m 4个断面，即：0、50、100、150四个桩号，四个断面中的两个边、两上四分之一、一个中心共5点进行高程测量，用水平仪等检测。

(7)中心偏位。全幅(四车道)每200m 4点，选点与纵断面相同，对于弯道处可从起点，终点和曲中选点，用经纬仪检测等。

(8)宽度。全幅(四车道)每200m测4处，选点与纵断高程相同，用皮尺等检测。

(9)平整度。全幅(四车道)每200m每个车道测2处10尺，具体选点可由监理工程师选择平整度较差路段，用3m直尺检测等。

(10)横坡。全幅每200m 4处选点与纵断高程相同，用水准仪等检测。

(11)边坡。全幅两侧边坡，每200m 4处，用坡度板实测。

9.仪器的校核与试验人员的培训

仪器和人员都是检测数据准确性的关键，开工前要对检测仪器进行校核，并要求有资格的单位进行验证，否则不准使用，违者属于违规。试验人员在开工前应进行培训，统一思想，统一

试验方法，熟练掌握试验仪器。

二、二灰土底基层

影响二灰土底基层质量的因素主要有以下方面：

1.路床高程、平整度、压实度

该三项技术指标均与路基要求的标准相同，可按路基要求的偏差值进行控制。

2.土的塑性指数

《公路路面基层施工技术规范》(JTJ 034—2000)要求二灰土的塑性指数是12～20，本路的二灰土土质一般也要求按12～20控制。若取土特别困难并需加大投资，土的塑性指数可以上下出现的偏差值是+2、-4，也就是8～22。

3.石灰

规范要求二灰土的熟石灰不低于III级灰，其钙、镁含量要求不小于55，特殊情况时其偏差可控制在-5，但应按钙、镁含量增加含灰量。规范要求熟石灰的含水量≤4%，可按+4%偏差控制，但必须保证拌和均匀。

4.粉煤灰

按《公路路面基层施工技术规范》(JTJ 034—2000)要求的各项指标控制。由于使用的是衡水电厂的粉煤灰，有效含量和烧失量完全能满足规范要求。颗粒粒径允许向上偏差。

5.二灰土中胶结材料含量控制

二灰土中的胶结材料主要是石灰，要求按石灰本身质量的百分率控制偏差，可在±10%内控制。

6.二灰土组成设计时各种材料比例控制

按现行规范

$$\overline{R} \geqslant R_d/(1-Z_a C_v) \tag{6-4}$$

式中：C_v——偏差系数，控制各种材料数量。

$\overline{R}$代表平均数。

7.二灰土厚度

按代表值和单点合格值的允许偏差进行评定。评定标准中单点允许偏差为-25mm，本工程的二灰土设计厚度是180mm，偏差按-25mm控制，显然影响路面的整体强度和平整度，为此允许单点的偏差值控制在-15mm内。

8.压实度

规范要求压实度的代表值是96%，极值是92%，评定标准要求代表值$k=\overline{k}-t_a s/\sqrt{n} \geqslant k_0$(压实度的标准值，既规范要求的95%)。本路要求极值较标准提高2%，即为94%，也就是按代表值的-2%，标准的-1%控制偏差。

9.平整度

现行规范要求$h \leqslant 12$mm，本路允许-3mm控制偏差。

10.纵断高程(mm)

现行标准偏差是+5，-15。本路要求按+5，-10控制偏差。

11.宽度、横坡、强度

均按现行标准控制偏差。

12. 检测方法及取点要求

(1)土的塑性指数,同路基。

(2)石灰的钙、镁含量。用盐酸法测,按四分法选择。每一批石灰检测一次,消解后的石灰堆放时间超过 20d 的进行检测,有可能质量下降时检测。

(3)二灰土胶结材料含量。用 EDTA 法进行检测,检测频率按每 200m 每车道检测 4 处。选点可由监理工程师确定。

(4)厚度。人工挖验。按每 200m 每车道取点一次。

(5)压实度。同路基。

(6)平整度、宽度、纵断高程、横坡的检验方法及选点均与路基相同。

三、二灰稳定级配碎石下基层

基层是沥青路面的主要承重层,承受着车轮的压力和压力的扩散作用,以及压力所产生的劈裂应力,因此,基层是整个沥青路面的重要层次,为此要严格控制各项质量标准及其偏差值。

1. 二灰碎石中石灰剂量偏差控制

石灰是二灰碎石的主要胶结材料,除本身的强度外,还起着激发粉煤灰强度的作用,其一般掺量 5%~7%(以组成设计为准),其偏差可控制在±0.5%。

2. 碎石集料的级配

二灰碎石的强度虽然主要靠二灰材料的胶结强度,但碎石的级配均匀也产生一定的嵌挤强度,同时还起着防止干缩和温缩裂缝作用,当一松方级配好的碎石被二灰填充空隙并达到密实后,它的强度最高,而且裂缝也最少,这是最理想的最均匀的级配状态。因此,用集料的离析进行控制,参照沥青混凝土集料离析的控制方法,提出二级碎石中碎石的偏差控制。按其级配组成允许:≥31.5mm 为±3%,≥9.5mm 为±7%,≤2.36mm 为±6%控制。表面要求无集料窝和明显离析。

3. 混合料组成设计各种材料的最佳用量

规范要求在组成设计时至少有 6 个试件的 7d 强度应满足公式 $R \geqslant R_d/(1-Z_a C_v)$ 要求,公式中以 C_v 偏差系数控制着材料的均匀性,为保证最佳胶结材料用量,对 C_v 偏差系数的最小值提出如表 6-1 所示的要求。

表 6-1

试件数量	6	9	13
偏差系数	<8%	8%~12%	12%~16%

4. 含水量控制

二灰碎石含水量过大后会产生很多弊端,如影响压实度、影响材料的均匀性、加大干缩裂缝等,要求在厂拌时按组成设计确定的最佳含水量不超过 2%的偏差控制。

5. 压实度

二灰稳定级配碎石层规范规定的压实度是 98%。《公路工程质量检验评定标准》(JTG F80/1—2004)规定压实度的代表值也是 98%,而极值是 94%,其评定标准仍同路基压实度一样的公式:$k=\bar{k}-t_a s/\sqrt{n} \geqslant k_0$,极值 94%太低,严重影响路面的强度,为此,将极值提高到 96%,也就是将代表值 98%控制偏差,则评定路段若有低于 96%的为不合格路段。

6. 厚度

二灰碎石的设计厚度为 16cm。评定标准中的代表值是 16cm-8mm,即 15.2cm,合格值是

16cm−15mm，即 14.5cm，用厚度的代表值和单点合格值的允许偏差评定，厚度代表值为厚度的算术平均值的下置信界限值，即用 $X_1=\bar{X}-t_a s/\sqrt{n}$公式表示，其评定办法是当厚度代表值($X_1$)大于等于设计厚度(16cm)减去代表值允许偏差(8mm)时，则按单点的合格值(14.5cm)约为设计厚度(16cm)的 90％控制，但也会严重影响路面强度。为此，将单点合格值的偏差值提高到−10mm，代表值的允许偏差也由−8mm 提高到−6mm。使该结构层的代表值为 15.4cm，合格值为 15cm。

7.平整度

《公路工程质量检验评定标准》(JTG F80/1—2004)中要求用 3m 直尺，$h\leqslant 8$mm，本路按 8−1mm，即 $h<7$mm 控制，当用连续平整度仪检测时，$\sigma=2.4$mm，允许＋0.2mm 控制。

8.其他偏差控制

纵断高程(mm)＋3、−5，横坡(％)±0.2，宽度和强度符合设计要求。

9.检测方法及取点要求

(1)二灰碎石的石灰含量用 EDTA 法检测，在拌和场或摊铺面上取样，每台班取样不少于 4 次。

(2)碎石集料的离析用筛分析，每台班不少于 4 次，由监理工程师决定取样地点。

(3)混合料的含水量。可在拌和场取样，初拌时和异常时取样。每台班取样不少于 4 次，具体取样地点可由监理工程师决定。

(4)压实度。用灌砂法。按每 200m 每车道 2 处，随机取样。

(5)厚度。用直尺量，可结合压实度挖坑时检测厚度，并保证每车道每 200m 1 处的要求。

(6)平整度。用 3m 直尺，每 200m 每车道 2 处 10 尺，也可用连续式平整度仪检测，选点时由监理工程师确定。

(7)断面高程。每 200m 4 个断面，与路基取点相同，取两个边点，两个四分之一点，一个中心点，共 5 个点进行纵断高程检测。

(8)横坡。用水准仪。每 200m 4 个断面，断面位置与路基检测时相同。

(9)宽度。用皮尺丈量，每 200m 4 处，取点与路基相同。

四、水泥稳定级配碎石上基层

上基层是整个基层的最关键的结构层次，它承受的载荷应力最大，受气温变化产生的温度应力也最大，该结构层的施工难度也最大，当水泥含量、级配、压实、养生等出现较大偏差时，就会造成强度严重下降，引起路面的早期破坏，因此，要求施工人员和监理人员要高度重视，并对各项技术指标严格控制偏差，使偏差值控制在最小范围内。

1.水泥含量

水泥是水稳碎石唯一的胶结材料，水泥含量控制着水稳碎石的整体强度，水泥含量少，强度太低；水泥含量高，强度太高；强度的过低和过高都影响水稳碎石的使用效果。水泥的含量在我区一般是总量的 5.5％左右较好，为保证比较适宜的强度，要求水泥用量在 5.5％的基础上允许在±0.5％以内的偏差控制。

2.含水量

重点是控制拌和时的含水量，在场拌水稳碎石时含水量的控制非常重要，含水量过大后所产生的弊端要比二灰碎石产生的弊端还要严重。因此，要求场拌时的含水量控制在最佳含水量的±2％以内。

3.集料的级配

水稳碎石中集料的级配关系到强度、温度变形等，按施工指导书中水稳碎石的级配要求，可把：>26.5mm、>4.75mm、>0.6mm 三个筛孔的筛余量作为控制级配偏差筛孔，分别要求的偏差是±3%、±7%、±5%（以上偏差以组成设计时的集料级配为基础）。

4. 压实度

水泥稳定级配碎石《公路路面基层施工技术规范》（JTJ 034—2000）和《公路工程质量检验评定标准》（JTG F80/1—2004）都是规定98%的压实度，但评定标准是按公式 $k=\bar{k}-t_a s/\sqrt{n} \geqslant k_0$ 进行评定。式中：$\bar{k}$ 为评定路段各测点的平均值；k_0 为压实度标准值（98%）；t_a 为 t 分布表中随测点数而变的保证率系数；s 为检测值的标准差，n 为测点数。评定中有代表值（$k=$98%），也有极值（94%），第一种情况是当 $k \geqslant k_0$，且单点全部大于或等于规定值（98%）减 2 个百分点时，评定路段的合格率为 100%；第二种情况是 $k \geqslant k_0$ 时，且单点全部大于或等于极值（94%）时，按单点不低于规定值（98%）减 2 个百分点的测点数计算合格率。说明第二种评定是允许 94%的压实度值存在，94%与 98%两者相差太大。有文献记载当压实度减少 1%时，强度减少 5%～7%，说明两者强度也相差太大。为此，本路要求在规定值（98%）的基础上允许向下偏差 2%，即 96%为水稳碎石的极值，评定段存在小于 96%的点为不合格路段。

5. 厚度

本路水稳碎石的设计厚度是 18cm。《公路工程质量检验评定标准》（JTG F80/1—2004）规定，评定路段内路面结构层厚度按代表值和单点合格值允许偏差进行评定。其评定公式是 $X_L=\overline{X}-t_a s/\sqrt{n}$。式中：$X_L$ 为厚度代表值（算术平均值的下置信界限）；$\overline{X}$ 为测点厚度的平均值；s 为标准差；n 为测点数；t_a 为 t 分布表中随测点数而变的保证率系数。评定的办法是当厚度代表值大于等于设计厚度（18－1.5cm）时计算合格率。此法说明：设计厚度的－8mm 为代表值，－15mm 为合格值，两者的偏差值太大，本路分别提高到－5mm 和－10mm 进行控制。

6. 平整度

《公路工程质量检验评定标准》（JTG F80/1—2004）中用 3m 直尺每 200mm 两处 10 尺，h 为 8mm，在本路的施工指导书中要求沥青路面平整度连续检测的 $\sigma \leqslant 0.8$mm，按每摊铺一层提高平整度三分之一左右进行反算，则水稳碎石的 $\sigma \leqslant 1.8$mm 左右也能满足要求。如果用 3m 直尺进行检测时，其 h 值应在 4～5mm 之间。如按偏差控制等于是标准（h=8mm）的－4mm。

7. 混合料的含水量

控制的偏差系数与二灰碎石相同，都是±2%。

8. 回弹弯沉值

水稳碎石上基层完成后一般要求经过一段养生时间，才能具备实测弯沉值的条件，以检测是否满足强度要求。实测的弯沉值为考虑一定保证率值的上波动界限可按 $t_r=\bar{t}+Z_a s$ 进行计算。式中：t_r 为测量值的上波动界限（即代表弯沉值）；$\bar{t}$ 为实测弯沉值的平均值；Z_a 为与保证率有关的系数，高速公路和一级公路为 2.0。该式是路基、柔性基层、沥青面层弯沉值的评定方法，在水稳碎石弯沉值的评定中仅作参考。本路在路面设计时上基层的回弹弯沉值是小于 29.9mm。要求施工时实测的弯沉值除满足公式计算的代表值外，同时要求每个测点的弯沉值都小于 29.9mm，也就是只准出现负偏差值。

9. 强度

水稳碎石经过一段时间的养生后都形成了较高的强度，一是可通过钻芯测其无侧限抗压强度，并按公式 $\bar{R} \geqslant R_d/(1-Z_a C_v)$ 进行评定。式中：R_d 是设计强度，可根据设计的 7d 强度和

养生时间估算 R_d 的强度，以检验实测的 R 强度是否大于或等于 R_d；二是钻芯试件的偏差 C_v 是否与组成设计时的偏差相一致；三是施工中的试件强度也可用以上公式进行质量评定。最后其强度偏差可按单点考虑，按设计强度和水泥±0.5%的偏差影响的强度确定极值，当某个点小于极值时要分析原因，采取措施进行补救。

10. 纵断高程

评定标准规定偏差值是+5mm，－10mm，其偏差值略大，影响平整度指标，为此要求偏差值分别提高到+4mm 和－8mm 控制。

11. 横坡

评定标准规定±0.3%的偏差。按半幅 11m 计算，当正负偏差值加起来的时候，路边缘的高差可达到 66mm，这样不但影响平整度，还与纵断高程要求的偏差值产生大的矛盾，为此将横坡的偏差控制在±0.15%内。

12. 宽度

按±20mm 控制偏差。

13. 检测方法和选点取样要求

(1)水泥含量。用 GDTA 法进行检测，要求每台班检测不少于 4 次，其中拌和场和未碾压的摊铺层上各 2 次，取样时可由监理工程师确定。

(2)集料级配。用筛分法检测。取样地点与水泥含量相同，摊铺层取样时可选择表面质量较差的路块。

(3)压实度。用灌砂法检测。每 200m 每车道检测 2 处，随机取样，或考虑监理工程师的要求取样。

(4)厚度。用插尺在未碾压时的虚铺厚度上检测；结合压实度取点时检测；结合每台班拌和的混合料数量与摊铺面积相对照，检查两者是否吻合。

(5)平整度。平整度的检测有两种方法：一种是用 3m 直尺，检测尺下的 h 值，此法主要应用于初压后的平整度检测。当超过要求的偏差时，可立即采取措施进行弥补；一种是用连续式平整度仪进行检测，此法是在铺筑一定长度并养生一定时间后，按 1km 1 个评定路段进行检测，在每个车道上要检测一次，对检测的偏差值进行分析，对超标的偏差值要记录清楚、明确位置，为下道摊铺层(面层)提供处理的数据。

(6)回弹弯沉值。用贝克曼梁法检测。按每车道每 20m 1 个点进行检测，当出现不合格(29.9mm)的点时，可在不合格点的前后 5m 进行加点检测，然后分析原因，采取处理措施。

(7)强度检测。用钻芯试压的方法，要求每车道每 100m 检测 1 点，横向随机选点，当较多测点全部合格时，也可减少测点的数量。

(8)纵断高程。用水准仪检测。按每车道每 10m 1 点四个纵断高程进行检测，对不合格的点要在记录中标清位置，以便为下道摊铺层(面层)控制质量时应用。

(9)横坡度。横坡度偏差值的控制主要应放在初压后的检测上，此时可用 3m 或 6m 直尺进行连续检测，不符合要求时，立即采取措施补救。竣工后的横坡检测可用水平仪完成。对不合格的横坡也不便采取弥补措施，只可记录清楚留给下道摊铺层(面层)去改进了。

五、沥青混凝土下面层

两层摊铺层的沥青混凝土路面的下面层主要承担着抗车辙应力、抗弯拉应力、抗温度应力、抗水害作用和承上启下连接作用等。所控制的偏差应与它的功能相结合。

1. 沥青混合料组成设计

该结构为AC-20C型，中粒式沥青混凝土，厚度为60mm。根据该路段交通量的组成，一般路段的重车较少，只是靠近钢管厂路段的重车多，再是该路是环城路，平交道口多，车速不会太快，结合我区的气候情况，对组成设计时的马歇尔指标提出如下要求及其偏差控制：稳定度11kN，允许±1kN偏差；流值2mm，允许±0.2mm偏差；空隙率4.5%，允许±0.5偏差。

2. 集料级配偏差

集料在满足《公路沥青路面施工技术规范》(JTG F40—2004)要求各项指标后，重点是集料的级配，因为集料的级配起着抗车辙能力的79%，但在沥青路面的施工中由于各种原因使集料出现变异性，严重影响路面质量，因此要经常对集料的级配进行检验，通过抽提试验对0.075mm、≤2.36mm、≥4.75mm、≥13.2mm、≥19mm的通过率进行偏差控制，要求的偏差分别是±2%、±5%、±6%、±7%、±2%。

3. 沥青含量的偏差

沥青在沥青混凝土路面中起着非常重要的作用，在抗冻稳定性上沥青的贡献率占到89%，原规范谈到沥青减少0.5%，路面寿命减少一半，因此，要严格控制沥青用量，规范要求的沥青用量是按±0.3%偏差控制。目前大部分的沥青拌和楼也是这种±0.3%的精度，要求施工单位加强施工管理，争取更小偏差。

4. 施工温度及其偏差控制

施工温度对沥青路面的施工质量起着重要的作用，如和易性、压实度等，根据规范的规定结合我区情况对施工温度及其偏差提出如表6-2所示的要求：

表6-2

大气温度（下卧层表面温度）	拌和温度（出盘温度）(℃)	摊铺温度(℃)	终压温度(℃)	偏差控制(℃)
夏季(>20℃)	150(160)	140(150)	80	±10
春秋(10～20℃)	160(170)	150(160)	85	±10

注：括号内为改性沥青混合料温度。

5. 马歇尔检测时对空隙率、稳定度、流值偏差控制

空隙率按±0.5%偏差控制，稳定度按±0.5kN控制，流值按±0.3mm控制。以上三种指标偏差均是以组成设计时为基础。

6. 横向接缝

要求沥青路面施工的横向接缝紧密平整、顺直、无跳车，用3m直尺的空隙$h=2.5$mm，允许±0.5mm偏差控制。

7. 厚度

本层设计厚度为60mm。《公路沥青路面施工技术规范》(JTG F40—2004)施工过程质量控制标准中提出每一层厚度大于50mm的，允许按设计值的8%偏差控制，则该层偏差为－5mm。再一个评定办法是按每一台班区段的平均值(厚度大于50mm)也是允许－5mm。本路按－5mm控制。

8. 压实度

压实度是沥青路面最主要的指标之一，压实度小会很快出车辙、渗水、冻胀等早期破坏，要求的压实度过高后不易达到，还可能是局部出现“过碾压”，也使路面早期破坏。能使路面达到

基本不渗水，又有较强的抗车辙能力，施工单位通过努力也能达到的压实度是最理想的压实度标准。本项目提出按最大理论密度的95％控制压实度，比现行规范提高了2个百分点，允许±0.5％的偏差控制。这样可与前面4.5％的设计空隙率基本相吻合。

9.平整度

平整度是沥青路面服务水平的重要指标，也是影响沥青路面使用寿命的重要指标。现行规范规定用3m直尺检测时的h是5mm，连续检测σ是1.5mm，施工指导书中要求上面层连续检测σ是0.8mm。按照施工单位的施工水平和机械设备每摊铺一层大约可提高1/3的平整度计算，则该下面层的σ应是1.2mm左右。本着留有余地的指标控制，要求本层的$\sigma \leqslant 1.1$mm，允许±0.1mm偏差控制。如果用3m直尺检测，此时的h为3mm，允许±0.5mm的偏差。

10.宽度

允许偏差±20mm控制。

11.纵断高程

现行规范要求是±10mm，可提高到±5mm。

12.横坡度

现行规范是±0.3％，由于可能与高程和平整度产生矛盾，为此，要求横坡度的允许偏差控制在±0.12％内。

13.检测方法与选点取样要求

(1)集料的级配。用抽提法和筛分法检测。选点可在拌和场或是未碾压的摊铺层上，每台班抽样两次，可与油石比和马歇尔试验结合取样进行检测。

(2)沥青含量。用离心法检测。取样与集料级配相同。还可与拌和机微机打印的油石比相对照。

(3)施工温度。用插入式温度计在拌和场和摊铺前逐车进行检测。

(4)马歇尔试验检测。每台班两次，取样可与集料级配检测相同。每次作4～6个试件取平均值进行评定。

(5)横向接缝。用3m直尺。每隔1m检测1次。

(6)厚度。施工时用插尺法量测虚铺厚度，同时按附录G进行总量与铺筑面积对照，还可与压实度钻芯时一起检测。

(7)压实度。现行《公路沥青路面施工技术规范》(JTG F40—2004)施工质量控制标准中要求每2 000m^{2}检测1组，每组试件不少于3个，逐个试件进行评定，也可取3个试件的平均值，如果平均值也能达到要求标准时，也视为合格。

(8)平整度。用连续式平整度仪进行检测，每公里每车道检测一次，然后与标准进行对照，对偏差大于标准的路段要记录清楚，以便供上面层铺筑前采取措施。

(9)宽度。用皮尺，每200m测4个断面，位置与路基相同。

(10)横坡。用水平仪，每200m 4处，位置与路基相同。

六、沥青混凝土上面层

沥青路面的上面层是最关键的层次，它暴露在大自然中，受到风吹、日晒、雨淋等各种自然灾害的侵蚀，承受着车轮等荷载的直接压力和剪力。它的功能要求具有抗车辙能力，抗水害能力，抗老化能力，抗温度变形能力，抗摩擦能力等，按照它的功能该层次设计为改性沥青和硬质粗集料混凝土结构层，并在施工中对有关指标提出偏差值的控制要求。

1. 集料的级配

该结构层为AC—13C型，厚度为40mm，沥青采用SBS型改性沥青，粗集料采用硬质玄武岩。集料的级配应满足施工指导书中的级配要求。在施工中由于各种原因使各种规格的集料发生变异性，影响工程质量，为此对其变异性提出偏差控制。控制的筛孔是0.075mm、2.36mm、4.75mm、9.5mm、13.2mm五个筛孔，通过量分别要求的控制偏差是±2%、±4%、±6%、±8%、±4%。

2. 沥青混合料组成设计时主要指标偏差控制

沥青混合料的组成设计是沥青路面施工的第一步，对施工质量起着非常重要的作用。按照该路的交通量组成和气候条件，在混合料组成设计时对马歇尔试验的几个主要指标提出控制标准及其偏差为：设计空隙率4%，允许±0.5mm偏差控制；稳定度设计是13kN，允许偏差±1kN；流值是2mm，允许±0.3mm偏差控制。

3. 沥青含量

按组成设计时的最佳沥青含量允许在施工中±0.3%的偏差，加强管理争取达到±0.2%。

4. 施工温度及其偏差控制

该面层是改性沥青混凝土，施工温度控制更加严格，否则影响施工质量。

表6-3中的终压温度较现行施工技术规范（90℃）提高了20℃，其目的是尽量在较高的温度时完成碾压工序，避开沥青混合料在95～115℃时不易压实的区域。

表6-3

大气温度（下卧层表面温度）	拌和温度（出料）（℃）	摊铺温度（℃）	终压温度（℃）	允许偏差温度（℃）
夏季（>20℃）	170	160	110	5
春秋（10～20℃）	175	165	110	5

5. 马歇尔检测时对空隙率、稳定度和流值的偏差控制

空隙率按设计时的±0.5%偏差控制；稳定度按设计时的±0.5kN偏差控制；流值按设计时的±0.2mm偏差控制，比组成设计时有所提高。

6. 横向施工缝

沥青路面上面层的横向施工缝要求紧密、平整、顺直、无跳车、无污染、颜色一致。平整度用3m直尺检测，要求$h \leqslant 2$mm。

7. 厚度

按《公路沥青路面施工技术规范》(JTG F40—2004)要求上面层每2 000m^2评定1个单点，允许按设计值的－10%偏差控制，还应按附录G进行总量对照检测。本路的上面层设计厚度40mm。按规范要求允许－4mm，这是单点的要求，在总量检验中也是按－10%控制偏差。

8. 压实度

本路的上面层要求按最大理论密度的95%控制压实度，允许偏差－0.5%，其标准最大理论密度用当天的抽提筛分结果计算所得。95%的压实度也与4%的空隙率基本一致，压实时也较容易达到。

9. 平整度

施工指导书中要求上面层用连续式平整度仪进行检测，其$\sigma \leqslant 0.8$mm。此标准只准出现负偏差。

10. 宽度

允许±20mm 偏差控制。

11. 纵断高程

允许±5mm 偏差控制。

12. 横坡度

允许±0.1%偏差控制。

13. 离析的偏差控制

本处所指的离析是粗集料较多形成空隙率和构造深度变大的离析。参照外地的经验结合我区情况将粗集料离析分为三种标准，即轻度离析，表现是粗集料颗粒间的沥青和细集料含量基本正常，但和周围的表面相比，局部表面构造深度明显偏大；中度离析，粗集料颗粒间的沥青和细集料含量明显偏少，"多石"现象严重；重度离析，粗集料颗粒间的沥青和细集料含量明显缺乏，"多石"现象非常严重。离析的检测方法用铺砂法，在10cm×10cm大的平面上铺上细的洁净的细砂，使细砂灌入空隙中，用灌入的多少判定沥青表面离析的程度。关于量化的标准在沥青路面试验段时确定。本路要求消灭中度以上离析。

14. 检测方法与选点要求

(1)集料级配。用抽提法和筛分法进行检测。位置可与下面层相同。

(2)沥青含量。检测方法和选择与下面层相同。

(3)施工温度。检测方法和选择与下面层相面。

(4)马歇尔试验检测。与下面层相同。

(5)厚度。结合压实度钻芯后和插尺检测的厚度进行单点评定。允许偏差为设计厚度的−10%。

(6)压实度。与下面层相同。

(7)平整度。用连续式平整度仪，每车道检测1次。

(8)宽度。与下面层相同。

(9)横坡度。与下面层相同。

本质量检测方法和偏差值的控制仅供该路施工中的质量控制使用。对于该路的质量评定仍按现行《公路工程质量检验评定标准》(JBG F80/1—2004)执行。

七、验收

该工程由衡水路桥工程有限公司施工，经过一年的紧张施工，于2006年10月竣工。2006年12月12日由衡水市公路工程质量监督站依据《河北省公路工程竣(交)工验收办法实施细则》和《河北省公路工程质量鉴定办法》及《公路工程质量检测评定标准》(JTG F80/1—2004)进行交工前的全面质量检测，其结果如表6-4和表6-5所示。

路基工程检测结果　　表6-4

单位工程	分别工程	检测指标	检测方法	检测总数	合格总数	合格率(%)
路基工程	路基土方	压实度	灌砂法	49	49	100
		弯沉	贝克曼梁	1 638	1 638	100
		边坡	坡度尺	44	38	86.4
	排水工程	断面尺寸(泄水槽)	盒尺	30	30	100

续上表

单位工程	分别工程	检测指标	检测方法	检测总数	合格总数	合格率(%)
路基工程	小桥		回弹仪	142	142	100
		主要结构尺寸	钢尺	190	188	98.9
	涵洞	结构尺寸	钢尺	27	27	100
		流水面高程	水准仪	7	7	100

路面工程检测结果 表 6-5

单位工程	分别工程	检测指标	检测方法	检测总数	合格总数	合格率(%)
路面工程	路面底基层	压实度	灌砂法	45	44	97.8
		厚度		45	45	100
	路面基层	压实度	灌砂法	64	63	98.4
		厚度		64	64	100
	路面面层	压实度	钻芯法	42	42	100
		弯沉	贝克曼梁	1 678	1 678	100
		车辙	3m 直尺	88	88	100
		平垫度	ZCD2000 车载平整度仪	384	384	100
		厚度	钻芯法	62	62	100
		宽度	钢尺	18	18	100
		横坡	水准仪	36	36	100
		抗滑	摆式仪	28	28	100

最后评分为 97.4 分,评定等级为合格。取得以上高分,说明在施工中用偏差值进行质量控制起到了一定作用。

第七章　提高沥青路面耐久性的措施

导读　为提高沥青路面耐久性，本章提出了加强沥青路面层间结合、增加各施工层压实度、合理选择路面结构和材料等三项措施，并就三项措施的应用及优越性进行了客观的分析。

我国是个发展中国家，经济还很落后，资金还很缺乏，为达到少花钱多修路的目的，多年来沥青路面是按照强基、薄面、稳土基的理论进行设计和施工的。一般设计年限是6～15年，其中：高速公路、一级公路是15年，二级公路是12年，三、四级公路是6～8年。而西方国家由于经济发达，资金投入大，沥青路面的厚度较厚，一般设计年限是20年以上。如何在现有的条件下提高沥青路面的使用年限及其耐久性是广大学者和沥青路面施工人员孜孜不倦追求的目标。然而事与愿违，一些沥青路面不但没有提高了沥青路面的耐久性，反而不断出现沥青路面的早期破坏，特别是投资较大的高速公路早期破坏更严重，资金上造成巨大浪费，社会上造成极坏影响。广大公路战线上的人员是不会甘心失败的，必然激起更深、更细、更全面的耐久性研究的力度。

沥青路面早期破坏的原因是复杂的、多方面的，事物的发展总是矛盾的，矛盾有内因和外因，外因是条件，内因是根本，而且诸多矛盾中有主要矛盾和次要矛盾，主要矛盾解决后，其他矛盾可迎刃而解。造成沥青路面早期破坏的主要矛盾是：(1)超载车对路面的破坏太大，据不完全统计，大型载货汽车超载要占到80%以上，标准轴载应是100kN，实际不少达到300kN，甚至达到400kN以上；再是轮胎的压强，设计是0.7MPa，不少车达到3.0MPa以上；(2)我国夏天不少地区气温达到40℃以上，而且持续时间长，有时长达一个月以上；(3)温差大，不少地区正负温差达60℃以上；(4)我国沥青路面的有关规范不能满足客观条件的需要，如路基的压实度偏低，现行规范要求的路堤大于150cm深度压实度，高速、一级公路是93%，二、三、四级公路是92%，这样的压实标准如果路基高后，肯定要下沉变形；(5)路面的多层次结构，实际大多结合不牢；(6)低价中标造成有时造价太低，施工企业为追求利润，只得偷工减料，给路面的早期破坏埋下了隐患；(7)质量管理和检测不到位，尤其是经济上的不正之风，也给沥青路面的质量造成先天性不足。总之，引起沥青路面早期破坏的主要矛盾很多，但关键是载重车的超载太严重，传统的施工工艺、传统的材料和传统的结构，已根本不能解决沥青路面的早期破坏问题，为此，本书只谈从施工措施方面解决主要矛盾的一点办法，对防止沥青路面的早期破坏，肯定会起很大作用，也符合现行沥青路面设计规范提出的按实际情况做好交通荷载分析和预测的要求。

第一节　加强沥青路面层间结合的措施

沥青路面的厚度设计是根据多层弹性理论，层间接触是紧密而不产生层间滑移的完全连接体系，以及在双圆均匀荷载作用下轮隙中心处实测路表弯沉值决定的。层间接触的条件对路面弯沉值的大小起着极为重要的作用，层间接触牢固可提高路面的整体强度，使弯沉值变小，增大轴载次数，延长路面使用年限。有文献记载：层间条件从连续到滑动的变化可以导致极限轴载降低大约40％。高速公路、一级公路沥青路面多是由一层石灰土或是一层二灰土底基层、一层二灰碎石下基层、一层水泥稳定级配碎石上基层和二至三层沥青混凝土等多个层次组成。如何将多个层次紧密的、牢固的结合在一起，对提高路面质量和使用效果特别是整体强度、抗疲劳强度起着重要作用。加强层间结合的具体方法如下：

一、二灰土底基层与土基的连接

土基是路面的基础，对路面表面弯沉值的大小起着大约70％的作用。一般情况下，路基施工完成后，经过验收时间、施工衔接时间、上承层的备料时间等，总之，路基竣工后都需要一定的间隔时间才能施工二灰土底基层，在这间隔时间里有施工车辆的行驶、受到太阳的曝晒、有不同程度的水分流失，由于使用土质的不均匀性，从而使表面出现不同程度、不同深浅、不同面积的局部浮土层，该浮土层的表面强度不足，当二灰土铺在上面时，不但层间不能紧密连接，同时还会变形下沉。为保证二灰土与土基的牢固结合，可采取以下措施：

(1)在铺筑二灰土材料之前，先在土基的表面洒水，使表面湿润，有利于连接。

(2)对超过2cm厚以上的局部浮土层要进行修补和处治。

(3)二灰土在进行路拌时要使拌和机齿深入到土基10mm左右，加强连接。

(4)作好施工时间的安排，尽量缩短二灰土与路基施工的间隔时间。

通过以上措施使二灰土底基层与土基牢牢地连接在一起，使路面上的行车载荷很快传入到路基内，减少了二灰土底基层的拉应力，也提高了路面的整体强度。

二、二灰级配碎石下基层与二灰土底基层的连接

二灰土成型后的表面光滑和平整，特别是强度增高以后，二灰碎石的大骨料不容易嵌入到二灰土中起到加强层间结合的作用。二灰碎石下基层目前都是厂拌和摊铺机摊铺的施工方法，比路拌法在材料均匀性上有了很大的提高，但粗集料的离析仍是不可避免的，当表面离析时可通过撒些细料解决，下面的离析则不易发现，也无法采取措施进行补救，而且下层的离析对路面危害更大，不但基层的强度和弹性模量降低，同时层底的拉应力也变小，而拉应力又是路面厚度计算的重要指标。为加强二者的层间结合，解决二灰碎石离析后下面出现缝隙，特提出如下措施：

(1)尽量缩短二灰碎石与二灰土施工的间隔时间，其目的就是在二灰土的初凝时实现与二灰碎石的结合，且都是二灰胶结材料便于结合在一起。

(2)在二灰碎石摊铺前，将二灰土的表面层约10mm左右进行刨毛，然后摊铺二灰碎石粗骨料，通过振动压路机的强振和高压挤入到刨毛的二灰土中，使刨毛的二灰土表层又重新得到压实，使两种材料牢牢地结合在一起。对于有一定强度的二灰土表面刨毛后，强度要受到一定影响和损失，实际影响应该是较小的，因为二灰土的初期强度增长很慢，一般情况下R_7只有0.5～0.6MPa左右，R_{15}强度也只有1MPa左右，而两年的二灰土可高达10MPa左右，所以中后期是二灰土强度的主要增长期，加强层间结合后的效果要远远大于表面强度损失的后果。

(3)二灰土刨毛前或是刨毛后喷洒一次含强碱的化学早强促凝剂，促使刨毛的二灰土和二灰碎石下层强度增长，强度增长速度将比不掺入早强促凝剂的提高50％以上，从而使两个层次尽快胶结在一起。

(4)当以上办法不能实现时，可在二灰碎石摊铺前，在二灰土的表面铺一层10mm左右、拌和均匀、含水量较小的二灰土层，拌和时的水也加入强碱材料，强碱的掺量是二灰质量的0.1%～0.2%，该层起到对两层的黏结作用，向上可通过振压挤入到二灰碎石的缝隙中，向下与二灰土紧密黏结在一起，起到层间结合的作用。

三、水泥稳定级配碎石与二灰稳定级配碎石的连接

16cm的二灰碎石下基层和18cm的水稳碎石上基层，如果两者结合牢固后将成为一个总厚度为34cm的强基层。不论是二灰碎石还是水稳碎石都是抗压强度高、板体性能好、应力扩散性强的材料，真是一个名副其实的强基结构，能否实现的关键是两者的层间结合是否牢固，只有连接牢固后才能使两层变成一个整体层，才能实现强基的要求。

对于先施工的二灰碎石下基层，一般按传统的级配组成时，由于细料和二灰占到40%左右，经过振动压路机强振后，粗集料被挤压到下面，表面多是一层约5mm左右的二灰和细料软层，强度较低，当与上面的水稳碎石接触时，不能连接到一起，在重车作用下，水稳碎石产生变形、下沉、裂缝等病害，然后反射到沥青混凝土面层，形成渗水、唧浆等。这是二灰碎石做下基层所产生的最大弊端和严重后果，必须引起重视，采取措施，加以克服。

水稳碎石粗集料下层的离析，其危害也很大，回弹模量降低，基底的拉应力严重降低，在行车作用下拉断，使面层产生裂缝；积水后产生冻胀和冻融，使基层丧失强度，而引起路面破坏。

综合分析以上两种情况，只有将两个层次结合牢固后方可解决存在的弊端，提高路面基层总体强度，防止路面早期破坏，延长路面的使用年限。对于两者的层间结合提出以下想法：

(1)二灰碎石碾压结束后，根据天气情况及时洒水养生，保持二灰碎石表面的长期湿润，当7d后仍不能铺筑水稳碎石时，也不可停止养生，要照常洒水，防止曝晒后因失水过多产生干缩裂缝。

(2)铺筑水稳碎石前将二灰碎石表面刷毛(施工时可特制一种机具)，把表面比较松软的二灰和细料刷掉；刷毛的另一个目的是使二灰碎石表面见到新茬，有利于和水稳碎石的连接。

(3)刷毛前的二灰碎石洒水时可洒掺有强碱材料的混合水，以便促进刷毛的二灰材料早强，加快层间结合。

(4)刷毛后撒一层厚度约0.5～1.0cm石屑、二灰、水泥的混合料，其比例大约是石屑占70%，粉煤灰占20%，石灰占7%，水泥占3%，以上混合料在拌和时加入最佳含水量80%左右的水拌和均匀，然后比较均匀地撒铺在二灰碎石的表面上，并与刷毛的二灰和细料连在一起。由于不是最佳含水量，工程车和摊铺机履带也不容易压实，通过水稳碎石铺筑后的强振和高压，一方面细小的混合料挤入到水稳碎石下面粗集料离析的缝隙中；另一方面离析的粗集料嵌入到细混合料中，使水稳碎石的下层也能保证密实。不足的水分可由水稳碎石中多余的水分补充。二灰碎石表面刷毛的二灰在强碱水的作用下也能很快增长强度，起到上下连接的作用。如果两个基层都是二灰类黏结材料时，也可全部进行路拌，连接效果更好。

(5)以上各个工序衔接要紧密有序，互不影响，减少强度损失，尽量不影响施工进度。

(6)由于增加了细料黏结层，水稳碎石的厚度可酌情进行减少，以保证总厚度不变和高程不变。

四、沥青混凝土下面层与水泥稳定级配碎石上基层的连接

传统的沥青混凝土下面层与基层的连接方式是：基层表面先做透层油；第二步是做封层油，并按4～5m^3/km^2撒等粒径的0.2～0.5cm石屑；第三步是铺筑沥青混凝土前喷洒粘层

油。这种连接方式虽能起到较好黏结作用，不出现沥青混凝土面层与基层的滑动连接，但三层油都很薄，存在着比较严重的不足：(1)水稳碎石表面存在不同程度的离析，对于严重的离析在施工时进行了及时处治，对于中度离析和轻度离析很少处治，以上三层油和占到60%面积的0.2～0.5cm石屑不能填满离析的缝隙，用摊铺机摊铺的粗粒式或中粒式沥青混凝土同样不能完全填满离析的水稳碎石的缝隙；(2)粗粒式或中粒式沥青混凝土在拌和、装料、卸料和摊铺机摊铺的多道工序中也存在不可避免的不同程度离析，表面的离析一方面影响较小，另一方面对较重的离析能及时进行处治，对于下面的离析不但不能处治，还不能发现，也只能任其存在了。目前使用的大吨位振动压路机和大吨位轮胎压路机虽能对面层下部的离析起到一定的控制作用，但做到彻底解决是不可能的，竣工后下面必然存在不同程度的离析；(3)水稳碎石的表面离析和沥青混凝土下面层底部的离析都能使基层与面层之间存在不同程度的而且是局部的孔隙层。该孔隙层最容易引起路面的早期破坏：①由于路面的回弹模量降低，通车后很快出现路面下沉变形，造成平整度很快衰减，这是过去沥青路面平整度衰减很快的重要原因，也是形成车辙的重要原因；②在孔隙中形成滞留水，路表上降水顺着下沉或变形的缝隙渗入到面层的下部，被基层上面三层沥青层阻挡，存在于缝隙层中，形成滞留水。滞留水在行车作用下冲刷油石界面，久而久之使沥青路面松散，滞留水还产生冻胀和冻融，也能使沥青路面早期破坏；③面层下沉变形后，形成的积水在行车的挤压下很容易渗入基层的薄弱部位，基层产生冻胀、唧浆。针对过去沥青路面的经验和教训，对高等级沥青路面的面层与基层的层间结合提出如下做法：

由于传统的三次处治存在以上弊端，为此，将以上三层油改成稀浆封层。当水稳碎石(二灰碎石)基层经验收合格后，表面又无细料软层时，可直接进行稀浆封层，存在软层时要先用清扫车刷去软层，再进行稀浆封层。稀浆封层可用FS-3型，可摊铺出较厚的封层，用以填充较大的孔隙，稀浆封层的乳化沥青同样能渗入5mm以下，满足规范要求的深度。乳化沥青可用BCR改性乳化沥青，稀浆封层摊铺后不需进行碾压，保持在较软的状态下，以便铺筑面层的粗骨料嵌入到封层内部，起到紧密连接作用。

稀浆封层的主要作用如下：(1)乳化沥青可渗入和填满基层的全部离析的缝隙中，通过碾压可增加密度，也增加了与基层的连接。(2)起到微观找平作用。除水稳碎石(二灰碎石)离析的缝隙处起到找平作用外，同时对局部的略低处也能起到找平作用。(3)面层沥青混凝土在100℃以上的高温下会使封层变软，再通过振动压路机的振动压实和轮胎压路机的揉搓作用，使粗骨料挤压到封层内，起到嵌挤作用，真正起到了与面层的牢固连接作用。(4)封层在高温和高压下也有上浮的作用，填充了沥青混凝土下面的离析缝隙，也起到加强连接的作用。(5)基本上可消除基层与面层之间的孔隙层，大大减少了滞留水，防止水害产生。(6)下封层对基层来说还是一层很好的防水层，从面层渗入的水不易再渗入到基层，对提高路面使用年限，防止早期破坏起着重要作用。(7)水稳碎石(二灰碎石)的离析可全部得到解决，沥青混凝土面层下部的中、轻度离析也能彻底清除，对于严重的离析也能减少50%左右，可大大延缓平整度的衰减。

稀浆封层代替了PCR沥青的封层和粘层油，减少下面层沥青混凝土5mm的厚度，所以在投资上也不会增加，关键是稀浆下封层作用大大优于传统的作法。

五、面层与面层的连接

1.层间连接不牢引起的危害

现行沥青路面施工技术规范要求层与层之间必须喷洒粘层油，其用量为0.3～0.5L/m^2，但这只能对尚未污染的热拌沥青混合料起到层向黏结作用，对于粗料式沥青混合料的下面层表面的集料离析出现的孔隙根本不能起到填充作用，对于上面层热拌沥青混合料下面粗集料离析出现的孔隙更不起作用，两个层次的热拌沥青混合料离析有时出现在同一路块，有时分别出现在不同路块，前者造成的孔隙层更大，后者次之。总之，只靠传统的粘层油对两个层次之间因集料离析出现的孔隙无法解决，这种孔隙层对面层的危害最大，最容易出现沥青路面的早期破坏，其情况如下：

(1)路面上部荷载的应力传递不畅，不是斜直线型由上到下，应力由大变小进行扩散，而是乱曲线型变化，加大了路面某个层次的变形和受力的复杂性。

(2)层与层之间的连接不紧密，形不成一个完整的弹性体系结构，与沥青路面设计理论不符，使整体的弹性模量降低，并使有的层次不是处于受压状态，而是处于受拉状态，因此，当所受到的拉应力超过该层沥青混合料的允许拉应力时，就会出现不同程度的裂缝，而且这种裂缝也不可能再愈合，只会逐渐向严重程度发展，裂缝后失去了路面面层的板体结构，并引起其他病害的连续发生。

(3)在行车作用下路面通过压密使平整度衰减，路面不平整后加大了行车对路面的冲击力和振动力，引起沥青路面的结构性早期破坏。

(4)容易引起水害。按现行沥青路面施工技术规范三种压实标准，前两种的原位空隙率是7%，后一种是8%，这样的空隙率已是不小了，如果加上压实度的不均匀性出现的偏差，再加上施工单位的追求平整度而降低了压实度，这些情况都会加大空隙率，竣工后未经过行车压实前必然渗水，大量的水分积存在空隙层内，在行车作用下产生动水压力，冲刷油石界面，滞留水在冬季对路面形成冻胀，引起路面病害。

2.提高层间连接的措施

为加强热拌沥青混合料层与层之间的紧密连接，克服只洒黏层油不能解决的沥青路面早期破坏问题，将黏层油改为稀浆封层，其原理与基层和面层之间的稀浆封层基本相似。稀浆封层可以充分填满下面层热拌沥青混合料表面的大小孔隙，使表面起到找平作用，也阻止了水分的继续下渗。铺筑上面层时，100℃以上的沥青混合料可使稀浆封层的沥青混合料变软，在压路机的振动、揉搓作用下使热拌沥青混合料挤入稀浆封层中，稀浆封层混合料的上浮作用，使上面层热拌沥青混合料紧密地嵌入到下面，不但起到了层与层之间的连接作用，同时嵌入和上浮作用大大减少了上面层下面的孔隙，两个层次之间的孔隙层得到消除或基本消除，克服了孔隙层存在的弊端，大大减少了沥青路面的早期破坏。

(1)稀浆封层的厚度

稀浆封层的厚度可根据热拌沥青混合料粗细类型确定，混合料较粗时，孔隙较大，可用较厚的封层，热拌沥青混合料较细时，可用较薄的稀浆封层。目的是稀浆封层的混合料一方面填满下面层的孔隙，另一方面上浮的混合料填充上面层下部的孔隙，使两层紧密连接作用。一般可用FS-1型。

(2)稀浆封层的施工方法

稀浆封层其标准也应基本满足规范的要求。当沥青混合料碾压达到密实度标准后，可立即摊铺稀浆封层，破乳后也不需进行碾压，便于第二层热拌沥青混合料的嵌入和稀浆封层混合料的上浮。摊铺后的封层混合料根据天气情况，晾晒1天左右，使稀浆封层中的水分大部蒸发，之后再铺上一层热拌沥青混合料。封层中的乳化沥青可用BCR改性乳化沥青，乳化沥青中的油水比例尽量要小，约50：50即可。稀浆中可能要有一部分水渗入沥青路面中，由于数量很小，又是匀质，不会对路面造成水害。

第二节　增加压实度　提高路面的承载能力

沥青路面的设计理论是多层连续弹性体系，以弯沉值的大小及路面的整体刚度为设计指标。路面的整体强度越高，则弯沉值越小，抗变形能力也越强，抵御荷载能力越高，有利于防止沥青路面的早期破坏。增加压实度包括路基、基层和面层，增加压实度后其投资增加很少，但整体强度可大幅度提高，是防止沥青路面早期破坏，提高沥青路面耐久性最经济的办法。据文献记载：基础提高密实度1%，承载能力可提高10%；沥青混凝土路面面层密实度提高1%，承载能力和寿命可提高10%～15%。

一、路基

路基是路面的基础，它支撑着基层、面层的均匀荷载和路面上行驶的各种车辆动载，有文献记载路面弯沉值的大小，路基起着70%以上的作用，因此，提高路基的压实度将使弯沉值变小，增大路面的整体强度和弹性模量。

1. 路基压实标准及存在问题

现行《公路路基施工技术规范》(JTG F10—2006)对路基的压实标准如表7-1所示

土质路基压实度标准　　表7-1

填挖类型		路床顶面以下深度(m)	压实度(%)		
			高速公路、一级公路	二级公路	三、四级公路
路填	上路床	0～0.3	≥96	≥95	≥94
	下路床	0.3～0.8	≥96	≥95	≥94
	上路堤	0.8～1.5	≥94	≥94	≥93
	下路堤	>1.5	≥93	≥92	≥90
零填及挖方路基		0～0.3	≥96	≥95	≥94
		0.3～0.8	≥96	≥95	—

注：①三、四级公路铺筑水泥混凝土或沥青混凝土路面时，其压实度采用二级公路标准。

②特别干旱地区的压实度标准可降低2%～3%。

该标准在路基压实上比原《公路路基施工技术规范》(JTJ 033—95)提高了1～3个百分点，这样的压实标准在路基不太高的情况下，能满足强度要求。当路基较高的时候，如在10m以上时，下部单纯路基自重的压强可达到1.7MPa，再加上路面上的动荷载，可达到2.0MPa以上，在此情况下：(1)大吨位超载车的反复作用下，要使路基产生下沉和变形；(2)当遇到自然灾害时也容易引起路基变形；(3)路基的自身沉降，原有土的团料结构受到破坏后，土颗料需要重新吸附(或固结)，此过程也会引起路基的下沉；(4)现行《公路工程质量检验评定标准》(JTG F80/1—2004)要求极值的压实度太低，如大于1.5m以下的93%部位，就允许88%的点存在，88%的压实度路基肯定会下沉变形；(5)不论多高路基凡是大于1.5m的都是93%标准是不合理的；(6)基底压实度(95规范)要求是85%显然太低，现行规范要求二级以上公路路基底的压实度不小于90%，三、四级公路是85%，此基底压实标准也只能满足较低路堤需要。总之，凡是路基的下沉都是不均匀的变形，都会给沥青路面造成早期破坏，因此，要想使路基不下沉变形，必须达到不变形的压实度标准。

2.不下沉路基压实标准的选择

引起路基下沉变形的原因主要是路面上的荷载和路基的自重，路面上的荷载主要影响路基的上层部分，路基高后自身重量增大，主要影响路基的下层部分。因此，路基上部的压实标准要根据公路等级，特别是大型车和超载车的超载情况确定，对大型车和超载车多的高速公路，一级公路应在标准的基础上增加2个百分点，使路基的回弹横量 E_0 不小于100MPa，表面的实测CBR值不小于20，提高路基的压实度，路面基层的厚度就可减薄，而且比路基压实度较低提高基层厚度而满足路面整体强度要经济，效果也好。

对于6m以上的较高路基和高路基，要随着路基的高低对大于1.5m部分逐渐增加压实度，6～10m的要增加到94%，当可能有洪水浸泡、一般地震路段和桥头两端的100m内，至少要增加2个百分点；10m以上路基压实度增加2个百分点。

对于基底的压实度，首先要进行水文地质调查，属于软土地基的要选择软土地基的处治方法，如不是软土地基又是一般高度时，清表后可用冲击压路机冲击压实不少于12遍（相当于密压2遍），冲击压路机适宜较黏性的土质；如果路基较高（10m以上）时可用强夯夯击1～2遍，然后用钢轮压路机将夯窝和冲散的土层进行压实，强夯由于冲击力很大，对土质和含水量的要求不是太严。以上两种处治基底的方法，使基底的压实度都不低于90%，满足现行规范要求，而且都不会因基底支撑强度不足而使路基下沉和变形。

3.压实机械的选择与施工方法

路基压实的施工方法很多，如滚动压实、振动压实、冲击压实、强夯压实、水压压实、吹填法等，还有软土路基基底的处治方法。要根据不同自然条件选择压实的方法。对于特殊路基的施工方法可参照第四章第一节的施工方法。对于一般路基要想达到高承载能力和不变形的路基压实度，单靠一种压实机械是很难实现的，最好是两种以上机械进行组合碾压。

(1)钢轮压路机（包括静碾和振动碾）与冲击压路机相结合。冲击压路机在冲击压实的过程中可以自行检测出每个冲击点的压实度，并能够描绘冲击压实后路基的多点压实度，彩绘等值曲线图。一种方法是先用钢轮压路机分层压至一定密实度后再用冲击压路机进行冲击压实，此法可使压实度达到100%以上；第二种方法是用钢轮压路机按规范要求的压实度填土达到冲击压路机影响的深度（1.0～1.5m）时，再用冲击压路机追补压实，此法也能达到路基不变形和下沉的标准。

(2)钢轮压路机与强夯的组合压实。一般情况下先用钢轮压路机按规范要求的压实度压到一定厚度（强夯影响的深度）时，再用强夯进行夯击，此法可防止工后沉降；还有一种特殊情况，就是因某种原因路基提前填筑了很厚的土，并经过一定时间的自由沉降，有了一定的密实度时，如果全部挖去再填土分层压实会造成投资浪费，此时可先用强夯进行夯击，但应先根据填土的厚度选择夯锤质量和夯锤的提起高度，强夯之后再用压路机压实表面层。该法是省道邢台至德州公路故城县段1995年的施工方法，效果很好，使用至今加宽的路基没有下沉和变形。

(3)对于0～0.8m的零填及挖方路基，标准要求压实度应不小于96%，如果全部开挖后再分层压实，费工、费时、费投资，而且质量也并不高，此时最好用强夯夯击，表面用钢轮压路机压实到97%。强夯巨大的冲击力和冲击波，比其他压实机械压力都大得多，所以不会下沉和变形，而且也比较经济。

无论采用哪种压实方法，路基的填料（CBR值）强度和粒径均应满足现行规范要求。

二、基层、底基层

基层和底基层是沥青路面的主要承重层，起着路面上荷载应力的扩散作用，以便满足土基强度相对较低的需要。基层（包括底基层）强度由上到下逐渐变低，材料也由优变劣，压实度也由大变小。基层的强度大小取决于公路等级和材料种类及结构类型。《公路路面基层施工技术规范》（JTJ 034—2000）要求高速公路、一级公路基层压实度是98%。压实度越高，强度越大，抗变形能力越强。该压实标准在均质的情况能满足需要，实际上并不是均质的。

混合料的离析，特别是拌和含水量过大后，最容易出现离析，影响压实度，粗集料多的路块，压实度就少，细集料多的路块压实度就大。

现行《公路沥青路面设计规范》（JTG D50—2006）对半刚性基层、底基层稳定碎石的集料级配，提出三种结构形式，即悬浮密实型（XM）、骨架密实型（GM）、骨架空隙型（GK），都需要较高的压实度，粗集料得到紧密嵌挤，才能保证强度，并减少裂缝。

在压实度的评定时，用 $k=\bar{k}-t_a s/\sqrt{n}\geqslant k_0$ 公式评定，评定时有98%的代表值，也有94%的极值，94%的极值较低，影响基层强度，为此需提高压实度。

为了均匀地提高压实度，应改变传统的压路机组合。无机结合料粒料基层传统的压实方法都是钢轮压路机（包括静轮和振动）。当摊铺不平整时，高的路块很快得到压实，而低的路块由于被高的路块的支撑，碾压时不同程度地被拖空，所以得不到高的压实度。为了弥补低路块压实度的不足，应采用振动压路机和轮胎压路机组合压实，轮胎压路机起到揉搓作用，将高的路块的骨料揉到低的路块去，由于轮胎压路机的碾压轮很多，能使高低路块的混合料都能得到压实，振动压路机一方面起到振动压实作用，另一方面可起到压平的作用，宽大的钢轮对提高平整度起着重要作用。提高压实度的数值可根据路线等级、交通组成等确定，一般时提高1～2个百分点较好，基层提高1个百分点，防止过高压碎粗骨料，底基层可提高2个百分点，减小层间模量之差。

三、沥青路面面层

沥青路面面层常年外露在自然环境中，受到各种天气的影响，又直接承受着各种外力的冲击和碾压。压实度对抵御各种不利环境起着重要作用，压实度不足时有很多弊端，最容易引起各种早期破坏。现行沥青路面施工技术规范控制的压实标准有三种方法：第一种是试验室标准密度的97%，一般试验室马歇尔试验的空隙率是4%，压实后的最大理论密度是93%，原位空隙率是7%；第二种是最大理论密度控制的压实度是93%，原位空隙率是7%；第三种是试验路段密实度压实后的99%，实际上是前两种压实度99%的压实度，则原位空隙率是8%。7%的空隙率在沥青混合料均匀存在时，形不成较大的贯通的水道，渗水较轻，有学者经过试验研究7%的空隙率基本不渗水，8%的空隙率是严重渗水的拐点空隙率。如果在沥青路面面层碾压时出现压实度偏差，压实度较低的路块，空隙率就会超过7%，肯定就成了严重渗水的空隙率。因此，为达到不渗水的空隙率必须提高压实的标准。根据以往的经验和沥青混合料结构性能，可将压实度提高2个百分点较好，即分别达到99%、95%，使空隙率控制在5%，达到了不渗水的压实度，如果压实中出现一些偏差，小值也不超过7%。第三种控制压实度的方法尽量不采用。5%的空隙率经过较短时间的行车压密，使空隙率降到3%左右，达到完全不渗水的标准。

提高压实度标准后，不但减小了空隙率，预防了水害，还提高了沥青混凝土的弹性模量，增加了强度，防止了各种早期病害的发生。

第三节　沥青路面材料与结构选择

一、基层、底基层

沥青路面材料不同，结构不同，其产生的强度也不同，所以材料非常重要。为防止沥青路面的早期破坏，必须选择强度高的材料，还必须经济合理，才能符合我国国情。经多年实践证明选用二灰类材料较好，强度高，投资省，便于就地取材。现行沥青路面设计规范要求半刚性基层应具有足够的强度和稳定性，较小的收缩（温缩和干缩）变形和较强的抗冲刷能力。二灰粒料基层完全可满足要求，底基层可用二灰稳定细黏土，基层用二灰稳定级配碎石，土可就地取材，粉煤灰运距一般都不远，平原区只是石灰和石料运距较远，造价较高，但比其他材料还是比较经济的。关键是二灰类胶结材料后期强度很高，随着交通量的增长，强度也逐渐增长。表7-2为二灰类胶结材料与水泥胶结材料基层强度增长对比表，表中充分说明二灰胶结碎石和细黏土，储存着很高的后期强度，超过水泥胶结碎石强度。二灰类胶结材料初期强度虽然较低，但掺加化学早强促凝剂或是水泥后可提高初期强度，完全能满足规范要求。

水泥类与二灰类基层强度比较表　　表 7-2

		水泥类	二灰类		
		水泥稳定碎石	二灰加水泥碎石	二灰碎石	二灰细粒土
106 线	7d	3.0～4.0			0.5～0.7
106 线	28d	6.0～8.0			
106 线	60d	6.0～8.0			3.5～3.9
106 线	16 个月				6.2
肃临线	7d		2.2～2.5	0.7～0.8	
肃临线	28d	3.5～4.0	1.23～1.5		
肃临线	90d	6.5～7.0	4.5～5.0		
肃临线	120d		6.7～7.0		
千武线	7 个月		9.0		

注：水泥稳定碎石 28d 后的强度增长到 100%，以后基本不再增长了，二灰类材料块后期强度增长很快，而且增长时间很长，最高可达到 20MPa 左右。

1.二灰稳定细黏土底基层

底基层的厚度可根据基层已定厚度和路基回弹横量 E_0 给定值经计算确定。细黏土的塑性指数规范要求是 12～20，当指数较小时，对强度的影响不太大，其最大的优点是不裂缝，根据以往经验将塑性指数降到 8，当超过 16 时最易出现裂缝，可加入 20%～30%的粗砂，或是石屑，不但减少了裂缝，还提高了强度。

2.基层分下基层和上基层

下基层用二灰稳定碎石，碎石的最大粒径可达到 50mm，50mm 筛孔通过率为 100%，其级配大致如表 7-3 所示。

表 7-3

筛孔尺寸(mm)	50	37.5	26.5	13.2	9.5	4.75	2.36	0.6
通过百分率(%)	100	50～70	30～50	15～40	10～30	5～20	5～15	1～8

根据过去的施工经验，加大骨料粒径后，不但强度不减少，还可防止裂缝。该基层的配合比中，上集料占到85%左右，二灰占15%左右，具体数量可通过组成设计确定，要求7d无侧限抗压强度≥0.6MPa。由于加大了集料粒径，用摊铺机摊铺也较困难，故采用路拌法施工，拌和后要设专人进行详细检查，对集料离析的路块进行彻底处理，以防影响强度和产生裂缝。碾压时除用大吨位振动压路机外，要有25～30t以上的轮胎压路机进行组合碾压，使压实度不低于98%(比规范高1%)。

上基层用二灰稳定骨架密实型级配碎石，集料的级配满足表7-4要求。

骨架密实型二灰稳定集料级配表

表 7-4

层　位	通过下列筛方筛孔(mm)的质量百分率(%)								
	31.5	26.5	19.0	9.5	4.75	2.36	1.18	0.6	0.075
基层	100	95～100	48～68	24～34	11～21	6～16	2～12	0～6	0～3

组成设计时集料应占到85%左右，二灰占15%，另外加入3%的水泥。控制7d无侧限抗压强度R_7≥2.5MPa，R_{28}≥4MPa。为提高材料的均匀性采用厂拌混合料，摊铺机摊铺的方法施工，并要求拌和站有微机控制。另外集料的压碎值不大于30%，抗冻性试验后的残留抗压强度比(%)应大于等于65。碾压时仍用大吨位振动压路机和25t～30t以上的轮胎压路机进行组合压实，压实度要求达到99%(比规范高1%)。

二、面层

特重交通量下的高速公路、一级公路沥青路面面层厚度问题，原设计规范提出推荐厚度是：高速公路12～18cm、一级公路10～15cm。12与18、10与15，增加几厘米的厚度都起不到质的变化，只是路表应力扩散到基层大小的区别，在多轴大型超载车作用下，面层越厚更容易出现车辙。现行沥青路面设计规范没有提出推荐厚度，另外面层只是功能层，实践证明面层越厚，层次越多，施工环节出现的质量问题也越多，产生的病害也越多。为此，笔者以提高沥青路面的耐久性考虑，采用面层总厚12cm，这样可分两层施工，节省下来的投资重点用于提高材料质量上，有利于提高沥青路面的耐久性。将来路面通车一定时间后，如需要时还可加铺一层，有利于提高路面的服务水平。

1. 下面层

在上下面层总厚12cm的情况下，根据受力和功能的需要，确定下面层为7cm。在两层面层结构的情况下，下面层的主要功能是抗车辙和抗剪切变形及应力的扩散作用。目前多轴大型严重超载车是对沥青路面造成车辙的主要原因；瞬间连续碾压使路面得不到弹性恢复，对车辙的产生更是雪上加霜；再是规范制定车辙试验标准时，试验的温度是60℃，轮胎的压强是0.7MPa，实际上有的地区夏季持续高温，路表温度超过60℃，超载车的轮胎压强达到2.0～3.0MPa，传统的面层结构肯定要出现车辙；还有夏季的连续高温使沥青路面面层变软，抗剪强度降低，在大型超载车的作用下形成搓动，产生搓板和波浪，使平整度严重衰减，河北某东西走向高速公路在拉运砂石的大型超载车的作用下就出现了此种病害，因此，针对以上情况提出了以下耐久性的下面层结构：(1)SMA是D22，虽然抵御以上不利条件的能力很强，但是造价太高，施工经验不足；(2)大碎石沥青混凝土(简称 LSAM),采用石石接触度大于 90%的紧排骨架密实结构,其抗车辙能力很强,稳定性好,但施工经验不足;(3)SAC-25,它与 SMA 都是骨架型断级配结构,抗车辙能力也较强,但其公称最大料径与 7cm 厚度比较有些偏小;(4)用 AC-25,其最大料径可以达 31.5mm。具体使用哪种下面层结构,可根据实际情况和业主的要求进行选择,总之要以坚硬的粗集料相互嵌挤形成密实的骨架结构,用 SBS 改性沥青提高黏结力,使下面层的沥青混合料非常稳固。当使用改性沥青有困难时,可用高黏度沥青,其技术指标如表 7-5 所示。

黏度沥青性能技术指标 表 7-5

试 验 项 目	技 术 指 标	试 验 项 目	技 术 指 标
针入度(25℃,50g,5s)(0.1mm)	≥40	薄膜加热残留针入度比(%)	≥65
软化点 R&B(℃)	≥80.0	韧性(N·m(kgf.cm))	≥20(200)
延度(5cm/min,15℃)(cm)	≥50	黏附性(N·m(kgf.cm))	≥15(150)
闪点(℃)	≥260	60℃黏度(Pa·s(poise))	≥20 000(200 000)
薄膜加热质量变化率(%)	≤0.6		

总之,不论用什么样的沥青都是为了提高抗病害的能力,保证路面的耐久性。

沥青混合料的五项技术指标要求满足表 5-3～表 5-6 中有关数据,特别是动稳定度不小于 3 000,马歇尔试验时满足高指标要求。混合料的设计空隙率要求在 4%左右,压实度要求达到 98%,使压实后的空隙率控制在 5%左右。

2. 上面层

上面层厚 5cm,采用 SMA-16 结构。该结构空隙率小(2%～4%),不渗水,动稳定度高,抗车辙能力强(>3 000 次/mm),构造深度大(0.8～1.1mm),干湿摩擦系数都大,雨天无水雾、水漂,有利行车安全,特别是自由沥青较多,大大提高沥青路面的耐久性。由于 SMA 具有以上特点,是耐久性路面首选的结构。施工中要求改性沥青满足表 5-7 技术要求,粗、细集料、矿粉、纤维等材料满足相应的技术标准,混合料的马歇尔试验满足表 5-29、车辙试验满足表 5-30、水稳定性试验满足表 5-31、低温弯曲试验满足表 5-32、渗水系数(mL/min)满足表 5-33 要求。施工中的材料检测、拌和、摊铺、碾压等工序均符合施工技术规范中的相关要求。

SMA 沥青混合料路面施工难度较大,每道工序都不得忽视,施工质量容易出现一些问题,即使是轻微的质量问题,也使 SMA 路面的性能受到影响;我国施工的 SMA 路面造价也较高,比普通沥青混合料高出 40%左右。如果在投资受限和施工单位无经验时可改用 GTM 沥青混合料结构,其性能也不亚于 SMA 结构,不足之处是表面的构造深度较浅,只有 0.5mm 左右,所以湿摩擦系数差些;SMA 沥青混合料沥青含量比普通沥青混合料少 15%～20%,所以老化要快些。还有一种耐久性较好的与下面层相同的 SAC 面层结构,它和 SAM 一样也是断级配,表面构造深度可达到 1.0mm,湿摩擦系数也较大。

沥青路面面层的总厚度也可改成 10cm,下面层为 6cm,用 SAC-25 型;上面层 4cm 用 SMA-16 型,两层矿料的压实厚度为公称最大粒径的 2～2.5 倍,抗车辙会更强,而且还省下 2cm 的沥青混凝土的投资。

以上三种改性沥青热拌沥青混合料,只要能保证原材料质量和施工质量,作为沥青路面的上面层都具有较好的耐久性,可根据投资情况,按附录 A 路线所处位置气候条件、施工水平等进行选择。

第四节　措施分析

一、应力传递顺畅

由于采取了各种措施，从面层、基层、路基直到基底与大地紧密连成一体，形成一个高强度、无限连续、高弹性模量的结构体系，大大提高了路面的整体强度和刚度，符合沥青路面的计算理论，使路面上的荷载应力很快传递到土基的深层，而且应力是按斜直线型传递，不在层间形成折线，因此路面的各个层次基本上是处于受压状态存在，不产生较大的拉应力，只是因弹性压缩时有的层底产生极小的拉应力；而且随着二灰材料强度的逐渐增大，弹性压缩也就极小了，弯拉应力也就更小了；坚固的稳土基也是造成路面强度高、不变形的重要原因，为多轴大型超载车储备了足够的强度，可有力地防止沥青路面的早期破坏。

二、基本消除沥青路面的水害

由于沥青路面面层的层与层之间、面层与基层之间都是用稀浆封层连接，稀浆全部填充了沥青混凝土的缝隙，水只能少量的存在于上面层内的微小孔隙中，根本不会在层间形成滞留水，也不会进入下面层。上面层中的微小孔隙水形不成动水压力，在阳光的照射下很快蒸发，随着行车对混凝土的压密，使上面层很快达到不渗水的密实度。特别是下面层使用的是SAC，填料含量是6%～10%，空隙率可达到4%，上面层是SMA，空隙率只有2%～4%，两者都是不透水的沥青混合料。因此，面层和基层都不会形成水害。

三、按照现行公路路面养护规范病害分析

1.裂缝类

裂缝类的主要表现是龟裂、不规则裂缝、纵裂和横裂。综合分析裂缝形成的原因主要是路基强度不足、变形造成不均匀下沉等，由于路基采用了强夯和冲击压实，达到了非常稳定的标准，所以彻底消灭了产生路基下沉的条件；基层裂缝反射到面层，由于底基层对于塑性指数大于16的细粒土加入30%的粗砂或是石屑，下基层将碎石的粒径加大到50mm，上基层二灰碎石的集料采用骨架密实型，同时加大了粗集料的数量，二灰和水泥只是填充孔隙和胶结作用，裂缝自然就轻得多了；沥青混凝土面层本身存在的裂缝，由于上下面层使用的都是改性沥青和高黏度沥青，集料又是断级配，特别是SMA路面层之间的稀浆封层采用较粗的FS-3型，用改性乳化沥青，而且沥青用量偏大些，形成一层较薄的富油层，充分填充两个层次之间的孔隙，防止渗入面层的水分再渗入基层，防止基层的裂缝反射到面层，面层的高弹性模量向基层底弹性模量的有机过渡作用，对防止沥青路面的裂缝也起着一定的作用。

2.松散类

松散病害的表现是坑槽和松散两种，形成的原因主要是水害和胶结材料不佳造成。通过增加压实度和稀浆封层消除了水害，利用改性沥青加强了集料的黏性和施工质量控制，防止了路面松散。

3.变形类

变形类的主要表现是沉陷、车辙、波浪和拥包。综合分析其形成的原因是面层、基层、路基及基底强度不足，在重车和超载车的作用下沥青混凝土面层压实、路基不均匀下沉和基底强度

不足引起路面变形。在路基和基底方面采用了强夯或是冲击压实，不存在路基变形问题；基层采用的二灰材料，强度较高，一般28d可达到4MPa以上，一年后可达到10MPa以上，而且随着时间延长强度还有所增长，不存在强度不足问题；面层的层与层之间采用了稀浆封层，消除了层间孔隙，增加了压实度，使压实后的沥青混合料空隙率控制在5%左右，上下面都是采用抗变形能力强、动稳定度高的沥青混合料。三种措施达到路基稳定，基层强度高，面层变形小，可从根本上消除路面变形发生。

四、超载车辆对路面的破坏

公路上的超载车辆虽然经过近两年的治理有些好转，但彻底消灭超载车在公路上行驶的问题很难做到，因此，设计公路路面时必须面对现实，储备足够的强度，预防超载车对公路路面的破坏。

1. 路基

强夯可影响基底深度4m以上，强夯的静压力可达到几十个兆帕，超过任何车辆的压力；冲击压实也能影响1.5mm的深度，密实度可达到100%以上。从而使路基真正达到了稳土基的标准。

2. 二灰材料基层

二灰材料虽然初期强度(7d强度)较低，但实际使用的都是中、后期强度，基层二灰碎石又增加了3%的水泥，水泥不但自身水化产生强度，还能促使粉煤灰增加强度。从过去我区使用的二灰材料分析，1994年106线二灰土基层试验，60d无侧限抗压强度达到3.9MPa，如加入3%水泥后，肯定会更高。二灰材料强度增长时间很长、很高，有的文献提到二灰碎石最终强度可达到20MPa。总之，二灰基层材料为超载车储备了充足的强度，同时二灰材料可就地取材，造价低，符合节约型社会要求。水泥材料与二灰材料基层强度增长比较见表7-2。

3. 面层

面层采用的都是抗变形能力强、动稳定度高的断级配骨架型热拌沥青混合料结构，下面层为SAC-25，上面层为SMA-16，前者动稳定度可达2 000次/mm以上，后者动稳定度可达3 000次/mm以上。

预防了以上沥青路面产生各种早期破坏的病害后，就可提高耐久性，延长路面的使用年限。

第八章　沥青路面基层透层油和封层油及黏层油的选择与施工

导读　透层油、封层油及黏层油是沥青路面的主要组成部分，本章主要针对该方面的技术性、操作性进行分析。

第一节　稀 浆 封 层

稀浆封层由于具有独特的技术性能，所以在公路建设和养护上用途很广，其主要用途为：(1)沥青路面的养护，称为上封层；(2)用在水泥路面基层表面，起到保证水泥路面面板在温度应力作用下自由滑动的作用；(3)在沥青路面基层上，当多雨地区不能及时铺筑面层时，为维护临时通车，又不致对基层造成破坏，可在基层上先做稀浆封层；(4)沥青路面面层层与层之间的稀浆封层，不但加强层间结合，还起到减少集料离析作用；(5)在沥青路面无机结合料稳定粒料基层上做稀浆封层，可使乳化沥青稀浆顺着粒料基层的缝隙渗入到5mm以下，起到透层油的作用；由于较厚的乳化沥青混合料摊铺在基层上，既对基层起到微观找平的作用，也可以提高沥青路面的平整度，更重要的是填充孔隙后起到封层作用，有力地起到阻止进入面层的水分再进入基层造成基层的水害；再一个作用是起到基层与面层黏层油的作用。沥青混合料在100℃以上的高温下，将稀浆封层的混合料变软，再加上压路机对面层沥青混合料的挤压和乳化沥青混合料软化后的上浮作用，有力地加强了层间的结合。

一、稀浆封层的组成设计

稀浆封层施工前应对矿料的级配和沥青用量进行组成设计，方能取得良好的效果。

稀浆封层的矿料级配如表8-1所示。

稀浆封层的混合料中乳化沥青及改性乳化沥青的用量应通过配合比设计确定，混合料的质量应符合表8-2要求。

浆封层的矿料级配表　　表8-1

筛孔尺寸(mm)	不同类型通过各筛孔的百分率(%)		
	稀浆封层		
	FS-1型	FS-2型	FS-3型
9.5	—	100	100
4.75	100	95～100	70～90
2.36	90～100	65～90	45～70
1.18	60～90	45～70	28～50
0.6	40～65	30～50	19～34

续上表

筛孔尺寸(mm)	不同类型通过各筛孔的百分率(%)		
	稀浆封层		
	FS-1 型	FS-2 型	FS-3 型
0.3	25～42	18～30	12～25
0.15	15～30	10～21	17～18
0.075	10～20	5～15	5～15
一层的适宜厚度(mm)	2.5～3	4～7	8～10

稀浆封层混凝土混合料技术要求 表 8-2

项　目	单　位	稀 浆 封 层	试 验 方 法
可拌和时间	s	>120	手工拌和
稠度		2～3	T0751
黏聚力试验 30min(初凝时间) 60min(升级交通时间)	N·m N·m	仅适用于快开放交通的 ≥1.2 ≥2.0	T0754 T0754
负荷轮压试验(LWT)黏附砂量	g/m^2	仅适用于重要通道路表层时<450	T0755
湿轮磨耗试验的磨耗值(WTAT) 浸水 1h	g/m^2	<800	T0752

注:负荷轮碾压试验(LWT)的宽度变化率适用于需要修补车辙的情况。

稀浆封层混合料的配合比设计按下列步骤进行:

(1)根据选择的级配类型,按表 8-1 确定矿料的级配范围,计算 5 种集料的配合比例,使合成级配在要求的级配范围内。

(2)根据以往施工经验初试乳化沥青、填料、水和外加剂用量,进行拌和试验和黏聚力试验。按拌和时间的试验温度考虑最高施工温度,黏聚力试验的温度应考虑施工中可能遇到的最低温度。

(3)根据上述试验结果和稀浆混合料的外观状态,选择 1～3 个认为合理的混合料配比,按表 8-2 规定的稀浆封层混合料的性能进行试验,如不符合要求时,应适当调整各种材料的配合比例,然后再做试验,直到符合要求为止。

(4)当设计人员经验不足时,可将初选的 1～3 个混合料配比分别变化不同的沥青用量(沥青用量一般在 6.0%～8.5%之间,按照表 8-2 的要求进行重复试验,并分别将不同沥青用量的 1h 湿轮磨耗值及黏附砂量绘制成确定稀浆封层最佳沥青用量的关系曲线图(图 8-1)。以磨耗值接近表 8-2 中要求的沥青用量为最小沥青用量 Pb_{min},砂黏附量接近表 8-2 中要求的沥青用量为最大沥青用量 Pb_{max},得出沥青用量的可选范围 $Pb_{min} \sim Pb_{max}$。

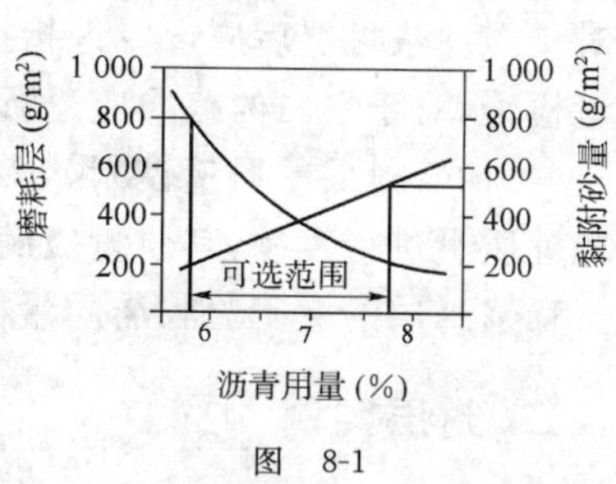

图 8-1

(5)根据经验在沥青用量的可选范围内选择适宜的沥青用量进行性能试验。

(6)根据以往经验及配合比设计试验结果,在充分考虑气候及交通特点的基础上综合确定混合料的配比。

稀浆封层的施工(主要叙述无机结合料稳定基层)的要术如下:

(1)做好施工前的准备工作。施工前应对基层进行检查,对于水泥稳定级配碎石和二灰稳定级配碎石,规范要求基层稍干后就要进行封层施工。

此时基层刚刚竣工并进行了质量检验,基本上没有什么病害,但也应设专人进行一次检查,确定无缺陷后就可进行稀浆封层施工。此时进行稀浆封层不但乳化沥青渗入量最大、最深,而且对基层还起到保湿、保温养生作用,提高基层早期强度,对于养生一定时间的基层进行稀浆封层前,应对基层进行详细检查,一方面彻底清除基层表面上的泥土、杂物;另一方面对基层出现的松散、坑槽和超过要求的不平整度都应彻底进行处治,必须达到技术标准后方可进行稀浆封层;再一方面半刚性基层可能出现干缩或温缩裂缝,此时对裂缝更应进行处治,否则沥青路面竣工后,其裂缝很快反射到沥青混凝土面层,造成无可挽回的更大病害。对这种裂缝处治的方法较多,笔者认为利用土工布较好,对于水泥稳定级配碎石裂缝较轻又较窄时,先清扫裂缝两边尘土和碎石等杂物,然后用自黏式土工布盖住裂缝,土工布宽度约30cm左右即可。对于较宽、轻重的裂缝,先清缝后用灌缝材料封堵,再用自黏土工布封盖;对于二灰稳定级配碎石基层出现的裂缝,先要将裂缝两侧的二灰和细粉料清除干净,在表面喷洒乳化沥青或是热沥青,然后黏上土工布,并轻轻压挤土工布,保证黏结牢固。对于等级较低的沥青路面无机结合料稳定细粒土基层,也可采用厚度在2.5~3.0mm稀浆封层进行下封层,乳化沥青可灌入缝内,破乳后的混合料可供铺筑沥青路面时的施工车辆行驶。无机结合料稳定细黏土(包括水泥土、石灰土、二灰土)不论在什么样的养生条件下养生,表面都有一层浮土,严重影响稀浆封层的黏结,因此,封层前最好用水冲洗干净。

(2)稀浆封层的原材料控制。稀浆封层的乳化沥青可采用普通乳化沥青或是改性乳化沥青,其品种和质量应分别符合表5-3、表5-5、表5-8、表5-9的要求。集料应选择坚硬、粗糙、耐磨、洁净的材料。各种性能应符合表5-10、表5-13的要求。其中通过4.75mm筛孔的合成矿料的砂当量不得低于50%。细集料宜采用碱性石料生产的机制砂或洁净的石屑。对集料中的超粒径颗粒必须筛除。

(3)稀浆封层的铺筑。稀浆封层必须使用专用的摊铺机进行摊铺,以保证各种材料配比的准确性,该机对厚度控制也很均匀。稀浆封层的施工温度应不低于10℃,严禁在雨天施工,对于摊铺后尚未成型的混合料遇雨后应进行详细检查,冲毁严重的路块应进行补摊,也可适当再加铺一层,以弥补其不足。当两幅以上摊铺时,纵向搭接宽度不宜超过80mm,横向接缝宜做成对接。稀浆封层后应设专人指挥交通,严禁一切车辆和行人通行。经过养生硬化后应进行质量检验,对于空白的路块应进行补摊。

(4)稀浆封层的质量控制。稀浆封层时,不但要对原材料进行质量控制,还必须在施工中对摊铺质量进行控制,其质量应满足表8-3的要求。

稀浆封层的交工验收与质量标准应满足表8-4要求,如有空白时,应补摊。

二、封层实例

例1 该种封层方法原主要用于沥青路面的中修养护上,其主要材料是乳化沥青

稀浆封层施工过程中质量控制标准 表 8-3

项　目		检查频率及单点检验评价方法	质量要求或允许偏差	试验方法
外观		随时	表面平整，均匀一致，无拖痕，无显著离析，接缝顺畅	目测
油石比		每日一次总量评定	±0.3%	每日实际沥青用量与总集料数量，总量检验
厚度		每公里5个断面	±10%	钢尺测量，每幅中间及两侧各1点
矿料级配	0.075mm		±2%	T0725
	0.15mm		±3%	
	0.3mm		±4%	
	0.6、1.18、2.36、4.75、9.5		±5%	
湿轮磨耗试验		每周1次	符合设计要求	

注：①当做为基层和沥青混合料面层层与层之间稀浆封层时，有的指标可不必检验。

②当做为基层和沥青混合料面层层与层之间稀浆封层时，检查矿料之间的缝隙是否灌满稀浆。

稀浆封层的交工验收与质量标准 表 8-4

检查项目	检查频度（每一幅车行道）	质量要求或允许偏差		试验方法
		高速公路、一级公路	其他等级公路	
平整度	每1公里3点	-10%	-10%	挖小坑量测取平均
渗水系数	每1公里3处	10mL/min	10ml/min	T0971
路表构造深度	每1公里5处	符合设计要求	—	T0961 T0962
路面摩擦系数摆值	每1公里5点	符合设计要求	—	T0964
横向力系数	全线连续	符合设计要求	—	T0965

注：当做为基层和沥青混合料面层层与层之间的稀浆封层时，有的指标可不必检验。

（可用BCR改性乳化沥青）、石屑、砂、石粉、水泥、水，是专用乳化沥青封层车完成混合料的拌和工艺，并边拌和边摊铺在路面上，其厚度可达到5～10mm不等，某条高速公路就是使用的这种稀浆封层作为下封层，乳化沥青采用SBR改性沥青，掺入1%的普通硅酸盐水泥，集料的级配如表8-5所示。

封层集料的级配 表 8-5

筛孔尺寸(mm)	9.5	4.75	2.36	1.18	0.6	0.3	0.15	0.075
通过量(%)	100	90～100	65～90	40～70	30～50	18～30	10～21	5～15

其配比是：集料：沥青：水：水泥＝100：8：16：1(重量比)，其中集料为干石屑，沥青为不含乳液，压实厚度为5～10mm，破乳后用轮胎压路机碾压4遍。竣工后检测渗水系数10mL/min以下，拉拔试验是热拌沥青石屑封层的3倍。

例2　预拌碎石下封层。这是某高速公路采用的一种新方法。其方法是：第一次喷洒的是PC-2乳化沥青，浓度35%，洒布量1.1kg/m^2，渗透深度可达10mm，第二次是热沥青下封层，用量是1.1kg/m^2(规范是0.9～1.2kg/m^2)，厚度约1mm的沥青薄膜，作用是可吸收基层干缩、温缩、反射等裂缝的传递应力。在沥青膜上撒0.5～1.0cm碎

石 $7m^3/km^2$，覆盖率为 60％～80％，其碎石是用煤油∶沥青＝7∶3 稀释后用量 1％，经过热拌后，碎石表面黏上一层稀释沥青，撒在油层上，经过轮胎压路机碾压 2 遍后，提高了黏结力。在面层混合料摊铺后，碎石可嵌入面层底部，加之沥青上泛，形成富油层，提高了基层与底面层的抗剪强度和黏结力，更好地实现了半刚性基层到柔性面层的过渡。

例 3 热拌沥青碎石下封层。其级配与 AC-Ⅰ型大致相同，一般厚度 1cm 左右，铺后用轮胎压路机压 2～3 遍，使大骨料挤入缝中，加强黏结，用油量 6％～7％。

例 4 喷洒 140～200# 液体石油沥青下封层，使其形成一层沥青膜起到防水作用，也渗入基层较大的空隙中，起到与面层的黏结作用，其用量为 1.0～1.2kg/m^2，撒石屑 5～$6m^3/km^2$，用轮胎压路机碾压 2～3 遍。1999 年省道武千线二灰碎石基层上曾做过试验，效果很好。

三、沥青路面基层采用稀浆封层的优点

沥青路面基层采用稀浆封层的优点如下：

(1)乳化沥青(改性乳化沥青)能很快渗入到基层内，满足 5mm 深度要求，起到透层油的作用。

(2)10mm 厚的稀浆封层含有粗、细、粉料和乳化沥青能起到很好的封层作用，防止水分渗入基层。

(3)该封层由于较传统的封层厚，流动性又好，可起到微观找平作用，使基层粗集料离析的缝隙得到平整。

(4)封住基层中的水分，对基层起到保湿保温养生作用。

(5)养生一段时间后，可起到保护基层维持临时通车的作用。

(6)摊铺面层时能使 100℃以上高温的粗集料通过振动压路机的振动和轮胎压路机的揉搓嵌挤到封层内一定深度，同时两种压实功能可使封层混合料上泛到沥青混合料离析的缝隙中，从而实现基层与面层的紧密结合，消除层间连接不牢时的空隙。

第二节 透层油及黏层油

一、透层油

要根据基层类型选择透层性好的液体沥青、乳化沥青、煤沥青作透层油，喷洒后通过钻孔或挖掘确认透层油渗透入基层的深度不小于 5(无机结合料稳定粒料基层)～10mm(无结合料基层)，并能与基层联结成为一体。透层油的黏度通过调节稀释剂的用量或乳化沥青的浓度得到适宜的黏度，基质沥青的针入度通常不小于 100。透层用乳化沥青的蒸发残留物含量允许根据渗透情况适当调整，当使用成品乳化沥青时可通过稀释得到要求的黏度。透层油液体沥青的黏度通过调节煤油或轻柴油等稀释剂的品种和掺量经试验确定。透层油的用量通过试洒确定，不宜超出表 8-6 要求。

用于半刚性基层的透层油宜紧接在基层碾压成型后表面稍变干燥，但未硬化的情况下喷洒。在无结合粒料基层上洒布透层油时，宜在铺筑沥青层混合料前 1～2d 洒布。要保证喷洒均匀，进行检查，对不均匀的补洒。

沥青路面透层材料的规格和用量表 表 8-6

用途	液体沥青		乳化沥青		煤沥青	
	规格	用量(L/m²)	规格	用量(L/m²)	规格	用量(L/m²)
无结合料粒料基层	AL(M)-1.2 或 3 AL(S)-1.2 或 3	1.0～2.3	PC-2 PA-2	1.0～2.0	T-1 T-2	1.0～1.5
半刚性基层	AL(M)-1 或 2 AL(S)-1 或 2	0.6～1.5	PC-2 PA-2	0.7～1.5	T-1 T-2	0.7～1.0

过去衡水地区半刚性基层多是用煤焦油做透层油，用量一般 1.0～1.5kg/m²，该材料虽然也能渗入 5mm 左右起到一定的防水作用，但目前的煤焦油不纯，含有少量的沥青，喷油后很不均匀，而且污染严重。目前高等级沥青路面基层多采用乳化沥青或是改性乳化沥青作透层油效果很好。如河北省某高速公路就是分两次喷洒的，一次喷洒油量大，还会产生流动。第一次主要是渗入到基层，第二次喷洒后还起黏层油的作用，同时撒 0.2～0.5cm 石屑，数量是 4～5m³/km²。之后用轮胎压路机碾压 1～2 遍，使石屑嵌入到缝隙中，衡水市的某高速公路基本与此法相同，也收到较好的效果。

透层油的选择，对于投资大的高速公路、一级公路可选用 10mm 厚的稀浆封层包括改性沥青稀浆封层，因为封层同样能透入 5～10mm 深的基层内，防水效果同样很好；再是微观上起到找平作用，同时对竣工后的平整度的衰减起到抑制作用，也能起到黏层油的作用，还能维持施工中的临时行车，在造价上比两次(透层和黏层)喷洒乳化沥青还经济。

对于投资较少的无级结合料稳定粒料类基层可喷洒一次乳化沥青或是液体石油沥青，在表面撒些小石屑。对于无级结合料稳定细粒土时，可喷洒一层乳化沥青，表面撒些石粉。

总之选择什么样的材料作透层油可根据投资和效果选择。

二、黏层油

黏层油的作用主要起到层间结合紧密。双层式或三层式热拌沥青混合料之间、水泥路面、沥青稳定碎石基层、旧沥青路面加铺沥青面层时都需要喷洒黏层油。黏层油主要有快裂或中裂乳化沥青、改性乳化沥青，也可用快、中凝液体石油沥青，其质量应符合表 5-8 要求，黏层油的用量宜根据下卧层的类型通过试洒确定，不宜超过表 8-7 要求。当黏层油上铺筑薄层大空隙排水路面时，黏层油的用量宜增加到 0.6～1.01/m²。在沥青层之间兼作封层，而喷洒的黏层油宜采用改性沥青或改性乳化沥青，其用量不少 1.01/m²。

沥青路面黏层材料的规格和用量表 表 8-7

下卧层类型	液体沥青		乳化沥青	
	规格	用量(L/m²)	规格	用量(L/m²)
新建沥青层或旧沥青路面	AL(R)-3～AL(R)-6 AL(M)-3～AL(M)-6	0.3～0.5	PC-3 PA-3	0.3～0.6
水泥混凝土	AL(M)-3～AL(M)-6 AL(S)-3～AL(S)-6	0.2～0.4	PC-3 PA-3	0.3～0.5

注：表中用量是指包括稀释剂和水分等在内的液体沥青、乳化沥青总量。乳化沥青中的残留物含量以 50% 为基础。

黏层油宜采用沥青洒布车喷洒，并选用适宜的喷嘴，洒布速度和喷洒量保持稳定。对于工程量较小或是补洒时，可采用机动或手摇的手工沥青洒布机喷洒，此时必须由熟练的工人操作，均匀洒布。当气温低于10℃时不得喷洒黏层油，寒冷季节施工必须喷洒时，可分两次喷洒。路面潮湿时不得喷洒黏层油，用水洗刷后的路面也需待表面干燥后再喷洒。

喷洒的黏层油必须成均匀雾状，在路面全宽内均匀成一薄层，不得有花漏空或成条状，也不得有堆积。喷洒不足的要补洒，喷洒过量的应予刮除。喷洒黏层油后，严禁运料车外的其他车辆和行人通行。黏层油宜在当天洒布，待乳化沥青破乳、水分蒸发完成，或稀释沥青中的稀释剂基本挥发完成后，紧跟着铺筑沥青混合料，确保黏层油不受到污染。

第九章　沥青路面不同结构形式施工质量控制

导读　本章详细介绍了沥青表面处治路面、沥青贯入式路面、冷拌沥青混合料路面等几种常见的不同形式路面的施工方法，以及材料选择、注意事项、检查验收方法等内容。

第一节　沥青表面处治路面

沥青表面处治路面主要用于三级及三级以下公路，选择一年中干燥和较热的季节施工，并在最高温度低于15℃之前半个月及雨季前结束。

沥青表面处治路面主要采用层铺法施工，沥青可选用石油沥青、乳化沥青、煤沥青铺筑，沥青的标号应按第五章第一节规定选用。沥青表面处治路面的集料最大粒径应与处治层的厚度相等，其规格和用量宜按表9-1选用。沥青表面处治施工完成后，应在路侧另备S12(5～10mm)碎石或S14(3～5mm)石屑、粗砂或小砾石(2～3mm)$m^3/1\,000m^2$作为初期养护用料。

沥青表面处治材料规格和用量表　　表9-1

沥青种类	类型	厚度(mm)	集料($m^3/1\,000m^2$)			沥青或乳化沥青用量(kg/m^2)			
			第一层	第二层	第三层	第一次	第二次	第三次	合计用量
			规格用量	规格用量	规格用量				
石油沥青	单层	1.0 1.5	S127～9 S1012～14			1.0～1.2 1.4-1.6			1.0～1.2 1.4～1.6
	双层	1.5 2.0 2.5	S1012～14 S916～18 S818～20	S127～8 S127～8 S127～8		1.4～1.6 1.6～1.8 1.8～2.0	1.0～1.2 1.0～1.2 1.0～1.2		2.4～2.8 2.6～3.0 2.8～3.2
	三层	2.5 3.0	S818～20 S620～22	S1212～14 S1212～14	S127～8 S127～8	1.6～1.8 1.8～2.0	1.2～1.4 1.2～1.4	1.0～1.2 1.0～1.2	3.8～4.4 4.0～4.6
乳化沥青	单层	0.5	S147～9			0.9～1.0			0.9～1.0
	双层	1.0	S129～11	S144～6		1.8～2.0	1.0～1.2		2.8～3.2
	三层	3.0	S620～22	S109～11	S124～6 S143.5～4.5	2.0～2.2	1.8～2.0	1.0～1.2	4.8～5.4

注：①煤沥青表面处治的沥青用量可比石油沥青用量增加15%～20%。

②表中的乳化沥青用量按蒸发残留物含量60%计算，如沥青含量不同应予折算。

③在高原地区及干旱风砂大的地区，可超出高限5%～10%。

在表面干净的碎(砾)石路面上铺筑沥青表处时，应喷洒透层油，在旧沥青路面、水泥混凝土路面、块石路面上铺筑沥青表面处治路面时，可在第一层沥青用量中增加10%～20%，不再另洒透层油或黏层油。在石灰土基层上铺筑沥青表面处治路面时，因为石灰土与以上两种油都起到黏结作用，不宜喷洒透层油和黏层油。当贯入式表处时，为加强表处与石灰土基层的连接，石灰土竣工后应抓紧铺筑表处，使表处的粗骨料嵌入到石灰土中，通过石灰土的硬化连接到一起，起到加强层间结合的作用。层铺法沥青表处路面宜采用沥青洒布车及集料撒布机联合作业。沥青洒布车保证稳定速度和喷洒量，并保证整个洒布宽度内均匀。小规模工程可采用机动或手摇的沥青洒布机洒布沥青。施工时要求有熟练的工人操作，保证沥青喷洒均匀，不出现花白条。在第一层沥青用量上要增加5%～10%，起到防水作用。

三层式沥青表处路面施工时按以下步骤进行：

(1)清扫基层，洒布第一层沥青。沥青的温度按沥青标号及温度宜为130～170℃，煤沥青宜为80～120℃，乳化沥青在常温下，加温时不得超过60℃，接茬用铁板或建筑纸铺1～1.5m，使搭接良好，分几幅浇洒时，纵向接茬宜为100～150mm，搭接缝应错开。

(2)洒布主层沥青后立即撒布第一层主集料，要求集料均匀不重叠，两幅接茬暂留100～150mm宽不撒石料，待第二幅时一起撒布。

(3)撒布主骨料后应立即用6～8t钢筒双轮压路机从边向中心碾压3～4遍，每次轮迹重叠约300mm。

(4)第二、三次的施工方法和要求与第一层相同，但可用8t以上压路机碾压。沥青表处路面可应用于旧沥青路面、水泥混凝土路面、块石路面上，用油量需增加10%～20%。

双层式或单层式沥青表面处治浇洒沥青及撒布集料的次数应减少，其施工程序和要求基本与前面相同。

乳化沥青表处路面待破乳和水分蓄发成型后方可通车。沥青表处碾压结束后可放行交通，通过车辆碾压起到补充压实和成型稳定的作用。在通车的初期设专人指挥交通，限制车速不超过20km/h，严禁畜力车及铁轮车行驶，使路面全宽内均匀压实。沥青表处路面应注意初期养护，及时撒养护料，对多余浮料应清除。

近几年来，平原区农村公路沥青路面绝大多数都是石灰土基层，石灰土基层与沥青面层结合较差，石灰土基层用拌和法施工沥青表处路面时，石灰土的表面要打扫干净(必要时可用水冲洗干净)后，喷洒乳化沥青作为透层油或是黏层油，起到防水和黏结作用，之后撒0.3～0.5cm石屑或粗石粉3～5m^3/km^2，有条件时可用轻型的轮胎压路机碾压1～2遍。表面处理沥青混合料的矿料级配可参照表5-19、表5-20选择，最佳沥青用量可通过马歇尔法确定或凭经验确定。用油量应略大0.1%～0.2%，尽量减少空隙率，防止路面透水，延长路面使用年限。

为加强石灰土基层与沥青面层的连接，也可采用下贯上拌的施工方法，例如3cm的表处时，先用1～2cm的石料做底层，喷洒沥青之后，撒0.5～1.0cm石料，用8～12t压路机碾压两遍，然后再用拌和法铺1.0cm厚的细粒式沥青混凝土，效果很好。下面加强了层间结合，防止搓动，上面起到防水作用，减少了水害。但该法的不足之处，是施工比较麻烦和费时。

第二节　沥青贯入式路面

沥青贯入式路面适用于三级以下路面，也可作为沥青路面的联结层或基层。其厚度宜为4～8cm，但用乳化沥青贯入时其厚度不宜超过5cm，当采用下贯上拌沥青路面时，拌和层的厚度宜不小于1.5cm。但其作为联结层使用时，可在表面撒封层料。贯入式路面宜选择在干燥和较热的季节施工，并宜在日最高温度降至15℃以前半个月结束，使贯入式结构通过开放交通碾压成型。

集料应选择有棱角、嵌挤性好的坚硬石料，其规格和用量宜根据贯入层厚度按表9-2和表

9-3 选用，大于粒径范围中值的数量不能少于 50%。表面不加铺拌和层时可每 1 000m² 用 2～3m³ 的嵌缝料和相同的细集料供初期养护使用。

沥青贯入式路面材料规格和用量

（用量单位：集料：m³/1 000m²；沥青及沥青乳液：kg/m²） 表 9-2

沥青品种	石油沥青					
厚度(cm)	4		5		6	
规格和用量	规格	用量	规格	用量	规格	用量
封层料	S14	3～5	S14	3～5	S13(S14)	4～6
第三遍沥青		1.0～1.2		1.0～1.2		1.0～1.2
第二遍嵌缝料	S12	6～7	S11(S10)	10～12	S11(S10)	10～12
第二遍沥青		1.6～1.8		1.8～2.0		2.0～2.2
第一遍嵌缝料	S10(S9)	12～14	S8	12～14	S(8)(S6)	16～18
第一遍沥青		1.8～2.1		1.6～1.8		2.8～3.0
主层石料	S5	45～50	S4	55～60	S3(S4)	66～76
沥青总用量	4.4～5.1		5.2～5.8		5.8～6.4	

沥青品种	石油沥青				乳化沥青			
厚度(cm)	7		8		4		5	
规格和用量	规格	用量	规格	用量	规格	用量	规格	用量
封层料	S13(S14)	4～6	S13(S14)	4～6	S13(S14)	4～6	S14	4～6
第五遍沥青								0.8～1.0
第四遍嵌缝料							S14	5～6
第四遍沥青					S14	0.8～1.0		1.2～1.4
第三遍嵌缝料	S10(S11)					5～6	S12	7～9
第三遍沥青		1.0～1.2	S11(S10)	1.0～1.2	S12	1.4～1.6		1.5～1.7
第二遍嵌缝料	S6(S8)	11～13		11～13		7～8	S10	9～11
第二遍沥青		2.4～2.6	S6(S8)	2.6～2.8	S9	1.6～1.8		1.6～1.8
第一遍嵌缝料	S2	18～20		20～22		12～14	S8	10～12
第一遍沥青		3.3～3.5	S1(S2)	4.4～4.2	S5	2.2～2.4		2.6～2.8
主层石料		80～90		95～100		40～45	S4	50～55
沥青总用量	6.7～7.3		7.6～8.2		6.0～6.8		7.4～8.5	

注：①煤沥青嵌入路面沥青用量比石油沥青需增加 15%～20%。

②表中乳化沥青是指乳液的用量（乳液浓度为 60%），浓度不同应换算。

③在高寒和干旱风砂大地区，可在高限内沥青用量再增加 5%～10%。

上拌下贯式路面的材料规格和用量

（用量单位：集料：$m^3/1\,000m^2$；沥青及沥青乳液：kg/m^2）　　表 9-3

沥青品种	石油沥青					
厚度(cm)	4		5		6	
规格和用量	规格	用量	规格	用量	规格	用量
第二遍嵌缝料	S12	5～6	S12(S11)	7～9	S12(S11)	7～9
第二遍沥青		1.4～1.6		1.6～1.8		1.6～1.8
第一遍嵌缝料	S10(S9)	12～14	S8	16～18	S8(S7)	16～18
第一遍沥青		2.0～2.3		2.6～2.8		3.2～3.4
主层石料	S5	40～50	S4	55～60	S3(S2)	66～76
沥青总用量	3.4～3.9		4.2～4.6		4.8～5.2	
沥青品种	乳化沥青					
厚度(cm)	7		5		6	
规格和用量	规格	用量	规格	用量	规格	用量
第四遍嵌缝料					S14	4～6
第四遍沥青						1.3～1.5
第三遍嵌缝料			S14	4～6	S12	8～10
第三遍沥青				1.4～1.6		1.4～1.6
第二遍嵌缝料	S10(S11)	8～10	S12	9～10	S9	8～12
第二遍沥青		1.7～1.9		1.8～2.0		1.5～1.7
第一遍嵌缝料	S6(S8)	18～20	S8	15～17	S6	24～26
第一遍沥青		4.0～4.2		2.5～2.7		2.4～2.6
主层石料	S2(S3)	80～90	S4	50～55	S3	50～55
沥青总用量	5.7～6.1		5.9～6.2		6.7～7.2	

注：①煤沥青嵌入式的沥青用量可较石油沥青用量增加15%～20%。

②表中乳化沥青是指乳液用量，并适用于乳液浓度约为60%的情况。

③在高寒地区和干旱风砂大的地区，可超出高限，再增加5%～10%。

④表面加铺拌和层部分的材料规格及沥青（或乳化沥青）用量按照拌沥青混合料（或乳化沥青碎石混合料路面）的有关规定执行。

沥青嵌入式路面结合料可采用道路石油沥青、煤沥青或乳化沥青，用量按表8-7选用，沥青标号按表5-4、表5-6、表9-4选用。

道路用煤沥青技术要求　　表 9-4

试验项目		T-1	T-2	T-3	T-4	T-5	T-6	T-7	T-8	T-9	试验方法(1)
黏度(s)	C30.5	5～25	26～70								T0621
	C30.10			5～25	26～50	51～120					
	C50.10						121～200				
	C60.10							10～75	76～200	35～65	

续上表

试验项目		T-1	T-2	T-3	T-4	T-5	T-6	T-7	T-8	T-9	试验方法(1)
蒸馏试验,馏出量(%)	170℃前不	3	3	3	2	1.5	1.5	1.0	1.0	1.0	T0641
	大于 270℃	20	20	20	15	15	15	10	10	10	
	不大于 300℃	15～35	15～35	30	30	25	25	20	20	15	
300℃蒸馏残留物软化点(环球法)(℃)		30～45	30～45	35～65	35～65	35～65	35～65	40～70	40～70	40～70	T0606
水分,不大于(%)		1.0	1.0	1.0	1.0	1.0	0.5	0.5	0.5	0.5	T0612
甲苯不溶物,不大于(%)		20	20	20	20	20	20	20	20	20	T0646
萘含量,不大于(%)		5	5	5	4	4	3.5	3	2	2	T0645
焦油酸含量不大于(%)		4	4	3	3	2.5	2.5	1.5	1.5	1.5	T0642

贯入式路面沥青贯入层的全层集料最大粒径宜与贯入层厚度相当。当采用乳化沥青时,主层集料最大粒径可采用厚度为 0.8～0.85 倍,数量宜按压实系数 1.25～1.30 计算,贯入式路面各分层沥青用量应根据施工气温和沥青标号等在规定范围内选用。在寒冷地区或当施工季节气温较低、沥青针入度转小时,沥青用量宜采用高限;在低温潮湿气候下施工采用乳化沥青贯入时,应按乳化沥青总量不变的原则进行调整,上层较正常情况适当增加,下层较正常情况适当减少,以保持总量基本不变。

贯入式沥青路面施工前应做好准备工作,基层必须清扫干净,有缘石设计时,应完成贯入式施工后再施工缘石,或将缘石予以遮盖。乳化沥青贯入式路面必须先浇洒透层或黏层沥青。当路面厚度小于和等于 5cm 时,也应浇洒透层或黏层沥青。

沥青贯入式路面的施工按下列步骤进行:

贯入式路面的最大粒径宜与贯入厚度相当,当采用乳化沥青时其最大粒径宜为厚度的 0.8～0.85倍,数量宜按压实系数 1.25～1.30 计算。贯入式路面的沥青用量据施工气温、沥青标号等规定范围内选用。

贯入式路面的施工,采用碎石摊铺机、平地机或人工摊铺主层集料,摊铺后禁止车辆行驶。用 6～8t 轻型钢筒式压路机由两侧向中心碾压,轮迹重叠 1/2 左右,碾压 4～6 遍,直到主骨料嵌挤稳定且无明显轮迹为止。然后浇洒第一遍沥青,再撒第一次嵌缝料,并尽量均匀,不足处找补,立即用 8～12t 钢筒式压路机碾压嵌缝料,轮迹重叠 1/2 左右,碾压 4～6 遍,直到稳定为止。再按上述方法浇洒第二遍沥青,撒第二遍嵌缝料,然后碾压;再浇洒第三遍沥青,继续撒嵌缝料、碾压等工序。

铺筑上拌下贯式路面时,可按表 9-3 材料规格和用量施工,规范要求贯入层不撒布封层料,这样在铺拌和层时有黏车轮的情况,此时可撒些石料,以不黏车和保证上下连接为目的,可通过试验确定。拌和层紧跟贯入层施工,保证上、下成为一个整体。表 9-3 中的有关差异与表 9-2相同,对于上拌加铺层材料和沥青用量按第五章第二节有关规定进行。

第三节　冷拌沥青混合料路面

冷拌沥青混合料适用于三级及三级以下公路的沥青路面、二级公路的罩面层施工以及各级公路沥青路面坑槽冷补。冷拌沥青混合料宜用乳化沥青或液体石油沥青拌制，也可用改性乳化沥青，其材料应符合第五章第一节技术要求。冷拌沥青混合料宜采用密级配沥青混合料，当采用半开级配时，应铺筑上封层。

一、冷拌沥青混合料的配合比设计

其集料的级配可参照热拌沥青混合料，或按照已有的成功经验确定设计级配范围和施工配合比。乳化沥青碎石混合料的乳液用量应据当地实践经验及交通量、气候、集料情况、沥青标号、施工机械等条件确定，也可按热拌沥青混合料的沥青用量折算，实际的沥青残留物数量可较同规格热拌沥青混合料的沥青用量减少10%～20%。

二、冷拌沥青混合料路面施工

冷拌沥青混合料宜采用拌和厂机械拌和及沥青摊铺机摊铺的方式。缺乏厂拌条件时，也可采用现场路拌及人工摊铺方式，应防止离析。当采用阳离子乳化沥青拌和时，宜先用水使集料湿润，若湿润后仍难于与乳液拌和均匀时，应改用破乳速度更慢的乳液，或用1%～3%浓度的氯化钙水溶液代替水浸润集料表面。

拌和时间通过试拌确定，矿料中加进乳液后的机械拌和时间不宜超过30s，人工拌和不宜超过60s。在破乳前抓紧完成摊铺，否则破乳后应予废弃。摊铺后先用6～8t的轻型压路机初压1～2遍，再用轮胎压路机或钢筒式压路机压1～2遍。当乳化沥青开始破乳，改用12～15t轮胎压路机复压2～3遍，将水分挤出，待晾晒一段时间水分基本蒸发后，继续复压至密实为止。

如果需在冷拌沥青混合料上做上封层时，应在压实成型和水分蒸发后加铺。乳化沥青冷拌混合料施工结束后宜封闭交通2～6天，并注意做好早期养护。开放交通后也应设人指挥交通，车速不得超过20km/h，不得刹车和掉头。乳化沥青冷拌混合料遇雨时不得施工，以防乳液冲走。冷拌沥青混合矿料级配应参照表9-5要求执行。

冷拌沥青混合料的矿料级配　　表9-5

类型	通过下列筛孔的百分率(mm)											
	26.5	19.0	16.0	13.2	9.5	4.75	2.36	1.18	0.6	0.3	0.15	0.075
细粒式 LB～10				100	80～100	30～60	10～40	5～20	0～15	0～12	0～8	0～5
细粒式 LB～13			100	90～100	60～95	30～60	10～40	5～20	0～15	0～12	0～8	0～5
中粒式 LB～16		100	90～100	50～90	40～75	30～60	10～40	5～20	0～15	0～12	0～8	0～5
粗粒式 LB～19	100	95～100	80～100	70～100	60～90	30～70	10～40	5～20	0～15	0～12	0～8	0～5

冷拌沥青混合料用的集料要符合热拌沥青混合料要求，在低温施工时要有低温操作的和易性，在－10℃的冰箱中放置24h不结块；有良好的耐久性，水煮和水浸法检验抗水剥落性能不得小于95%；冷铺混合料应有足够的黏聚性，马歇尔试验稳定度宜不小于3kN。

第四节 沥青混合料路面施工过程管理与检查验收

一、材料检查

沥青路面在施工过程中应随时对施工质量进行自检。对各种原材料进行抽样试验，其质量应符合规范技术要求。每个检查项目的平行试验次数或一次试验的试样数必须按相关试验规程的规定执行，并以平均值评价是否合格。按表 9-6 规定的项目和频率检查，对表中未列入的材料的检查项目和频率按材料质量要求确定。

施工过程中材料质量检查的项目与频率

表 9-6

材料	检查项目	检查频率		试验规程规定的平行试验次数或一次试验的试样数
		高速公路 一级公路	其他等级 公路	
粗集料	外观(石料品种、含泥量等)	随时	随时	—
	针片状颗粒含量	随时	随时	2～3
	颗粒组成(筛分)	随时	必要时	2
	压碎值	必要时	必要时	2
	磨光值	必要时	必要时	4
	洛杉矶磨耗值	必要时	必要时	2
	含水量	必要时	必要时	2
细集料	颗粒组成(筛分)	随时	必要时	2
	砂当量	必要时	必要时	2
	含水量	必要时	必要时	2
	松方单位重	必要时	必要时	2
矿粉	外观	随时	随时	—
	＜0.075mm 含量	必要时	必要时	2
	含水量	必要时	必要时	2
石油沥青	针入度	每 2～3 天 1 次	每周 1 次	3
	软化点	每 2～3 天 1 次	每周 1 次	2
	延度	每 2～3 天 1 次	每周 1 次	3
	含蜡量	必要时	必要时	2～3
改性沥青	针入度	每天 1 次	每天 1 次	3
	软化点	每天 1 次	每天 1 次	2
	离析试验(对成品改性沥青)	每周 1 次	每周 1 次	2
	低温延度	必要时	必要时	3
	弹性恢复	必要时	必要时	3
	显微镜观察(对现场改性沥青)	随时	随时	—
乳化沥青	蒸发残留物含量	每 2～3 天 1 次	每周 1 次	2
	蒸发残留物针入度	每 2～3 天 1 次	每周 1 次	2
改性乳化沥青	蒸发残留物含量	每 2～3 天 1 次	每周 1 次	2
	蒸发残留物针入度	每 2～3 天 1 次	每周 1 次	3
	蒸发残留物软化点	每 2～3 天 1 次	每周 1 次	2
	蒸发残留物的延度	必要时	必要时	3

二、拌和厂进行的检查

沥青拌和厂必须按下列步骤对沥青混合料生产过程进行质量控制，并按表 9-7 规定的项目和频率检查沥青混合料产品的质量，如实计算产品的合格率。单点检验评价方法应符合相关试验规程的试样平行试验的要求。

热拌沥青混合料的检查频率和质量要求　　表 9-7

<table>
<tr><th colspan="2" rowspan="2">项　目</th><th rowspan="2">检查频度及单点检验评价方法</th><th colspan="2">质量要求或允许偏差</th><th rowspan="2">试验方法</th></tr>
<tr><th colspan="2">高速、一级、其他等级公路</th></tr>
<tr><td colspan="2">混合料外观</td><td>随　时</td><td colspan="2">观察集料粗细、均匀性、离析、油石比、色泽、冒烟、有无花白料、油团等各种现象</td><td>目　测</td></tr>
<tr><td rowspan="3">拌和温度</td><td>沥青、集料的加热温度</td><td>逐盘检测评定</td><td colspan="2">符合规范规定</td><td>传感器自动检测显示并打印</td></tr>
<tr><td rowspan="2">混合出厂温度</td><td>逐车检测评定</td><td colspan="2">符合规范规定</td><td>传感器自动检测、显示并打印、出厂时逐车按 T0981 人工检测</td></tr>
<tr><td>逐盘测量记录，每天取平均值评定</td><td colspan="2">符合规范规定</td><td>传感器自动检测、显示并打印</td></tr>
<tr><td rowspan="9">矿料级配（筛孔）</td><td>0.075mm</td><td rowspan="3">逐盘在线检测</td><td>±2%(2%)</td><td>—</td><td rowspan="3">计算机采集数据计算</td></tr>
<tr><td>≤2.36mm</td><td>±5%(4%)</td><td>—</td></tr>
<tr><td>≥4.75mm</td><td>±6%(5%)</td><td>—</td></tr>
<tr><td>0.075mm</td><td rowspan="3">逐盘检查，每天汇总 1 次，取平均值评定</td><td>±1%</td><td>—</td><td rowspan="3">附录 C 总量检验</td></tr>
<tr><td>≤2.36mm</td><td>±2%</td><td>—</td></tr>
<tr><td>≥4.75mm</td><td>±2%</td><td>—</td></tr>
<tr><td>0.075mm</td><td rowspan="3">每台拌和机每天 1～2 次，以 2 个试样的平均值评定</td><td>±2%(2%)</td><td>±2%</td><td rowspan="3">T0725 抽提筛分与标准级配比较的差</td></tr>
<tr><td>≤2.36mm</td><td>±5%(3%)</td><td>±6%</td></tr>
<tr><td>≥4.75mm</td><td>±6%(4%)</td><td>±7%</td></tr>
<tr><td colspan="2" rowspan="3">沥青用量（油石比）</td><td>逐盘在线监测</td><td>±0.3%</td><td>—</td><td>计算机采集数据计算</td></tr>
<tr><td>逐盘检查，每天汇总 1 次，取平均值评定</td><td>±0.1%</td><td>—</td><td>附录 F 总量检验</td></tr>
<tr><td>每台拌和机每天 1～2 次，以 2 个试样的平均值评定</td><td>±0.3%</td><td>±0.4%</td><td>抽提，T0722、T0721</td></tr>
<tr><td colspan="2">马歇尔试验空隙率、稳定度、流值</td><td>每台拌和机每天 1～2 次，以 4～6 个试样的平均值评定</td><td colspan="2">符合规范规定</td><td>T0702、T0709 规范附录 B、附录 C</td></tr>
<tr><td colspan="2">浸水马歇尔试验</td><td>必要时（试件数同马歇尔试验）</td><td colspan="2">符合规范规定</td><td>T0702、T0709</td></tr>
<tr><td colspan="2">车辙试验</td><td>必要时（以三个试件的平均值评定）</td><td colspan="2">符合规范规定</td><td>T0719</td></tr>
</table>

注：括号内是指 SMA 结构。

(1)从料堆和皮带运输机随目测各种材料的质量和均匀性，检查泥块及超粒径碎石，检查冷料仓是否有窜仓。目测混合料拌和是否均匀，有无花石料，油石比是否合理，检查集料和混合料的离析情况。

(2)检查控制室、拌和机各项参数的设定值、控制屏的显示值，核对计算采集和打印记录的数据与显示值是否一致。按附录G的方法进行沥青混合料生产过程的在线监测和总量检验。按附录F的方法进行沥青混合料质量动态管理。

(3)检测沥青混合料的加热温度。混合料出厂温度、取样抽提、筛分检测混合料矿料级配、油石比。抽提筛分应至少检查0.075mm、2.36mm、4.75mm公称最大粒径及中间粒径等5个筛孔的通过率。

(4)取样成型试件进行马歇尔试验，测定空隙率、稳定度、流值，计算合格率。对WMA、VFA指标可作记录。同时按附录E方法确定压实度的标准密度。

沥青路面铺筑过程中必须随时对铺筑质量进行评定，质量检查的内容、频率、允许差应符合表9-8和表9-9。

热拌沥青混合料路面施工过程中质量的控制标准 表9-8

<table>
<tr><td colspan="2" rowspan="2">项　目</td><td rowspan="2">检查频率及单点检验评定方法</td><td colspan="2">质量要求或允许偏差</td><td rowspan="2">试验方法</td></tr>
<tr><td>高速、一级公路</td><td>其他等级公路</td></tr>
<tr><td colspan="2">外观</td><td>随时</td><td colspan="2">表面平整密实，不得有明显轮迹、裂缝、推挤、油丁、油包等缺陷，且无明显离析</td><td>目测</td></tr>
<tr><td colspan="2" rowspan="2">接缝</td><td>随时</td><td colspan="2">紧密平整、顺直、无跳车</td><td>目测</td></tr>
<tr><td>逐条缝检测评定</td><td>3mm</td><td>5mm</td><td>T0931</td></tr>
<tr><td rowspan="2">施工温度</td><td>摊铺温度</td><td>逐条缝检测评定</td><td colspan="2">符合规范规定</td><td>T0981</td></tr>
<tr><td>碾压温度</td><td>随时</td><td colspan="2">符合规范规定</td><td>插入式温度计实测</td></tr>
<tr><td rowspan="4">厚度</td><td>每一次</td><td>随时厚度50mm以下
厚度50mm以上</td><td>设计值的5%
设计值的8%</td><td>设计值的8%
设计值的10%</td><td>施工时插入法量测松铺厚度及压实厚度</td></tr>
<tr><td>第一层次</td><td>1个台班区段的平均值
厚度50mm以下
厚度50mm以上</td><td>−3mm
−5mm</td><td>—</td><td>附录G总量检验</td></tr>
<tr><td>总厚度</td><td>每2 000m² 一点单点评定</td><td>设计值的−5%</td><td>设计值的−8%</td><td rowspan="2">T0912</td></tr>
<tr><td>上面层</td><td>每2 000m² 一点单点评定</td><td>设计值的−10%</td><td>设计值的−10%</td></tr>
<tr><td colspan="2">压实度</td><td>每2000m² 检查1组逐个试件评定并计算平均值</td><td colspan="2">实验室标准密度的97%(98%)
最大理论密度的93%(94%)
试验段密度的99%(99%)</td><td>T0924、T0922 规范附录E</td></tr>
</table>

续上表

<table>
<tr><td colspan="2" rowspan="2">项　目</td><td rowspan="2">检查频率及单点检验评定方法</td><td colspan="2">质量要求或允许偏差</td><td rowspan="2">试验方法</td></tr>
<tr><td>高速、一级公路</td><td>其他等级公路</td></tr>
<tr><td rowspan="2">平整度（最大间隙）</td><td>上面层</td><td>随时接缝处单杆评定</td><td>3mm</td><td>5mm</td><td>T0931</td></tr>
<tr><td>中下面层</td><td>随时接缝处单杆评定</td><td>5mm</td><td>7mm</td><td>T0931</td></tr>
<tr><td rowspan="4">平整度（标准差）</td><td>上面层</td><td>连续测定</td><td>1.2mm</td><td>2.5mm</td><td rowspan="6">T0932</td></tr>
<tr><td>中面层</td><td>连续测定</td><td>1.5mm</td><td>2.8mm</td></tr>
<tr><td>下面层</td><td>连续测定</td><td>1.8mm</td><td>3.0mm</td></tr>
<tr><td>基层</td><td>连续测定</td><td>2.4mm</td><td>3.5mm</td></tr>
<tr><td rowspan="2">宽度</td><td>有侧石</td><td>检测每个断面</td><td>±20mm</td><td>±20mm</td></tr>
<tr><td>无侧石</td><td>检测每个断面</td><td>不小于设计宽度</td><td>不小于设计宽度</td></tr>
<tr><td colspan="2">纵断高程</td><td>检测每个断面</td><td>±10mm</td><td>±15mm</td><td>T0911</td></tr>
<tr><td colspan="2">横坡度</td><td>检测每个断面</td><td>±0.3%</td><td>±0.5%</td><td>T0911</td></tr>
<tr><td colspan="2">沥青表层层面上的渗水系数不大于</td><td>每 1km 不少于 5 点每点 3 处取平均值</td><td colspan="2">300mL/min（普通密级配沥青混合料）
200mL/min(SMA 混合料)</td><td>T0971</td></tr>
</table>

注:①括号内为 SMA 路面。

②厚度检测频率是高速，一级钻孔，其他路酌情检测。

③渗水系数适用于公称最大粒径等于或小于 19m 混合料，3m 直尺主要用于接缝检查。

④压实度按附录 E 的规定执行。

⑤3m 直尺主要用于接缝检查，对正常生产路段，采用连续平整度仪测定。

公路沥青表面处治及贯入式路面施工过程质量控制标准　　表 9-9

<table>
<tr><td>路面类型</td><td>项　目</td><td>检查频度及单点检验评价方法</td><td>质量要求或允许偏差</td><td>试验方法</td></tr>
<tr><td rowspan="7">沥青表面处治</td><td>外观</td><td>随时</td><td>集料嵌挤密实，沥青撒布均匀，无花白料，接头无油包</td><td>目测</td></tr>
<tr><td>集料及沥青用量</td><td>每日一次逐日评定</td><td>±10%</td><td>每日施工长度的实际用量与计划用量比较，T0982</td></tr>
<tr><td>沥青洒布温度</td><td>每车一次评定</td><td>符合本规范规定</td><td>温度计测量</td></tr>
<tr><td>厚度（路中心及路侧各 1 点）</td><td>不少于每 2000m^2 一点，逐点评定</td><td>−5mm</td><td>T0912</td></tr>
<tr><td>平整度（最大间隙）</td><td>随时以连续 10 尺的平均值评定</td><td>10mm</td><td>T0931</td></tr>
<tr><td>宽度</td><td>每侧每个断面逐个评定</td><td>±30mm</td><td>T0911</td></tr>
<tr><td>横坡度</td><td>检测每个断面逐个评定</td><td>±0.5%</td><td>T0911</td></tr>
</table>

续上表

路面类型	项　目	检查频度及单点检验评价方法	质量要求或允许偏差	试验方法
沥青贯入式路面	外观	随时	集料嵌挤密实，沥青撒布均匀，无花白料，接头无油包	目测
	集料及沥青用量	每日一次总量评定	±10%	每日施工长度的实际用量与计划用量比较，T0982
	沥青洒布温度	每车一次评定	符合规范规定	温度计测量
	厚度(路中心及路侧各1点)	不少于每2 000m² 一点，逐点评定	−5mm或设计厚度的−8%	T0912
	平整度(最大间隙)	随时以连续10尺的平均值评定	8mm	T0931
	宽度	每侧每个断面逐个评定	±30mm	T0911
	横坡度	检测每个断面逐个评定	±0.5%	T0911

三、热拌沥青混合料拌和中的微机控制

高速公路和一级公路沥青路面混合料的拌和要求采用间歇式拌和机，机内必须配备自动打印各种数据的微机，进行混合料生产过程的总量检验。

开始拌和前应设定拌和一盘的生产量，各个热料仓的矿料沥青等的计算逐盘打印，这些数据进行在线监测，当计算机能实时监测、自动处理显示、保存所采集的各项数据时，也允许不逐盘打印数据，只打印汇总统计值。在施工前应对各种称量传感器进行认真标定、自动采集，记录打印结果应经过检验，如果实际值有误差时应求出修正系数，保证各项施工参数的准确性。

计算机必须逐盘采集各项数据，按各个料仓的筛分曲线，逐锅计算，计算出集料级配，与设计级配范围及容许的施工波动范围进行比较，实时评定集料级配是否符合要求。当发现不合格的情况，必须引起注意，如果连续三锅以上都出现不合格情况时，宜对设定值进行适当调整。在施工过程中也可通过计算机出现的问题，取样利用新的筛分结果计算级配，必要时可调整配合比的设定值，以确保符合实际情况。

计算机必须逐盘采集沥青结合料实际使用量及生产量，计算油石比(或沥青用量)与设计值容许的波动进行对照，评定是否符合要求。如果连续三锅以上不符合要求，宜对设定值适当调整。

计算机还必须监测和采集与沥青混合料有关施工温度，与要求比较，是否合格。

总量的检验周期是一个工作日或是一个台班，施工停止时，计算机自动计算并及时打印各种数据的统计结果，矿料的全部筛孔中评定是否符合要求的5个筛孔(0.075mm、2.36mm、

4.75mm公称最大粒径,一档较粗的控制性粒径筛孔),计算全过程各种指标的平均值、标准差、变异系数,进行混合料生产质量检验。

利用一个周期的总量评定路面的厚度。一个沥青层全部完成后应绘制出各个指标的变化过程,并计算总的平均值、标准差、变异系数,其合格率作为施工质量的依据。

计算机采集、计算的沥青混合料的过程控制及施工质量总量检验的数据图表均必须按要求随工程档案一起存档。

四、施工质量的动态管理方法

施工单位在施工过程中以试验检测指标质量的变异系数(或标准差)作为施工水平的主要评价指标。实际施工中影响路面质量的路基、基层和面层一些重要技术指标都应该用变异系数进行控制,对保证沥青路面材料和强度的均匀性起着重要作用,从而也就保证了沥青路面的施工质量。施工单位在历年的施工中应总结经验,对于每一个新的施工项目都要根据过去的经验、新的施工人员素质、机械配备自行建立新的施工项目的各项施工质量指标变异系数的允许界限值,作为本企业本项目的管理目标。

现行规范要求高速公路、一级公路施工过程中,施工单位应利用计算机建立工程质量管理数据库,随时输入各项数据,绘制逐次检测结果 X 或逐日检测结果平均 $\overline{X}$ 的曲线。检查的数据是否超出了规范允许的误差范围(或内控制指标),发现不符合要求的情况应认真分析其原因,并采取措施加以解决。还可以分阶段计算出逐日结果平均值的平均值 X(期望值)、极差 R、标准差 s 及变异系数 C,汇总整理。

动态质量管理的方法主要有:平均值和极差管理图 $X—R$ 的方法,直方图,正态分布曲线(参见附录 F)。

施工质量动态管理工作宜借助于电子计算机进行。各级工程管理部门可随时查询或检查所有的数据。高速公路施工时各项指标的查询可在网上查询。

施工结束后,施工单位应汇总全部数据,计算出平均值、标准差及变异系数,绘制整个工程的施工质量直方图或正态分布曲线,作为下一个工程的企业管理目标。其数据库及动态质量管理的内容应制成光盘以便于长期保存,可作为今后工程中参考。

五、工程质量验收

验收是施工单位最后的一项重要工作,是工程的全面评价。工程完成后,施工单位应将全线以 1～3km 作为一个评定路段;对每一侧车行道按表 9-10、表 9-11 的规定频度,随机选取测点;对沥青面层进行全线自检,将单个测定值与表中的质量要求或允许偏差进行比较,计算合格率;然后计算一个评定路段的平均值、极差、标准差及变异系数。施工单位应在规定时间内提交全线检测结果及施工总结报告,申请交工验收。路面交工验收时要检测表 9-10 中所列项目,如厚度、压实度宜利用施工过程中的钻孔数据检查每一个测点与极值相比的合格率,同时按附录 E 方法计算代表值,厚度也可用路面雷达连续测定路面剖面进行评定。压实度验收可选用其中的 1 个或 2 个标准,并以合格率低的作为评定结果。当施工中钻孔试件比较完整,而且合格率较高时,也可免去破损检测。路表平整度可用连续式平整度仪进行测定,以每 100m 计算一个测值及合格率;路面渗水系数与构造深度宜在施工过程中路面成型后测定。摩擦系数和弯沉值用相应的仪器进行测定。测定时间宜在公路的最不利使用条件下(指春融期或雨季)进行。对全线密度、纵断面高程、横坡度、中线偏位等都进行实测,以每个桩号的测定结果评定合格率。最后提供实际的竣工图,同时要写出工程施工总结(包括技术总结),特别要总结出好的经验,以便今后工程参考。

公路热拌沥青混合料路面交工检查与验收质量标准 表 9-10

检查项目		检查频度(每一侧车辆)	质量要求或允许偏差		试验方法
			高速公路、一级公路	其他等级公路	
外观		随时	表面平整密度不得有明显轮迹、裂缝、推挤、油丁、油包等缺陷,且无明显离析		目测
路面总厚度	代表值	每 1km5 点	设计值的-5%	设计值的-8%	T0912
	极值	每 1km5 点	设计值的-10%	设计值的-15%	T0912
上面层厚度	代表值	每 1km5 点	设计值的-10%	—	T0912
	极值	每 1km5 点	设计值的-20%	—	T0912
压实度	代表值	每 1km5 点	实验室标准密度 96%(98%) 最大理论密度的 92%(94%) 试验段密度的 98%(99%)		T0924
	极值(最小值)	每 1km5 点	比代表值放宽 1%(每 1km)或 2%(全部)		T0924
路表平整度	标准差 σ	全线连续	1.2mm	2.5mm	T0932
	IRI	全线连续	2.0m/km	4.2m/km	T0933
	最大间隙	每 1km10 处,各连续 10 杆	—	5mm	T0931
路表渗水系数,不大于		每 1km 不少于 5 点,每点 3 处取平均值评定	300mL/min 200mL/min	—	T0971
宽度	有侧石	每 1km20 个断面	±20mm	±30mm	T0911
	无侧石	每 1km20 个断面	不小于设计宽度	不小于设计宽度	T0911
纵断面高程		每 1km20 个断面	±15mm	±20mm	T0911
中线偏位		每 1km20 个断面	±20mm	±30mm	T0911
横坡度		每 1km20 个断面	±0.3%	±0.5%	T0911
弯沉	回弹弯沉	全线每 20m 1 点	符合设计对交工验收要求	—	T0951
	总弯沉	全线每 5m 1 点	符合设计对交工验收要求	—	T0952
构造深度		每 1km 5 点	符合设计对交工验收要求	—	T0961/62/63
磨擦系数摆值		每 1km 5 点	符合设计对交工验收要求	—	T0964
横向力系数		全线连续	符合设计对交工验收要求	—	T0965

公路沥青表面处治及贯入式路面交工检查与验收质量标准 表 9-11

路面类型	检查项目		检查频度(每一侧车行道)	质量要求或允许偏差	试验方法
沥青表处路面	外观		全线	实度、不松散	目测
	厚度	代表值	每 200m 每车道 1 点	−5mm	T0921
		极值	每 200m 每车道 1 点	−10mm	T0921
	路表平整度	标准差	全线每车道连续	4.5mm	T0932
		IRI	全线每车道连续	7.5m/km	T0933
		最大间隙	每 1km10 处,各连续 10 尺	10mm	T0931
	宽度	有侧石	每 1km20 个断面	±3cm	T0911
		无侧石	每 1km20 个断面	不小于设计宽度	T0911
	纵断面高程		每 1km20 个断面	±20mm	T0911
	横坡度		每 1km20 个断面	±0.5%	T0911
	沥青用量		每 1km 1 点	±0.5%	T0722
	矿料用量		每 1km 1 点	±5%	T0722
沥青贯入式路面	外观		全线	密实、不松散	目测
	厚度	代表值	每 200m 每车道 1 点	−5mm 或 −8%	T0921
		极值	每 200m 每车道 1 点	15mm	T0921
	路表平整度	标准差	全线每车道连续	3.5mm	T0932
		IRI	全线每车道连续	5.8m/km	T0933
		最大间隙	每 1km10 处,各连续 10 尺	8mm	T0931
	宽度	有侧石	每 1km 20 个断面	±30mm	T0911
		无侧石	每 1km 20 个断面	不小于设计宽度	T0911
	纵断面高程		每 1km 20 个断面	±20mm	T0911
	横坡度		每 1km 20 个断面	±0.5%	T0911
	沥青用量		每 1km 1 点	±0.5%	T0722
	矿料用量		每 1km 1 点	±5%	T0722

附录一、沥青路面组成设计方法

导读 本附录详细介绍了沥青路面使用性能气候分区、热拌沥青混合料配合比设计方法、SMA混合料配合比设计方法、OGFC混合料配合比设计方法、沥青层压实度评定方法、施工质量动态管理方法、沥青路面质量过程控制及总量检验方法等内容。

附录A 沥青路面使用性能气候分区

A.1 一般规定

A.1.1 选择沥青结合料等级、沥青混合料配合比设计和检验应适应公路环境条件的需要，能承受高温、低温、雨(雪)水的考验。沥青路面的气候条件按本规范的气候分区执行。

A.1.2 各地宜按照本规范的方法对本地区作更为具体的气候区划分，以适应地区具体气候条件的需要。

A.2 气候分区指标的选择

A.2.1 气候分区的高温指标：采用最近30年内年最热月的平均日最高气温的平均值作为反映高温和重载条件下出现车辙等流动变形的气候因子，并作为气候区划的一级指标。全年高于30℃的积温及连续高温的持续时间可作为辅助参考值。

A.2.2 气候分区的低温指标：采用最近30年内的极端最低气温作为反映路面温缩裂缝的气候因子，并作为气候区划的二级指标。温降速率、冰冻指数可作为辅助参考值。

A.2.3 气候分区的雨量指标：采用最近30年内的年降水量的平均值作为反映沥青路面受雨(雪)水影响的气候因子，并作为气候区划的三级指标。雨日数可作为辅助参考值。

A.3 气候分区指标的计算方法

A.3.1 30年最热月平均最高气温按以下步骤求取：

(1)选择当地一年中最热的月份作为年最热月(通常是7月或8月)，通过当地气象台站获得该月份记录的每一天的最高气温的温度和时间(通常为下午2时)；

(2)求每年最热月的日最高气温的平均值作为一年最热月的月平均最高气温；

(3)求取30年的年最热月平均最高气温的平均值为最热月平均最高气温 T_{max}，作为设计高温分区指标。

A.3.2 30年极端最低气温按以下步骤求取：

(1)选择当地一年中最冷的月份作为年最冷月(通常是1月份)，通过当地气象台站获得该月份记录的极端最低气温。

(2)求取30年内的极端最低气温的最小值 T_{min}，作为设计低温分区指标。

A.3.3　30 年内的最大降雨量按以下步骤求取：

(1)通过当地气象台站获得当地年降雨量；

(2)求取 30 年内的年降雨量的平均值 W_{cp}，作为设计雨量分区指标。

A.3.4　确定气候分区指标时宜参考各个指标的辅助指标值对计算得到的分区指标作必要的修正：

(1)当全年高于 30℃的积温较大或当地连续高温的持续时间长，以及预计重载车特别多、长大纵坡严重影响车速的路段，可将高温气候区提高一级或两级看待。

(2)对经常发生寒潮、寒流降温迅速的地区可将低温气候区提高一级。

(3)对年雨日数特别长(如梅雨季节)的地区可将雨量气候区提高一级。

A.4　气候分区的确定

A.4.1　按照设计高温分区指标，一级区划分为 3 个区(表 A.4.1)。

表 A.4.1

高温气候区	1	2	3
气候区名称	夏炎热区	夏热区	夏凉区
最热月平均最高气温(℃)	>30	20～30	<20

A.4.2　按照设计低温分区指标，二级区划分为 4 个区(表 A.4.2)。

表 A.4.2

低温气候区	1	2	3	4
气候区名称	冬严寒区	冬寒区	冬冷区	冬温区
最热月平均最低气温(℃)	<−37.0	−37.0～−21.5	−21.5～−9.0	>−9.0

A.4.3　按照设计低温分区指标，二级区划分为 4 个区(表 A.4.3)。

表 A.4.3

雨量气候区	1	2	3	4
气候区名称	潮湿区	湿润区	半干区	干旱区
年降雨量(℃)	>1000	1000～500	500～250	<250

A.4.4　沥青路面温度分区由高温和低温组合而成，第一个数字代表高温分区，第二个数字代表低温分区，数字越小表示气候因素越严重(表 A.4.4)。

表 A.4.4

气候区名		最热月平均最高气温(℃)	年极端最低气温(℃)	备　注
1-1	夏炎热冬严寒	>30	<−37.0	
1-2	夏炎热冬寒		−37.0～−21.5	
1-3	夏炎热冬冷		−21.5～−9.0	
1-4	夏炎热冬温		>−9.0	
2-1	夏热冬严寒	20～30	<−37.0	
2-2	夏热冬寒		−37.0～−21.5	
2-3	夏热冬冷		−21.5～−9.0	
2-4	夏热冬温		>−9.0	

续上表

气候区名		最热月平均最高气温(℃)	年极端最低气温(℃)	备注
3-1	夏凉冬严寒	<20	<−37.0	不存在
3-2	夏凉冬寒		−37.0～−21.5	
3-3	夏凉冬冷		−21.5～−9.0	不存在
3-4	夏凉冬温		>−9.0	不存在

A.4.5 由温度和雨量组成的气候分区按表 A.4.5 划分。

表 A.4.5 沥青及沥青混合料气候分区指标 表 A.4.5

气候区名		温度(℃)		雨量(mm)
		最热月平均最高气温(℃)	年极端最低气温(℃)	年降雨量(mm)
1-1-4	夏炎热冬严寒干旱	>30	<-37.0	<250
1-2-2	夏炎热冬寒湿润	>30	−37.0～−21.5	500～1 000
1-2-3	夏炎热冬寒半干旱	>30	−37.0～−21.5	250～500
1-2-4	夏炎热冬寒干旱	>30	−37.0～−21.5	<250
1-3-1	夏炎热冬冷潮湿	>30	−21.5～−9.0	>1 000
1-3-2	夏炎热冬冷湿润	>30	−21.5～−9.0	500～1 000
1-3-3	夏炎热冬冷半干旱	>30	−21.5～−9.0	250～500
1-3-4	夏炎热冬冷干旱	>30	−21.5～−9.0	<250
1-4-1	夏炎热冬温潮湿	>30	>−9.0	>1 000
1-4-2	夏炎热冬温湿润	>30	>−9.0	500～1 000
2-1-2	夏热冬严寒湿润	20～30	<−37.0	500～1 000
2-1-3	夏热冬严寒半干旱	20～30	<−37.0	250～500
2-1-4	夏热冬严寒干旱	20～30	<−37.0	<250
2-2-1	夏热冬寒潮湿	20～30	−37.0～−21.5	>1 000
2-2-2	夏热冬寒湿润	20～30	−37.0～−21.5	500～1 000
2-2-3	夏热冬寒半干旱	20～30	−37.0～−21.5	250～500
2-2-4	夏热冬寒干旱	20～30	−37.0～−21.5	<250
2-3-1	夏热冬冷潮湿	20～30	−21.5～−9.0	>1 000
2-3-2	夏热冬冷湿润	20～30	−21.5～−9.0	500～1 000
2-3-3	夏热冬冷半干旱	20～30	−21.5～−9.0	250～500
2-3-4	夏热冬冷干旱	20～30	−21.5～−9.0	<250
2-4-1	夏热冬温潮湿	20～30	>−9.0	>1 000
2-4-2	夏热冬温湿润	20～30	>−9.0	500～1 000
2-4-3	夏热冬湿半干旱	20～30	>−9.0	250～500
3-2-1	夏凉冬寒潮湿	<20	−37.0～−21.5	>1 000
3-2-2	夏凉冬寒湿润	<20	−37.0～−21.5	500～1 000

A.4.6 在缺乏当地气象台站的有效数据时,可参考图 A.4.6-1 及图 A.4.6-2 确定沥青路面使用性能的气候分区。各地区宜根据当地的气象数据,制订更切合实际的气候分区图。

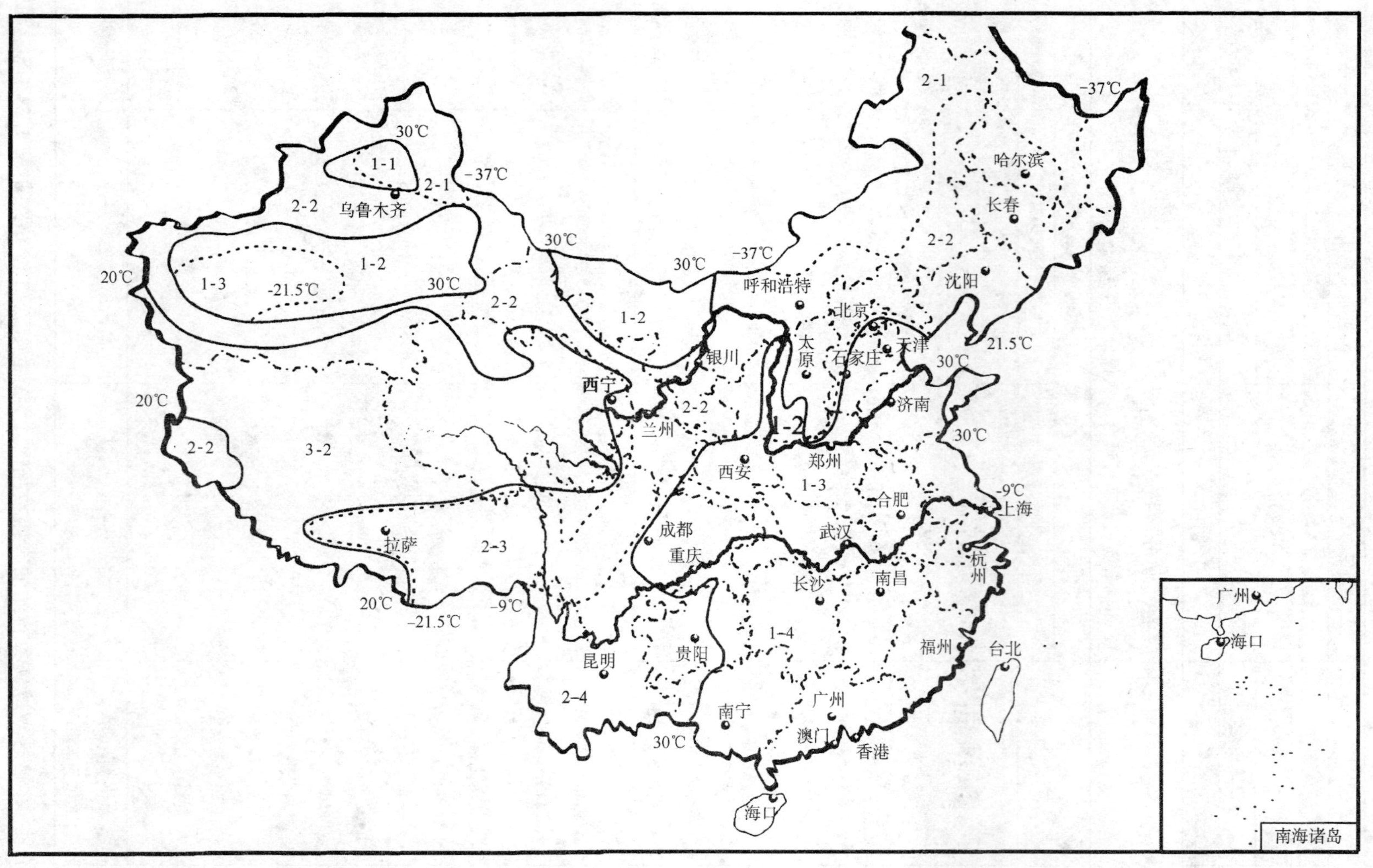

图 A.4.6-1　中国沥青路面气候分区图（温度）

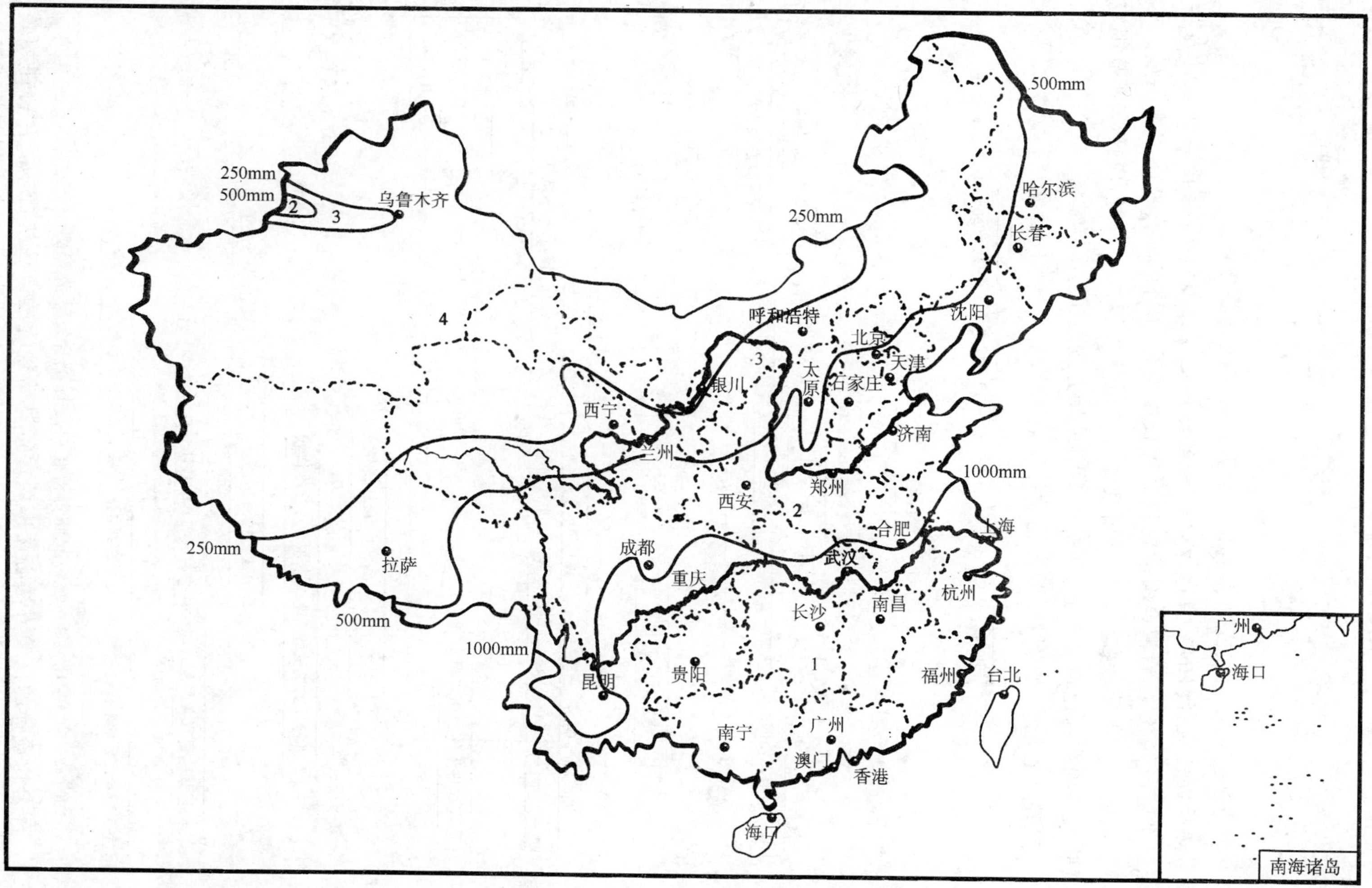

图 A.4.6-2　中国沥青路面气候分区图（雨量）

附录 B　热拌沥青混合料配合比设计方法

B.1　一般规定

B.1.1　本方法适用于密级配沥青混凝土及沥青稳定碎石混合料。

B.1.2　热拌沥青混合料的配合比设计应通过目标配合比设计、生产配合比设计及生产配合比验证三个阶段，确定沥青混合料的材料品种及配合比、矿料级配、最佳沥青用量。本规范采用马歇尔试验配合比设计方法。如采用其他方法设计沥青混合料时，应按本规范规定进行马歇尔试验及各项配合比设计检验，并报告不同设计方法的试验结果。

B.1.3　热拌沥青混合料的目标配合比设计宜按图 B.1.3 所示的步骤进行。

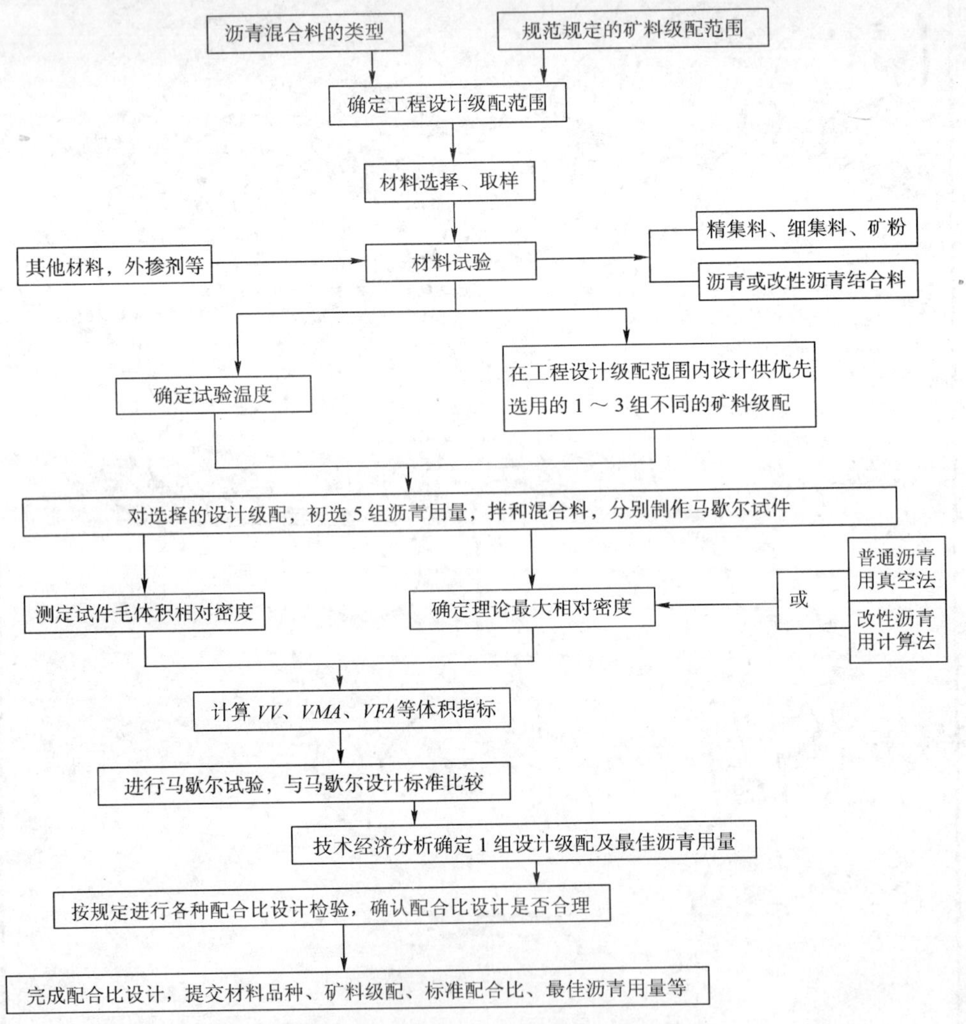

图 B.1.3　密级配沥青混合料目标配合设计流程图

B.1.4　配合比设计的试验方法必须遵照现行试验规程的方法执行。混合料拌和必须用小型沥青混合料拌和机进行。混合料的拌和温度和试件制作温度应符合本规范的要求。

B.1.5　生产配合比设计可参照本方法规定的步骤进行。

B.2 确定工程设计级配范围

B.2.1 沥青路面工程的混合料设计级配范围由工程设计文件或招标文件规定，密级配沥青混合料的设计级配宜在本书第五章第二节规定的级配范围内，根据公路等级、工程地质、气候条件、交通条件、材料品种等因素，通过对条件大体相当的工程使用情况进行调查研究后调整确定，必要时允许超出本书级配范围。密级配沥青稳定碎石混合料可直接以本书规定的级配范围作工程设计级配范围使用。经确定的工程设计级配范围是配合设计的依据，不得随意变更。

B.2.2 调整工程设计级配范围宜遵循下列原则：

(1)首先按本书表 5-19 确定采用粗型(C 型)或细型(F 型)的混合料。对夏季温度高、高温持续时间长，重载交通多的路段，宜选用粗型密级配沥青混合料(AC-C 型)取较高的设计空隙率。对冬季温度低，且低温持续时间长的地区，或者重载交通较少段，宜选用细型密级配沥青混合料(AC-F 型)，并取较低的设计空隙率。

(2)为确保高温抗车辙能力，同时兼顾低温抗裂性能的需要，配合比设计时宜适当减少公称最大粒径附近的粗集料用量，减少 0.6mm 以下部分细粉的用量，使中等粒径较多，形成 S 型级配曲线，并取中等或偏高水平的设计空隙率。

(3)确定各层的工程设计级配范围时应考虑不同层位的功能需要，经组合设计的路面应能满足耐久、稳定、密实、抗滑等要求。

(4)根据公路等级和施工设备的控制水平，确定的工程设计级配范围应比本书级配范围窄，其中 4.75mm 和 2.36mm 通过率的上下限差值宜小于 12%。

(5)沥青混合料的配合比设计应充分考虑施工性能，使沥青混合料容易摊铺和压实，避免造成严重的离析。

B.3 材料选择与准备

B.3.1 配合比设计的各种矿料必须按现行公路工程集料试验规程规定的配合比；在工程实际使用的材料中取代表性样品。进行生产配合比设计时，取样至少应在干拌 5 次以后进行。

B.3.2 配合比设计所用的各种材料必须符合气候和交通条件的需要。其质量应符合本书第四章规定的技术要求。当单一规格的集料某项指标不合格，但不同粒径规格的材料按级配组成的集料混合料指标能符合本书要求时，允许使用。

B.4 矿料配合比设计

B.4.1 高速公路和一级公路沥青路面矿料配合比设计宜借助电子计算机的电子表格用试配法进行。其他等级公路沥青路面也可参照进行。

B.4.2 矿料级配曲线按公路工程沥青及沥青混合料试验规程 T0725 的方法绘制(图 B.4.2)。以原点与通过集料最大粒径 100% 的点的连线作为沥青混合料的最大密度线，见表 B.4.2-1 和表 B.4.2-2。

泰勒曲线的横坐标 表 B.4.2-1

d_i	0.075	0.15	0.3	0.6	1.18	2.36	4.75	9.5
$X=d_i^{0.45}$	0.312	0.426	0.582	0.795	1.077	1.472	2.016	2.754
d_i	13.2	16	19	26.5	31.5	37.5	53	63
$X=d_i^{0.45}$	3.193	3.482	3.762	4.370	4.723	5.108	5.969	6.452

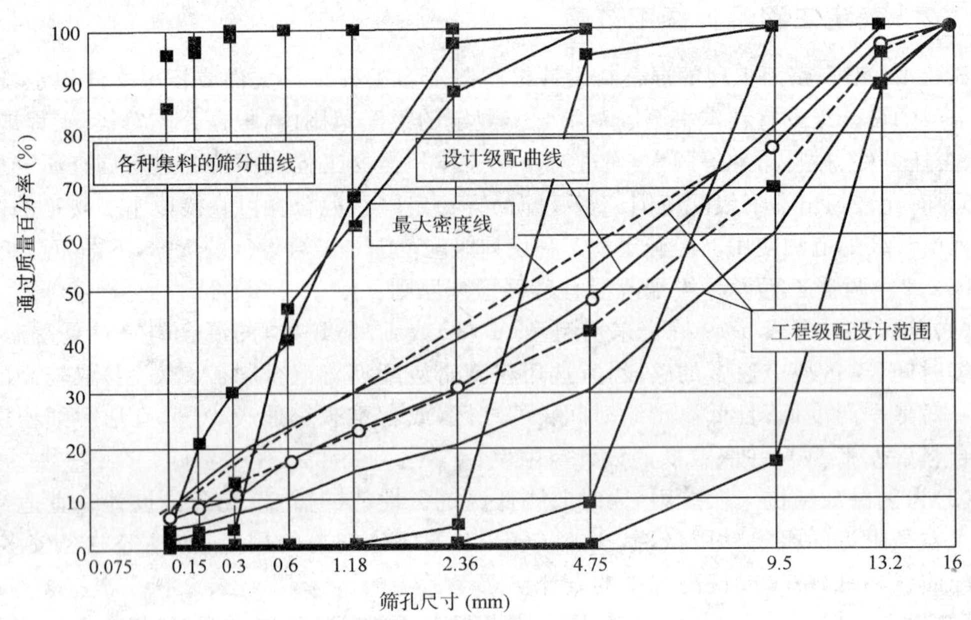

图 B.4.2　矿料级配曲线示例

泰勒曲线的横坐标

表 B.4.2-2

筛孔(%)	10～20(%)	5～10(%)	3～5(%)	石屑(%)	黄砂(%)	矿粉(%)	消石灰(%)	合成级配	工程设计级配范围		
									中值	下限	上限
16	100	100	100	100	100	100	100	100.0	100	100	100
13.2	88.6	100	100	100	100	100	100	94.7	95	90	100
9.5	16.6	99.7	100	100	100	100	100	76.6	70	60	80
4.75	0.4	8.7	94.9	100	100	100	100	47.7	41.5	30	53
2.36	0.3	0.7	3.7	97.2	87.9	100	100	30.6	30	20	40
1.18	0.3	0.7	0.5	67.8	62.2	100	100	22.8	22.5	15	30
0.6	0.3	0.7	0.5	40.5	46.4	100	100	17.2	16.5	10	23
0.3	0.3	0.7	0.5	30.2	3.7	99.8	99.2	9.5	12.5	7	18
0.15	0.3	0.7	0.5	20.6	3.1	96.2	97.6	8.1	8.5	5	12
0.075	0.2	0.6	0.3	4.2	1.9	84.7	95.6	5.5	6	4	8
配合比	28	26	14	12	15	3.3	1.7	100.0	—	—	—

B.4.3　对高速公路和一级公路，宜在工程设计级配范围内计算 1～3 组粗细不同的配合比，绘制设计级配曲线，分别位于工程设计级配范围的上方、中值及下方。设计合成级配不得有太多的锯齿形交错，且在 0.3～0.6mm 范围内不出现"驼峰"。当反复调整不能满意时，宜更换材料设计。

B.4.4　根据当地的实践经验选择适宜的沥青用量，分别制作几组级配的马歇尔试件，测定*VMA*，初选一组满足或接近设计要求的级配作为设计级配。

B.5　马歇尔试验

B.5.1　配合比设计马歇尔试验技术标准按本书第五章的规定执行。

B.5.2 沥青混合料试件的制作温度按本书第五章第二节规定的方法确定，并与施工实际温度相一致，普通沥青混合料如缺乏黏温曲线时可参照表 B.5.2 执行，改性沥青混合料的成型温度在此基础上再提高 10～20℃。

热拌普通沥青混合料试件的制作温度(℃) 表 B.5.2

施工工序	石油沥青的标号				
	50号	70号	90号	110号	130号
沥青加热温度	160～170	155～165	150～160	145～155	140～150
矿料加热温度	集料加热温度比沥青温度高 10～30℃(填料不加热)				
沥青混合料拌和温度	150～170	145～165	140～160	135～155	130～150
试件击实成型温度	140～160	135～155	130～150	125～145	120～140

注：表中混合料温度，并非拌和机的油浴温度，应根据沥青的针入度、黏度选择，不宜都取中值。

B.5.3 按式(B.5.3)计算矿料混合料的合成毛体积相对密度 γ_{sb}。

$$\gamma_{sb}=\frac{100}{\frac{P_1}{\gamma_1}+\frac{P_2}{\gamma_2}+\cdots\cdots+\frac{P_n}{\gamma_n}} \tag{B.5.3}$$

式中：$P_1,P_2,\cdots,P_n$——各种矿料成分的配合比，其和为 100；

$\gamma_1,\gamma_2,\cdots,\gamma_n$——各种矿料相应的毛体积相对密度，粗集料按 T0304 方法测定，机制砂及石屑可按 T0330 方法测定，也可以用筛出的 2.36～4.75mm 部分的毛体积相对密度代替，矿粉(含消石灰、水泥)以表观相对密度代替。

注：(1)沥青混合料配合比设计时，均采用毛体积相对密度(无量纲)，不采用毛体积密度，故无需进行密度的水温修正。

(2)生产配合比设计时，当细料仓中的材料混杂各种材料而无法采用筛分替代法时，可将 0.075mm 部分筛除后以统货实测值计算。

B.5.4 按式(B.5.4)计算矿料混合料的合成表观相对密度 γ_{sa}。

$$\gamma_{sa}=\frac{100}{\frac{P_1}{\gamma'_1}+\frac{P_2}{\gamma'_2}+\cdots\cdots+\frac{P_n}{\gamma''_n}} \tag{B.5.4}$$

式中：$P_1,P_2,\cdots,P_n$——各种矿料成分的配合比，其和为 100；

$\gamma'_1,\gamma'_2,\cdots,\gamma'_n$——各种矿料按试验规程方法测定的表观相对密度；

B.5.5 按式(B.5.5-1)或按式(B.5.5-2)预估沥青混合料的适宜的油石比 P_b。

$$P_a=\frac{P_{a1}\cdot\gamma_{sb1}}{\gamma_{sb}} \tag{B.5.5-1}$$

$$P_b=\frac{P_a}{100+\gamma_{sb}}\times 100 \tag{B.5.5-2}$$

式中：P_a——预估的最佳油石比(与矿料总量的百分比)(%)；

P_b——预估的最佳沥青用量(占混合料总量的百分数)(%)；

P_{a1}——已建类似工程沥青混合料的标准油石比(%)；

γ_{sb}——集料的合成毛体积相对密度；

γ_{sb1}——已建类似工程集料的合成毛体积相对密度。

注：作为预估最佳油石比的集料密度，原工程和新工程也可均采用有效相对密度。

B. 5. 6　确定矿料的有效相对密度

(1)对非改性沥青混合料，宜以预估的最佳油石比拌和 2 组的混合料，采用真空法实测最大相对密度，取平均值。然后由式(B. 5. 6-1)反算合成矿料的有效相对密度 γ_{se}。

$$\gamma_{se} = \frac{100 - P_b}{\dfrac{100}{\gamma_t} - \dfrac{P_b}{\gamma_b}} \tag{B. 5. 6-1}$$

式中：γ_{se}——合成矿料的有效相对密度；

P_b——试验采用的沥青用量(占混合料总量的百分数)(%)；

γ_t——试验沥青用量条件下实测得到的最大相对密度，无量纲；

γ_b——沥青的相对密度(25℃/25℃)，无量纲。

(2)对改性沥青及 SMA 等难以分散的混合料，有效相对密度宜直接由矿料的合成毛体积相对密度与合成表观相对密度按式(B. 5. 6-2)计算确定，其中沥青吸收系数 C 值根据材料的吸水率由式(B. 5. 6-3)求得，材料的合成吸水率按式(B. 5. 6-4)计算

$$\gamma_{se} = C \cdot \gamma_{sa} + (1 - C) \cdot \gamma_{sb} \tag{B. 5. 6-2}$$

$$C = 0.033w_x^2 - 0.2936w_x + 0.9339 \tag{B. 5. 6-3}$$

$$w_x = \left(\frac{1}{\gamma_{sb}} + \frac{1}{\gamma_{sa}}\right) \times 100 \tag{B. 5. 6-4}$$

式中：γ_{se}——合成矿料的有效相对密度；

C——合成矿料的沥青吸收系数，可按矿料的合成吸水率从式(B. 5. 6-3)求取；

w_x——合成矿料的吸水率，按式(B. 5. 6-4)求取(%)；

γ_{sb}——材料的合成毛体积相对密度，按式(B. 5. 3)求取，无量纲；

γ_{sa}——材料的合成表观相对密度，按式(B. 5. 4)求取，无量纲。

B. 5. 7　以预估的油石比为中值，按一定间隔(对密级配沥青混合料通常为 0.5%，对沥青碎石混合料可适当缩小间隔为 0.3%～0.4%)，取 5 个或 5 个以上不同的油石比分别成型马歇尔试件。每组试件的试样数按现行试验规程的要求确定，对粒径较大的沥青混合料，宜增加试件数量。

注：5 个不同油石比不一定选整数，例如预估油石比 4.8%，可选 3.8%、4.3%、4.8%、5.3%、5.8%等。B. 5. 6 条 1 中规定的实测最大相对密度通常与此同时进行。

B. 5. 8　确定沥青混合料的最大理论相对密度

(1)对非改性的普通沥青混合料，在成型马歇尔试件的同时，按 B. 5. 6 条 1 中的要求用真空法实测各组沥青混合料的最大理论相对密度 γ_{ti}。当只对其中一组油石比测定最大理论相对密度时，也可按式(B. 5. 8-1)或式(B. 5. 8-2)计算其他不同油石比时的最大理论相对密度 γ_{ti}。

(2)对改性沥青或 SMA 混合料宜按式(B. 5. 8-1)或式(B. 5. 8-2)计算各个不同沥青用量混合料的最大理论相对密度。

$$\gamma_{ti} = \frac{100 + P_{ai}}{\dfrac{100}{\gamma_{se}} + \dfrac{P_{ai}}{\gamma_b}} \tag{B. 5. 8-1}$$

$$\gamma_{ti} = \frac{100}{\dfrac{P_{si}}{\gamma_{se}} + \dfrac{P_{bi}}{\gamma_b}} \tag{B. 5. 8-2}$$

式中：γ_{ti}——相对于计算沥青用量 P_{bi} 时沥青混合料的最大理论相对密度，无量纲；

P_{ai}——所计算的沥青混合料中的油石比(%)；

P_{bi}——所计算的沥青混合料的沥青用量，$P_{bi}=P_{ai}/(1+P_{ai})$(%)；

P_{si}——所计算的沥青混合料的矿料含量，$P_{si}=100-P_{bi}$(%)；

γ_{se}——矿料的有效相对密度，按式(B.5.6-1)或式(B.5.6-2)计算，无量纲；

γ_{b}——沥青的相对密度(25℃/25℃)，无量纲。

B.5.9 按式(B.5.9-1)～式(B.5.9-3)计算沥青混合料试件的空隙率、矿料间隙率 *VMA*、有效沥青的饱和度 *VFA* 等体积指标，取1位小数，进行体积组成分析。

$$VV=\left(1-\frac{\gamma_f}{\gamma_t}\right)\times 100 \tag{B.5.9-1}$$

$$VMA=\left(1-\frac{\gamma_f}{\gamma_{sb}}\cdot P_s\right)\times 100 \tag{B.5.9-2}$$

$$VFA=\frac{VMA-VV}{VMA}\times 100 \tag{B.5.9-3}$$

式中：*VV*——试件的空隙率(%)；

VMA——试件的矿料间隙率(%)；

VFA——试件的有效沥青饱和度(有效沥青含量占 *VMA* 的体积比例)(%)；

γ_f——按B.5.8测定的试件的毛体积相对密度，无量纲；

γ_t——沥青混合料的最大理论相对密度，按B.5.9的方法计算或实测得到，无量纲；

P_s——各种矿料占沥青混合料总质量的百分率之和，即 $P_s=100-P_b$(%)；

γ_{sb}——矿料混合料的合成毛体积相对密度，按式(B.5.3)计算。

B.5.10 进行马歇尔试验，测定马歇尔稳定度及流值。

B.6 确定最佳沥青用量(或油石比)

B.6.1 按图B.6.1的方法，以油石比或沥青用量为横坐标，以马歇尔试验的各项指标为纵坐标，将试验结果点入图中，连成圆滑的曲线。确定均符合本书规定的沥青混合料技术标准的沥青用量范围 OAC_{min}～OAC_{max}。选择的沥青用量范围必须涵盖设计空隙率的全部范围，并尽可能涵盖沥青饱和度的要求范围，并使密度及稳定度曲线出现峰值。如果没有涵盖设计空隙率的全部范围，试验必须扩大沥青用量范围重新进行。

注：绘制曲线时含 *VMA* 指标，且应为下凹型曲线，但确定 OAC_{min}～OAC_{max} 时不包括 *VMA*。

B.6.2 根据试验曲线的走势，按下列方法确定沥青混合料的最佳沥青用量 OAC_1。

(1)在曲线图B.6.1上求取相应于密度最大值、稳定度最大值、目标空隙率(或中值)、沥青饱和度范围的中值的沥青用量 a_1、a_2、a_3、a_4。按式(B.6.2-1)取平均值作为 OAC_1。

$$OAC_1=(a_1+a_2+a_3+a_4)/4 \tag{B.6.2-1}$$

(2)如果在所选择的沥青用量范围未能涵盖沥青饱和度的要求范围，按式(B.6.2-2)求取3者的平均值作为 OAC_1。

$$OAC_1=(a_1+a_2+a_3+a_4)/3 \tag{B.6.2-2}$$

(3)对所选择试验的沥青用量范围，密度或稳定度没有出现峰值(最大值经常在曲线的两端)时，可直接以目标空隙率所对应的沥青用量 a_3 作为 OAC_1，但 OAC_1 必须介于 OAC_{min}～OAC_{max} 的范围内，否则应重新进行配合比设计。

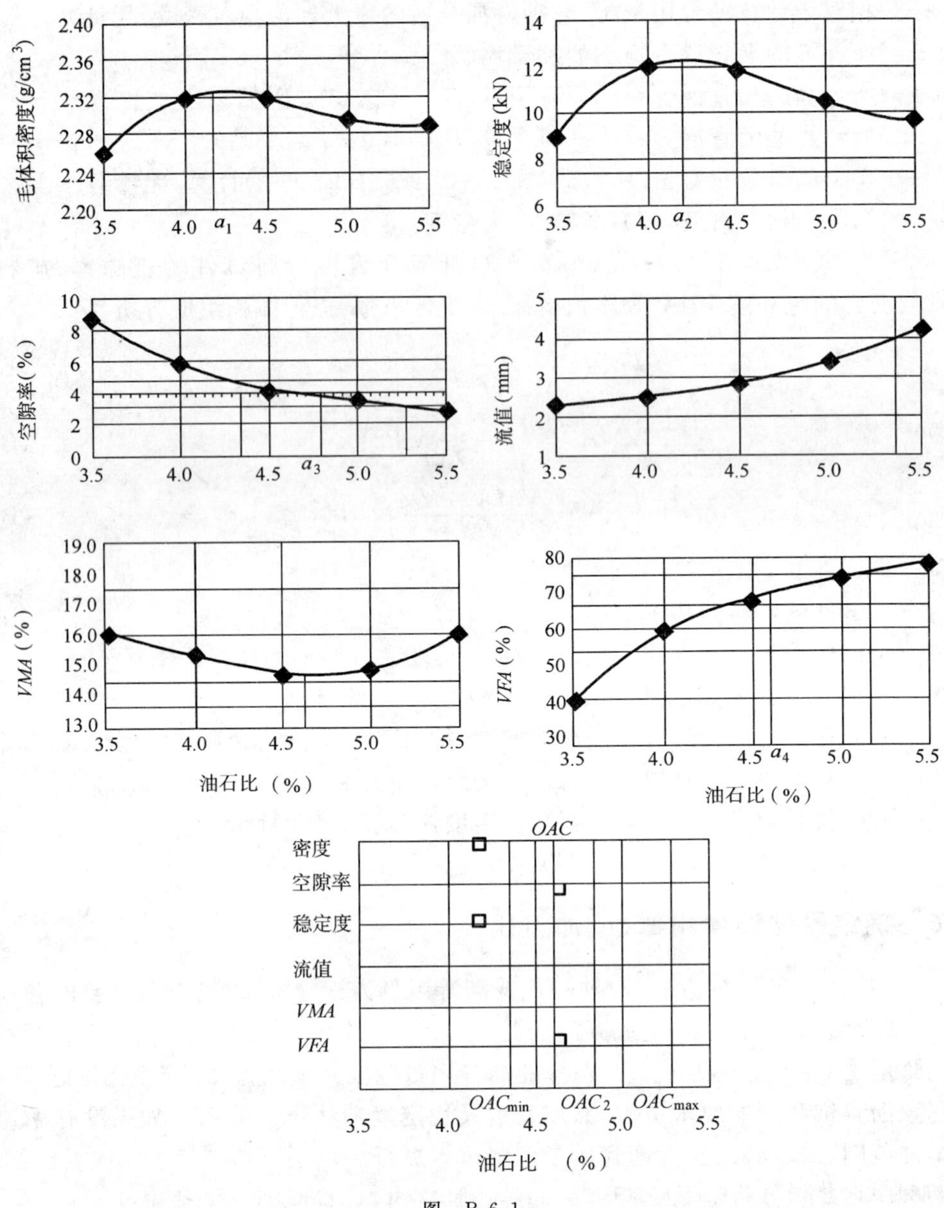

图 B.6.1

注：图中 $a_1=4.2\%$，$a_2=4.25\%$，$a_3=4.8\%$，$a_4=4.7\%$，$OAC_1=4.49\%$（由 4 个平均值确定），$OAC_{min}=4.3\%$，$OAC_{max}=5.3\%$，$OAC_2=4.8\%$，$OAC=4.64\%$。此例中相对于空隙率 4%的油石比为 4.6%。

B.6.3 以各项指标均符合技术标准（不含 VMA）的沥青用量范围 $OAC_{min}\sim OAC_{mix}$ 的中值作为 OAC_2。

$$OAC_2=(OAC_{min}+OAC_{max})/2 \tag{B.6.3}$$

B.6.4 通常情况下取 OAC_1 及 OAC_2 的中值作为计算的最佳沥青用量 OAC。

$$OAC=(OAC_1+OAC_2)/2 \tag{B.6.4}$$

B.6.5 按式(B.6.4)计算的最佳油石比 OAC，从图 B.6.1 中得出所对应的空隙率和 VMA 值，检验是否能满足本书表 5-26 或表 5-27 关于最小 VMA 值的要求。OAC 宜位于 VMA 凹形曲线最小值的贫油一侧。当空隙率不是整数时，最小 VMA 按内插法确定，并将其画入图 B.6.1 中。

B.6.6　检查图 B.6.1 中相应于此 OAC 的各项指标是否均符合马歇尔试验技术标准。

B.6.7　根据实践经验和公路等级、气候条件、交通情况，调整确定最佳沥青用量 OAC。

(1)调查当地各项条件相接近的工程的沥青用量及使用效果，论证适宜的最佳沥青用量。检查计算得到的最佳沥青用量是否相近，如相差甚远，应查明原因，必要时重新调整级配，进行配合比设计。

(2)对炎热地区公路以及高速公路、一级公路的重载交通路段，山区公路的长大坡度路段，预计有可能产生较大车辙时，宜在空隙率符合要求的范围内将计算的最佳沥青用量减小 0.1%～0.5%作为设计沥青用量。此时，除空隙率外的其他指标可能会超出马歇尔试验配合比设计技术标准，配合比设计报告或设计文件必须予以说明。但配合比设计报告必须要求采用重型轮胎压路机和振动压路机组合等方式加强碾压，以使施工后路面的空隙率达到未调整前的原最佳沥青用量时的水平，且渗水系数符合要求。如果试验段试拌试铺达不到此要求时，宜调整所减小的沥青用量的幅度。

(3)对寒区公路、旅游公路、交通量很少的公路，最佳沥青用量可以在 OAC 的基础上增加 0.1%～0.3%，以适当减小设计空隙率，但不得降低压实度要求。

B.6.8　按式(B.6.8-1)及式(B.6.8-2)计算沥青结合料被集料吸收的比例及有效沥青含量。

$$P_{ba} = \frac{\gamma_{se} - \gamma_b}{\gamma_{se} \cdot \gamma_{sb}} \cdot \gamma_b \times 100 \qquad (B.6.8\text{-}1)$$

$$P_{be} = P_b - \frac{P_{ba}}{100} \cdot P_s \qquad (B.6.8\text{-}2)$$

式中：P_{ba}——沥青混合料中被集料吸收的沥青结合料比例(%)；

P_{be}——沥青混合料中的有效沥青用量(%)；

γ_{se}——集料的有效相对密度，按式(B.5.6-1)计算，无量纲；

γ_{sb}——材料的合成体积相对密度，按式(B.5.3)求取，无量纲；

γ_b——沥青的相对密度(25℃/25℃)，无量纲；

P_b——沥青含量(%)；

P_s——各种矿料占沥青混合料总质量的百分率之和，即 $P_s = 100 - P_b$。

如果需要，可按式(B.6.8-3)及式(B.6.8-4)计算有效沥青的体积百分率 V_b 及矿料的体积百分率 V_g。

$$V_b = \frac{\gamma_f \cdot P_{be}}{\gamma_b}$$

$$V_g = 100 - (V_{be} + VV) \qquad (B.6.8\text{-}3)$$

B.6.9　检验最佳沥青用量时的粉胶比和有效沥青膜厚度。

(1)按式(B.6.9-1)计算沥青混合料的粉胶比，宜符合 0.6～1.6 的要求。对常用的公称最大粒径为 13.2～19mm 的密级配沥青混合料，粉胶比宜控制在 0.8～1.2 范围内。

$$FB = \frac{P_{0.075}}{P_{be}} \qquad (B.6.9\text{-}1)$$

式中：FB——粉胶比，沥青混合料的矿料中 0.075mm 通过率与有效沥青含量的比值，无量纲；

$P_{0.075}$——矿料级配中 0.075mm 的通过率(水洗法)(%)；

P_{be}——有效沥青含量(%)。

(2)按式(B.6.9-2)的方法计算集料的比表面，按式(B.6.9-3)估算沥青混合料的沥青膜有效厚度。各种集料粒径的表面积系数按表 B.6.9 采用。

$$SA=\sum(P_i \cdot FA_i) \tag{B.6.9-2}$$

$$DA=\frac{P_{be}}{\gamma_b \cdot SA}\times 10 \tag{B.6.9-3}$$

式中：SA——集料的比表面积(m^2/kg)；

P_i——各种粒径的通过百分率(%)；

FA_i——相应于各种粒径的集料的表面积系数，如表 B.6.9 所列；

DA——沥青膜有效厚度(μm)；

P_{be}——有效沥青含量(%)；

γ_b——沥青的相对密度(25℃/25℃)，无量纲。

注：各种公称最大粒径混合料中大于 4.75mm 尺寸集料的表面积系数 FA 均取 0.0041，且只计算一次，4.75mm 以下部分的 FA，如表 B.6.9 所示。该例中 $SA=6.6m^2/kg$。若混合料的有效沥青含量为 4.65%，沥青的相对密度 1.03，则沥青膜厚度为 $DA=4.65/(1.03\times 6.60)\times 10=6.83\mu m$。

集料的表面积系数计算示例　　表 B.6.9

筛孔尺寸(mm)	19	16	13.2	9.5	4.75	2.36	1.18	0.6	0.3	0.15	0.075	集料比表面总和 SA (m^2/kg)
表面积系数 FA_i	0.0041	——	——	——	0.004 1	0.008 2	0.016 4	0.028 7	0.061 4	0.122 9	0.327 7	
通过百分率 P_i(%)	100	92	85	76	60	42	32	23	16	12	6	
比表面 $FA_i \cdot P_i$ (m^2/kg)	0.41	——	——	——	0.25	0.34	0.52	0.66	0.98	1.47	1.97	6.60

B.7　配合比设计检验

B.7.1　对用于高速公路和一级公路的密级配沥青混合料，需在配合比设计的基础上按本书要求进行各种使用性能的检验，不符合要求的沥青混合料，必须更换材料或重新进行配合比设计。其他等级公路的沥青混合料可参照执行。

B.7.2　配合比设计检验按计算确定的设计最佳沥青用量在标准条件下进行。如按照 B.6.7的方法将计算的设计沥青用量调整后作为最佳沥青用量，或者改变试验条件时，各项技术要求均应适当调整，不宜照搬。

B.7.3　高温稳定性检验。对公称最大粒径等于或小于 19mm 的混合料，按规定方法进行车辙试验，动稳定度应符合本书表 5-31 的要求。

注：对公称最大粒径大于 19mm 的密级配沥青混凝土或沥青稳定碎石混合料，由于车辙试件尺寸不能适用，不宜按本书方法时行车辙试验和弯曲试验。如需要检验可加厚试件厚度或采用大型马歇尔试件。

B.7.4　水稳定性检验。按规定的试验方法进行浸水马歇尔试验和冻融劈裂试验，残留稳定度及残留强度比均必须符合本书表 5-31 的规定。

注：调整沥青用量后，马歇尔试件成型可能达不到要求的空隙率条件。当需要添加消石灰、水泥、抗剥落剂时，需重新确定最佳沥青用量后试验。

B.7.5 低温抗裂性能检验。对公称最大粒径等于或小于 19mm 的混合料，按规定方法进行低温弯曲试验，其破坏应变宜符合本书表 5-32 要求。

B.7.6 渗水系数检验。利用轮碾机成型的车辙试件进行渗水试验检验的渗水系数宜符合本书表 5-33 的要求。

B.7.7 钢渣活性检验。对使用钢渣的沥青混合料，应按现行试验规程(T0363)的试验方法检验钢渣的活性及膨胀性试验，钢渣沥青混凝土的膨胀量不得超过 1.5%。

B.7.8 根据需要，可以改变试验条件进行配合比设计检验，如按调整后的最佳沥青用量、变化最佳沥青用量 *OAC*±0.3%、提高试验温度、加大试验荷载、采用现场压实密度进行车辙试验，在施工后的残余空隙率(如 7%～8%)的条件下进行水稳定性试验和渗水试验等，但不宜用规范规定的技术要求进行合格评定。

B.8 配合比设计报告

B.8.1 配合比设计报告应包括工程设计级配范围选择说明、材料品种选择与原材料质量试验结果、矿料级配、最佳沥青用量，以及各项体积指标、配合比设计检验结果等。试验报告的矿料级配曲线应按规定的方法绘制。

B.8.2 当按 B.6.7 调整沥青用量作为最佳沥青用量，宜报告不同沥青用量条件下的各项试验结果，并提出对施工压实工艺的技术要求。

附录 C SMA 混合料配合比设计方法

C.1 一般规定

C.1.1 除本方法另有规定外，应遵照附录 B 热拌沥青混合料配合比设计方法的规定执行。

C.1.2 SMA 混合料的配合比设计采用马歇尔试件的体积设计方法进行，马歇尔试验的稳定度和流值并不作为配合比设计接受或者否决的唯一指标。

C.2 材料选择

C.2.1 对于配合比设计的各种材料按附录 B 规定选择，其质量必须符合本书第四章规定的技术要求。

C.2.2 除已有成功经验证明使用非改性的普通沥青能符合使用要求者外，SMA 宜采用改性石油沥青，且采用比当地常用沥青更硬标号的沥青。

C.3 设计矿料级配的确定

C.3.1 设计初试级配

(1)SMA 路面的工程设计级配范围宜直接采用本书表 5-29 规定的矿料级配范围。公称最大粒径等于或小于 9.5mm 的 SMA 混合料，以 2.36mm 作为粗集料骨架的分界筛孔，公称最大粒径等于或大于 13.2mm 的 SMA 混合料以 4.75mm 作为粗集料骨架的分界筛孔。

(2)在工程设计:配范围内，调整各种矿料比例设计 3 组不同粗细的初试级配，3 组级配的粗集料骨架分界筛孔的通过率处于级配范围的中值、中值±3%附近，矿粉数量均为 10%

左右。

C.3.2　按附录B的方法计算初试级配的矿料的合成毛体积相对密度 γ_{se}、合成表观相对密度 γ_{se}、有效相对密度 γ_{se}。其中各种集料的毛体积相对密度、表观相对密度试验方法遵照附录B的规定进行。

C.3.3　把每个合成级配中小于粗集料骨架分界筛孔的集料筛除，按《公路工程集料试验规定》(T0309)的规定，用捣实法测定粗集料骨架的松方毛体积相对密度 γ_s，按式(C.3.3)计算粗集料骨架混合料的平均毛体积相对密度 γ_{CA}。

$$\gamma_{CA}=\frac{P_1+P_2+\cdots+P_n}{\frac{P_1}{\gamma_2}+\frac{P_2}{\gamma_2}+\cdots+\frac{P_n}{\gamma_n}} \tag{C.3.3}$$

式中：$P_1,P_2,\cdots,P_n$——粗集料骨架部分各种集料在全部矿料级配混合料中的配合比；

$\gamma_1,\gamma_2\cdots,\gamma_n$——各种粗集料相应的毛体积相对密度。

C.3.4　按式(C.3.4)计算各组初试级配的捣实状态下的粗集料松装间隙率 VCA_{DRC}。

$$VCA_{DRC}=\left(1-\frac{\gamma_s}{\gamma_{CA}}\right)\times 100 \tag{C.3.4}$$

式中：VCA_{DRC}——粗集料骨架的松方间隙率(%)；

γ_{CA}——粗集料骨架的毛体积相对密度；

γ_s——粗集料骨架的松方毛体积相对密度(g/m^3)。

C.3.5　按本规范B.5.5的方法预估新建工程SMA混合料的适宜的油石比 P_a，作为马歇尔试件的初试油石比。

C.3.6　按照选择的初试油石比和矿料级配制作SMA试件，马歇尔标准击实的次数为双面50次，根据需要也可采用双面75次，一组马歇尔试件的数目不得少于4～6个。SMA马歇尔试件的毛体积相对密度由表干法测定。

C.3.7　按式(C.3.7)的方法计算不同沥青用量条件下SMA混合料的最大理论相对密度，其中纤维部分的比例不得忽略。

$$\gamma_t=\frac{100+P_a+P_x}{\frac{100}{\gamma_{se}}+\frac{P_a}{\gamma_a}+\frac{P_x}{\gamma_x}} \tag{C.3.7}$$

式中：γ_{se}——矿料的有效相对密度，由C.3.2确定；

P_a——沥青混合料的油石比(%)；

γ_a——沥青结合料的表观相对密度；

P_x——纤维用量，以沥青混合料总量的百分数代替(%)；

γ_x——纤维稳定剂的密度，由供货商提供或由比重瓶实测得到。

C.3.8　按式(C.3.8)计算SMA马歇尔混合料试件中的粗集料骨架间隙率 VCA_{mix}，试件的集料各项体积指标空隙率VV、集料间隙率VMA、沥青饱和度VFA、沥青饱和度VFA按本书附录B的方法计算。

$$VCA_{min}=\left(1-\frac{\gamma_f}{\gamma_{ca}}\cdot P_{CA}\right)\times 100 \tag{C.3.8}$$

式中：P_{CA}——沥青混合料中粗集料的比例，即大于4.75mm的颗粒含量(%)；

γ_{ca}——粗集料骨架部分的平均毛体积相对密度，由式(C.3.3)确定；

γ_f——沥青混合料试件的毛体积相对密度，由表干法测定。

C.3.9 从3组初试级配的试验结果中选择设计级配时，必须符合 $VCA_{mix} < VCA_{DRC}$ 及 $VMA > 16.5\%$ 的要求，当有1组以上的级配同时符合要求时，以粗集料骨架分界集料通过率大且 VMA 较大的级配为设计级配。

C.4 确定设计沥青用量

C.4.1 根据所选择的设计级配和初试油石比试验的空隙率结果，以0.2%～0.4%为间隔，调整3个不同的油石比，制作马歇尔试件，计算空隙率等各项体积指标。一组试件数不宜少于4～6个。

C.4.2 进行马歇尔稳定度试验，检验稳定度和流值是否符合本规范规定的技术要求。

C.4.3 根据期望的设计空隙率，确定油石比，作为最佳油石 *OAC*。所设计的SMA混合料应符合本书第五章节二节规定的各项技术标准。

C.4.4 如初试油石比的混合料体积指标恰好符合设计要求时，可以省去此步骤，但宜进行一次复核。

C.5 配合比设计检验

C.5.1 除附录B规定项目外，SMA混合料的配合比设计还必须进行谢伦堡析漏试验及肯特堡飞散试验。配合比设计检验应符合本书第五章第二节技术要求。不符合要求的必须重新进行配合比设计。

C.6 配合比设计报告

C.6.1 配合比设计结束后，必须按附录B的要求及时出具配合比设计报告。

附录D OGFC混合料配合比设计方法

D.1 一般规定

D.1.1 除本方法另有规定外，应遵照附录B热拌沥青混合料配合比设计方法的规定执行。

D.1.2 OGFC混合料的配合比设计采用马歇尔试件的体积设计方法进行，并以空隙率作为配合比设计主要指标。配合比设计指标应符合本书规定的技术标准。

D.1.3 OGFC混合料配合比设计后必须对设计沥青用量进行析漏试验及肯特堡试验，并对混合料进行高温稳定性、水稳定性等进行检验。配合比设计检验应符合本书的技术要求。

D.2 材料选择

D.2.1 用于OGFC混合料的粗集料、细集料以及石粉的质量应符合本书第4章对表面层材料的技术要求。OGFC宜在使用石粉的同时掺用消石灰、纤维等添加剂。

D.2.2 OGFC宜采用高黏度改性沥青，其质量宜符合表D.2.2的技术要求。当实践证明采用普通改性沥青或纤维稳定剂后能符合当地条件时也允许使用。

高黏度改性沥青的技术要求　　表 D.2.2

试验项目		单位	技术要求
针入度(25℃,100g,5s)	不小于	0.1mm	40
软化点($T_{R\&B}$)	不小于	℃	80
延度(15℃)	不小于	cm	50
闪点	不小于	℃	260
薄膜加热试验(TFOT)后的质量变化	不小于	%	0.6
粘韧性(25℃)	不小于	N·m	20
韧性(25℃)	不小于	N·m	15
60℃黏度	不小于	Pa·s	20 000

D.3 确定矿料级配和沥青用量

D.3.1 按试验规程的方法精确测定各种原材料的相对密度,其中 4.75mm 以上的粗集料为毛体积相对密度,4.75mm 以下的细集料及矿粉为表面相对密度。

D.3.2 以本书表 5-24 级配范围作为工程设计级配范围,在充分参考同类工程的成功经验的基础上,在级配范围内适配 3 组不同 2.36mm 通过率的矿料级配作为初选级配。

D.3.3 对每一组初选的矿料级配,按式(D.3.3-1)计算集料的表面积。根据希望的沥青膜厚度,按式(D.3.3-2)计算每一组混合料的初试沥青用量 P_b。通常情况下,OGFC 的沥青膜厚度 h 宜为 14um。

$$A=(2+0.02a+0.04b+0.08c+0.14d+0.3e+0.6f+1.6g)/48.74 \tag{D.3.3-1}$$

$$P_b=h\cdot A \tag{D.3.3-2}$$

式中:A——集料总的表面积。

a、b、c、e、f、g,分别代表 4.75mm、2.36mm、1.18mm、0.6mm、0.3mm、0.15mm、0.075mm 筛孔的通过百分率(%)。

D.3.4 制作马歇尔试件,马歇尔试件的击实次数为双面 50 次,用体积法测定试件的空隙率,绘制 2.36mm 通过率与空隙率的关系曲线。根据期望的空隙率确定混合料的矿料级配,并再次按 D.3.3 的方法计算初始沥青用量。

D.3.5 以确定的矿料级配和初始沥青用量拌和沥青混合料,分别进行马歇尔试验、谢伦堡析漏试验、肯特堡飞散试验、车辙试验,各项指标应符合本书第五章第二节的技术要求,其空隙率与期望空隙率的差值不宜超过±1%。如不符合要求,应重新调整沥青用量拌和沥青混合料进行试验,直至符合要求为止。

D.3.6 如各项指标均符合要求,即配合比设计已完成,出具配合比设计报告。

附录 E 沥青层压实度评定方法

E.0.1 沥青路面的压实度采取重点进行碾压工艺的过程控制,适度钻孔抽检压实度校核的方法。钻孔取样应在路面完全冷却后进行,对普通沥青路面通常在第二天取样,对改性沥青及 SMA 路面宜在第三天以后取样。沥青面层的压实度按式(E.0.1)计算;

$$K = \frac{D}{D_0} \times 100 \tag{E.0.1}$$

式中：K——沥青层某一测定部分的压实度(%)；

D——由试验测定的压实沥青混合料试件实际密度(g/cm^3)；

D_0——沥青混合料的标准密度(g/cm^3)。

E.0.2 施工及验收过程中的压实度检验不得采用配合比设计时的标准密度，应按如下方法逐日检测确定：

(1)以实验室密度作为标准密度，即沥青拌和厂每天取样1～2次实测的马歇尔试件密度，取平均值作为该批混合料铺筑路段压实度的标准密度。其试件成型温度与路面复压温度一致。当采用配合比设计时，也可采用其他相同的成型方法的实验室密度作为标准密度。

(2)以每天实测的最大理论密度作为标准密度。对普通沥青混合料，沥青拌和厂在取样进行马歇尔试验的同时以真空法实测最大理论密度，平行试验的试样数不少于2个，以平均值作为该批混合料铺筑路段压实度的标准密度；但对改性沥青混合料，也可采用抽提筛分的配合比及油石比计算最大理论密度。计算法确定最大理论密度的方法按附录B的规定进行。

(3)以试验路密度作为标准密度。用核子密度仪定点检查密度不再变化为止，然后取不少于15个的钻孔试件的平均密度为计算压实度的标准密度。

(4)可根据需要选用实验室标准密度、最大理论密度、试验路密度中的1～2种作为钻孔法检验评定的标准密度。

(5)施工中采用核子密度仪等无破损检测设备进行压实度控制时，宜以试验路密度作为标准密度，核子密度仪的测点数不宜少于39个，取平均值，但核子密度仪需经标定认可。

E.0.3 压实度钻孔频率、合格率评定方法等按第九章第四节的要求执行。

E.0.4 在交工验收阶段，一个评定路段的压实度以代表值和极值评定压实度是否合格。

(1)一个评定路段的平均压实度、标准差、变异系数按式(E.0.4-1)～式(E.0.4-3)计算。

$$K_0 = \frac{K_1 + K_2 + \cdots + K_N}{N} \tag{E.0.4-1}$$

$$S = \sqrt{\frac{(K_1 + K_0)^2 + (K_2 - K_0)^2 + \cdots + (K_N - K_0)^2}{N-1}} \tag{E.0.4-2}$$

$$C_V = \frac{s}{K_0} \tag{E.0.4-3}$$

式中：K_0——该评定路段的平均压实度(%)；

s——一个评定路段的压实度测定值的标准差(%)；

C_V——一个评定路段的压实度测定值的变异系数(%)；

$K_1, K_2, \cdots, K_N$——该评定路段内各测定点的压实度(%)；

N——该评定路段内各测定点的总数，其自由度为N—1。

(2)一个评定路段的压实度代表值按式(E.0.4-4)计算。

$$K' = K_0 - \frac{t_a s}{\sqrt{N}} \tag{E.0.4-4}$$

式中：K'——一个评定路段的压实度代表值，%；

t_a——t 分布表中随自由度和保证率而变化的系数，见附表 E.0.4。当测点数大于 100 时，高速公路的 t_a 可取 1.6 449，对其他等级公路 t_a 可取 1.2 815。

$t_a/\sqrt{N}$的值　　表 E.0.4

测点数 N	高速公路、一级公路	其他等级公路	测点数 N	高速公路、一级公路	其他等级公路
2	4.465	2.176	20	0.387	0.297
3	1.686	1.089	21	0.376	0.289
4	1.177	0.819	22	0.367	0.282
5	0.953	0.686	23	0.358	0.275
6	0.823	0.603	24	0.350	0.269
7	0.734	0.544	25	0.342	0.264
8	0.670	0.500	26	0.335	0.258
9	0.620	0.466	27	0.328	0.53
10	0.580	0.437	28	0.322	0.248
11	0.546	0.414	29	0.316	0.244
12	0.518	0.393	30	0.310	0.239
13	0.494	0.376	40	0.266	0.206
14	0.473	0.361	50	0.237	0.184
15	0.455	0.347	60	0.216	0.167
16	0.438	0.335	70	0.199	0.155
17	0.423	0.324	80	0.186	0.145
18	0.410	0.314	90	0.175	0.136
19	0.398	0.305	100	0.166	0.129

注：本表适用于压实度、厚度等单边检验要求的情况。对高速公路、一级公路、保证率为 95%；对其他等级公路，保证率为 90%。

附录 F　施工质量动态管理方法

F.0.1　施工单位应以试验检测质量指标的变异系数（或标准差）作为施工水平的主要评价指标。施工单位应总结经验，自行建立各项施工质量指标变异系数的允许界限值，作为企业管理的目标。

F.0.2　高速公路、一级公路施工过程中，施工单位宜利用计算机建立工程质量数据库，随时输入各项数据，绘制逐次检测结果 X 或逐日检测结果平均值 $\overline{X}$ 的曲线。检查试验数据是否超出规范允许的误差范围，发生有不符要求的情况时应认真分析其原因并采取措施。同时分阶段（一定日期或距离）计算出逐日结果平均值的平均值 $\overline{\overline{X}}$（期望值）、极差 R、标准差 s 及变异系数 C_V，汇总整理。记录的内容应包括取样地点、试验员、试验项目、试验方法、试验结果及合格与否的评定（合格率）等。

F.0.3　施工质量控制宜采取平均值和极差管理图 $\overline{X}$—R 的方法，将试验结果逐次绘制管理图（图 F.0.3-1），同时随着施工的进展，绘制施工质量直方图正态分布曲线（图 F.0.3-2）。当发现标准差及变异系数有增大倾向时，应分析原因，研究对策。

F.0.4　在 $\overline{X}$—R 管理图中应以平均值 $\overline{X}$ 作为中心线 C_L，并标出质控上限 UCL 和质控下限 LCL，表示允许的施工正常波动范围。当有超出质控上、下限范围时，应视为施工异常或试验数据异常。中心线、质控上限、质控下限按式（F.0.4-1）～式（F.0.4-6）计算。

$\overline{X}$ 图中：

$$\mathrm{CL} = \overline{\overline{X}} \tag{F.0.4-1}$$

$$\mathrm{UCL} = \overline{\overline{X}} + A_2\overline{R} \tag{F.0.4-2}$$

$$\mathrm{LCL} = \overline{\overline{X}} + A_2\overline{R} \tag{F.0.4-3}$$

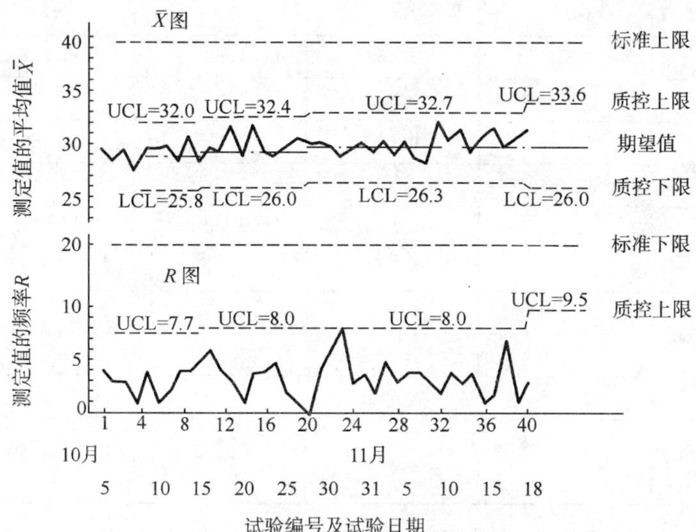

图 F.0.3-1 工程质量指标管理图示例(流值:mm)

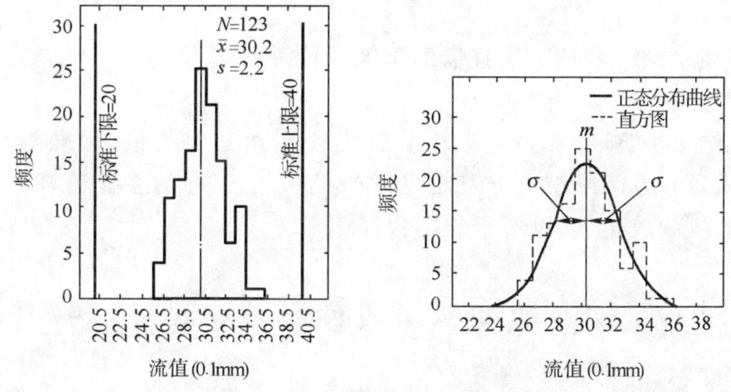

图 F.0.3-2 工程质量指标检测结果的直方图及正态分布曲线示例

R 图中：

$$\mathrm{CL} = \overline{R} \tag{F.0.4-4}$$

$$\mathrm{UCL} = D_4\overline{R} \tag{F.0.4-5}$$

$$\mathrm{LCL} = D_3\overline{R} \tag{F.0.4-6}$$

$\overline{X}$ 图中：CL——$\overline{\overline{X}}$—R 管理图中的中心线(期望值)；

UCL——$\overline{\overline{X}}$—R 管理图中的质控上限；

LCL——$\overline{\overline{X}}$—R 管理图中的质控下限；

$\overline{\overline{X}}$——一个阶段各组检测结果平均值的平均值；

$\overline{R}$——一个阶段各组检测结果的极差 R 的平均值；

A_2, D_3, D_4——由一组检测结果的试验次数决定的管理图用的系数，其值应按表 F.0.4 确定。

管理图用系数表 表 F.0.4

一组检测结果的试验次数 n	d_2	d_3	A_2	D_4	D_3
2	1.128	0.853	1.880	3.267	—
3	1.693	0.888	1.023	2.575	—
4	2.059	0.880	0.729	2.282	—
5	2.326	0.864	0.577	2.115	—
6	2.534	0.848	0.483	2.004	—
7	2.704	0.833	0.419	1.924	0.076
8	2.847	0.820	0.373	1.864	0.136
9	2.970	0.808	0.337	1.816	0.184
10	3.078	0.797	0.308	1.777	0.223
	—	—	$\frac{3}{d_2\sqrt{n}}$	$1+3\frac{d_3}{d_2}$	$1-3\frac{d_3}{d_2}$

F.0.5 在 $\overline{X}$—R 管理图和直方图中可标出本规范附录 E 规定的质量标准或允许差范围。当有超出此范围，即施工不合格时，应予处理。

F.0.6 在 $\overline{X}$—R 管理图和直方图可标出企业管理目标的允许范围。当有超出此范围，即施工水平下降时，应研究对策。

F.0.7 施工质量动态管理工作宜借助于电子计算机进行。各级工程管理部门宜随时查询或检查所有的数据。

F.0.8 施工结束后，施工单位宜汇总全部数据，计算出平均值、标准差及变异系数，绘制整个工程的施工质量直方图或正态分布曲线，作为下一个工程的企业管理目标。数据库及动态质量管理的内容应制成光盘，以便于长期保存。

附录 G 沥青路面质量过程控制及总量检验方法

G.0.1 为做好沥青混合料生产过程中实时控制，及时发现各项生产参数是否符合配合比设计要求，高速公路和一级公路采用间歇式拌和机生产沥青混合料时，必须配备计算机自动采集及自动打印数据的装置，进行沥青混合料的“过程控制”(在线监测)和总量检验。

G.0.2 开始拌和前应设定每拌和一盘沥青混合料的生产量，各个热产仓、矿粉、沥青等的标准配合比用量，设定各项施工温度。拌和过程中计算机通过传感器采集每拌和一盘混合料的各项数据，由计算机自动处理或者逐盘打印这些数据，进行沥青混合料质量的在线监测。当计算机能够实时监测、自动处理、显示、保存所采集的各项数据时，也允许不逐锅打印数据，只打印汇总统计者。

注：拌和机的各种称重传感器必须逐个经过认真标定，自动采集、记录打印的结果应经过校验，如与实际数量有差值时应求出修正系数，保证各项施工参数的准确性。

G.0.3 计算机必须逐盘采集各项数据，按各个料仓的筛分曲线，逐锅计算出矿料级配，与设计级配范围及容许的施工波动范围进行比较，实时评定矿料级配是否符合要求。当发现有不合格的情况，必须引起注意，如果连续 3 锅以上都出现不合格情况时，宜对设定值适当调整。

G.0.4 计算机必须逐盘采集沥青结合料的实际使用量及沥青混合料的生产量，计算油石比（或沥青用量），与设计值及容许的波动范围相比较，评定是否符合要求。如果连续 3 锅以上不符要求时，宜对设定值适当调整。

G.0.5 计算机必须实时监测和采集与沥青混合料生产有关的各种施工温度，与本规范的要求进行比较，评定是否符合要求。

G.0.6 总量检验的报告周期可以是一个工作日或一个台班。施工停止时，计算机应自动计算并及时打印出各项数据的统计结果。其中沥青混合料的矿料级配可以是全部筛孔，但评定是否符合要求可只对 5 个控制性筛孔（0.075mm、2.36mm、4.75mm、公称最大粒径、一档较粗的控制性粒径等筛孔）。并按式（G.0.6-1）～式（G.0.6-3）计算机全过程各种指标的平均值、标准差、变异系数，进行沥青混合料生产质量的总量检验。

$$K_0 = \frac{K_1 + K_2 + \cdots + K_N}{N} \tag{G.0.6-1}$$

$$S = \sqrt{\frac{(K_1 - K_0)^2 + \cdots + (K_N - K_0)^2}{N - 1}} \tag{G.0.6-2}$$

$$C_V = \frac{s}{K_0} \tag{G.0.6-3}$$

式中：K_0——该报告周期的平均值（%）；

s——一个报告周期的测定值的标准差（%）；

C_V——一个报告周期的测定值的变异系数（%）；

$K_1, K_2, \cdots, K_N$——该报告周期内每一盘的测定值（%）；

N——该报告周期内总的拌和盘数，其自由度为 N-1。

G.0.7 利用一个评定周期的沥青混合料总生产量、施工总面积、沥青混合料刻度按式（G.0.7）计算该摊铺层的平均压实厚度：

$$H = \frac{\sum m_i}{A \cdot d} \times 1\,000 \tag{G.0.7}$$

式中：H——该评定周期沥青路面摊铺层的平均施工压实厚度（mm）；

m_i——每一盘沥青混合料的质量，脚标 i 为依次记录的盘次，$\sum m_i$ 为一个评定周期内沥青混合料的总生产量（t）；

A——该评定周期沥青路面摊铺层的总面积，当遇有加宽等情况时，铺筑面积应按实际计算（m^2）；

d——评定周期内摊铺层的现场压实密度的平均值，由钻孔试件的干燥密度（即实验实标准密度乘以压实度）测定得到（t/m^3）。

G.0.8 沥青混合料生产过程中的动态质量管理按附录 F 的方法进行。

G.0.9 一个沥青层全部铺筑完成后，应绘制出各个检测指标的变化过程，并计算总的平均值、标准差、变异系数。计算各个指标的总合格率，作为施工质量检验的依据。

G.0.10 计算机采集、计算的沥青混合料过程控制及施工质量总量检验的数据图表，均必须按要求随工程档案一起存档。

附录二、摊铺机的调整

在施工前摊铺机的各部机件特别是工作装置及调节机构应进行检查和调整，如刮板输料器、闸门和螺旋分料器是否良好，有无黏结沥青混合料；振捣梁的底面及其前下部是否磨损过大，行程及运动速度是否恰当，它与熨平底板之间的间隙以及离熨平板底面的高度是否合适；熨平底板是否磨损、变形和黏附物，其加热装置是否正常；厚度和拱度调节器是否正常，其他部件活动是否灵敏等。

一、摊铺机的参数选择

摊铺机包括结构参数和运行参数两部分。在摊铺前根据施工要求需调整和选择摊铺机的结构参数：熨平板的宽度和拱度；摊铺厚度与熨平板的初始工作迎角。

1. 熨平板的宽度和拱度调整

为减少机械摊铺次数，减少路面纵向接缝，有利于提高质量，尽量增加摊铺宽度。当两台摊铺机梯形作业时，上下铺层接茬应错开 50cm，熨平板的侧边与路缘石之间要留有 10cm 以上间距。接宽平板时要同时接长螺旋分料器和振捣梁，同时检查接长的熨平板直度和整体刚度。

熨平板的宽度调整完后，要调整拱度。各种型号的摊铺机拱度调整大致相同，调整后可在标尺上直接读出，拱度绝对数(mm)值或横坡百分数，调整后要试铺校验，必要时再进行调整。有些大型摊铺机有前后两幅调拱机构，前拱的调节量略大于后拱。有利于改善摊铺质量和结构密度的均匀性。如果调整不当，将出现表面密实度不均等缺陷。经验证明，前拱过大，混合料易向中间集中，于是出现两侧疏松，中部紧密并被刮出亮痕和纵向撕裂状条纹；反之前拱过小，甚至小于后拱，混合料被分向两侧，于是出现中间疏松，两侧紧密并刮出亮痕和纵向撕裂状条纹，只有前后符合规定时，才能获得满意的摊铺效果。一般人工接长调整宽度的熨平板，其前后拱之差为 3～5mm，液压伸缩调宽的熨平板，差值为 2～3mm。

2. 摊铺厚度和熨平板初始工作迎角的调整

摊铺前先做两块长方垫木，依此作为摊铺厚度的基准，垫木宽 5～10cm，长与熨平板宽度相等或稍长，厚度为松铺厚度。摊铺机停于起点的平整处，抬起熨平板，将垫木置于熨平板两端的下面。如果熨平板加宽，垫木则放在加宽部分的近侧边。提升油缸处于浮动状态，然后转动左右两只厚度调节螺杆，使它们处于微量间隙的中部位置。此时熨平板以其自重落在垫木上。

熨平板位置妥当后，接着调整初始工作迎角，此迎角视机型、铺层厚度、混合料种类和温度等因素的不同而异，各种机型说明书中都有规定。多数摊铺机上都有手动调节机构，用于调整初始工作迎角，调节的正确与否，只能通过实际厚度去验证，每调整一次要在 5m 范围内作多点厚度检验，取其均值，与设计比较。具有自动找平装置的摊铺机，在结构上可靠改变熨平板侧臂安装位置来获得有限级的初始工作迎角，每一级初始工作迎角适应一定范围的摊铺厚度，靠电子液压调整装置来控制工作迎角的瞬时变化，以保证摊铺平整度。一般熨平板前端抬起 0.6～1.2mm，对于较大摊铺厚度应选择较大的工作迎角，主要应根据经验确定。

3. 布料螺旋与熨平板前缘距离的调整

现代摊铺机熨平板的前缘与布料螺旋之间的距离是可变的，它主要根据摊铺厚度、混合料级配及油石比，下承层强度与刚度、矿料粒径等条件对距离进行适度调整。当摊铺厚度较大，矿料粒径也大，沥青混合料温度偏低，或发现摊铺层表面出现波纹则应将距离调大，在稳定土基层上摊铺较薄层油面时，距离可调小。一般条件下，将厚度小于10cm的中、粗粒式沥青混合料、最大粒径约3cm混合料温度适中时，将距离调至中间位置。此距离的变化会引起熨平板前缘堆料高度的变化和螺旋分料器处混合料压力的变化。混合料压力过大（即熨平板前的堆料较高），混合料对熨平板底面的阻力增加促使工作迎角相对变化大，使平整度发生变化，反之，混合料压力过小，也会使距离的调整是在其他项目调整（如刮平料板的开度等）全部完成后进行。

4. 振捣梁振幅和频率的调整

绝大多数摊铺机在熨平板之前，设机械往复式振动器（振捣梁），由一偏心轴传动，偏心轴一般由一台液压电机驱动，通过转阀进口处压力来控制液压振动器的振幅。振幅调整分为有级调整和无级两种，调整的范围一般在4～12mm之间。一般情况下，薄层和矿料粒径较小时，宜用短行程（低振幅）；反之，厚度大，温度低，矿料粒径大时，宜用大振幅。

振动梁振幅的调整主要依据是摊铺厚度和摊铺层密实度，摊铺厚度大小、温度、矿料粒径进行调整。

振动频率主要影响混合料颗粒重新排列，振动使混合料的内摩擦力减小，易于压实。振频的调整是大振幅采用低频，小振幅采用高频，调整时由低向高逐步增加，一般情况下，摊铺机每前进5mm时，振捣次数不得少于1次，并随时检测摊铺层的密实度。

5. 熨平板前刮料板高度的调整

摊铺机熨平板前的刮料板作用在于保持熨平板前部混合料的堆积高度为定值，因此，刮料板高度的调整得当，有利于提高摊铺质量，研究表明当摊铺厚度小于10cm时，刮料板底刃应高出熨平板底板前缘13～15cm，对于液压伸缩调频的熨平板，此值要稍减少，如果摊铺厚度增大，或混合料粒径增大，刮料板应适当提高。反之，铺层薄、混合料中的中细粒多且油石比较大时，应适当降低刮料板的高度。刮料板底刃要与熨平板的全宽保持平直。

6. 摊铺机作业速度的选择

摊铺机作业速度对路面质量起着非常重要的作用，如果摊铺机时快、时慢、时开时停，将导致熨平板受力系统平衡变化频繁，对摊铺层平整度和密实度产生很大影响，速度快会使铺层疏松，供料困难，停机会使铺层出现台阶状，摊铺机的速度控制一般与材料、厚度、宽度、配套机械、施工技术要求有关，重要的前提是保证摊铺质量和符合施工技术规范要求，还有混合料的供给能力和铺筑的层次及混合料类型。

根据供料能力确定摊铺速度。根据拌和厂的混合料供给能力，摊铺宽度和厚度按下式计算。

$$v = 100Q \cdot C/60b \cdot h \cdot \gamma$$

式中：v——摊铺速度(m/min)；

Q——混合料的供给能力(t/h)；

b——摊铺宽度(m)；

h——压实后的摊铺厚度(cm)；

γ——压实后沥青混合料毛体积密度(t/m^3)，一般取$\gamma = 2.35t/m^3$；

C——摊铺机的效率系数，根据材料供应、拌和机的生产能力和运输能力等配套情况确定，一般宜为0.9左右。

再是摊铺层次及混合料类型对摊铺速度选择也有影响，高等级公路沥青路面施工中，摊铺机的工作速度一般在2～10m/min范围内选取。为了摊铺层有足够的密度和平整度，一般下面层可稍快些，上面层速度可慢些，最大不应大于6m/min，对于薄层罩面则更应慢，因为摊铺机前进速度慢，则铺层可受到较多的振动次数。在摊铺面层时，一般摊铺机每前进1m，振捣次数不得少于200次。

摊铺机各种参数的调整是保证摊铺质量和效率的第一步，必须做到认真细心，调整时要选择有经验的技术人员完成此项工作，经验起着很重要的作用，不可忽视。在摊铺机作业中还要根据出现的问题及时进行调整，使摊铺机始终处于良好技术状态下工作，以保证路面的全部质量要求。

二、自动调平装置的运用

1.浮动熨平板的自调平特性

沥青混合料摊铺机的熨平装置均为浮动式，即熨平装置通过左右两牵引大臂，借助于液压油缸铰接于主机架的两侧，构成一幅悬挂装置。熨平装置放置在道路的铺层上，有主机通过左右牵引大臂，拖着沿道路铺筑层向前浮移，同时熨平装置还可绕液压油缸处的牵引枢铰上下运动，并由此引起工作迎角的变化，而熨平装置工作迎角大小的改变将导致铺层厚度的变化；此外熨平板的前端还铰接于牵引大臂的后部，因此还可通过摊铺厚度调节器使熨平装置绕枢铰上下摆动，主要是基于浮动熨平装置在工作系统中作用力的“平衡—不平衡—平衡”这一规律。

由于熨平装置处于完全浮动状态，通过长牵引大臂的作用，而将原路基层(路面下层)的不平整度大大减小了，如果经过多层的摊铺，下承层原有的不平整将呈现出按平方的关系递减。这就是浮动熨平板装置自动调平工作原理和具体操作过程。基于这一原理，浮动熨平板移动轨迹使下承层的起伏波趋于平缓，起到一定的“滤波作用”。浮动熨平板的这种“滤波”作用，即称为浮动熨平板的自动调平特性。它随摊铺机的结构、类型的不同而异，一般情况下轮式摊铺机优于履带式。

浮动熨平板滤波作用强弱，与牵引大臂长度有关，即牵引臂越长滤波作用越强。但实际上，摊铺机整体结构长度不可能过长，经过理论设计和实际验证，一般将牵引大臂长L和熨平装置长度B之比定为5左右，滤波还与边界的干扰有关，在摊铺速度和混合料数量等因素不变的情况下，下基层的起伏波是主要干扰因素，下承层的起伏波越小，浮动熨平板的滤波作用越强，下承层起伏波越长，熨平板的滤波作用越弱，当波长增到一定值时(波长大于牵引长度的5倍时)滤波作用将完全消失。

2.自动调平装置

摊铺机的浮动式熨平板虽然对下承层起到一定作用，但由于这种功能的不完善，并有一定的局限性，必须对熨平装置设置必要的调节机构；这种调节机构有人工手动调节和自动调平装置两种，人工手动调节机构是转动调节手轮，通过螺旋杆传动改变熨平板的工作迎角来跟踪熨平板牵引点的高度位置变化，其效果很大程度上取决于操作者的经验和熟练程度，往往因经验不足、熨平板反映滞后等原因，无法满足铺层平整度的要求。故需借助于自动调平装置对浮动熨平板自动调平功能做进一步补充，才能使铺层达到很好的平整度。

自动平整度控制系统都是根据检测到偏差信号来进行调整的，如果检测到的偏差信号不准确，系统本身控制精度再高也达不到自动调节的目的，自动调节装置一般由纵向参照基准、纵向调平装置和横向调平装置组成。纵向参考基准是整个系统的参照基准，对整个系统控制精度有着重要意义。基准分为两大类：即绝对基准和相对基准。基准线钢丝法是绝对基准，它不受高程的变化影响，是一种理想的基准方式，但使用不便，在要求摊铺平整度高时采用。浮动基准梁法和雪橇法是相对基准，它是借助已铺好的路面、路缘石等。摊铺机的纵横向调平装置由传感信号、指令控制、终端执行机构三部分。

现行规范要求用于铺筑高速公路、一级公路沥青混凝土路面摊铺机应具有自动或半自动方式调节摊铺厚度及找平的装置，在自动找平时，中、下面层宜采用一侧钢丝绳引导的高程控制方式，表面层宜采用与摊铺层前后保持相同高差的雪橇式摊铺厚度控制方式。但这不是绝对的找平方式。

3.纵向参照基准的设置

(1)张紧绳基准

(2)利用现成表面做基准(相对基准)

以铺好相邻带路面或路缘石作基准时大多采用滑板作接触件，如纵向是冷接缝时滑板应置于离边缘 30～40cm，是热接缝时滑板置于未碾压的边缘处。采用以雪橇式控制摊铺厚度的方式，其原理类似于杠杆，即将杠杆的支点安置于受外界因素影响较小的新铺层上，下一层的许多不平整因素被梁体结构分解，缩小若干倍，使传感器得到一个稳定的波动幅度较小的信号。在平整度较好的情况下，走雪橇的方法显然优于钢丝绳法。在高等级公路施工中，底基层、基层、下面层用基准绳法，当高程误差已相对消除时，对于中、上面层可采用悬浮式基准梁等厚度控制方式。浮动基准梁的结构可归纳为两种方式：一种称拖杆(或拖杠、拖梁)，另一种又称为拖架。拖杆是一根长 7～8m 金属杆，复杂一点的金属杆有几个橡皮轮或小滑靴，它仅能把下承层上比拖杆短的起伏波均化(拉长)而不能消幅，所以仅能使摊铺层的平整度略为改善，起伏的绝对值并未减小。而由数根杆件结合架起来形成一定高度的拖架，则既能拉长下承层起伏波，又能减少波幅。其原理是：路面结构的下承层都有许多不平整度因素，摊铺机在下承层上行走，将使传感器上下波动，造成摊铺层的不平整。拖架基准是采用杠杆原理，将下承层的不平整度起伏经过多次分解后传至摊铺机传感器时已缩小若干倍，使传感器得到一个相对稳定或波动幅度转小的控制信号，以达到稳定摊铺的目的。拖架主要有四个部分组成：一是前着地部分(轮式或雪橇板)，二是后着地部分(一般两组雪橇板)，三是前后连接梁，四是牵引横梁。前着地部分位于熨平板前，长度 3～4m，有四个轮子组成，当一个轮子有不平整度出现时，传到前端的只有高程变化的 1/8，到传感器时只有 1/16 甚至更小，若遇到一颗粒径 2cm 的石子，即到传感器时只有 1～1.2mm。拖架的长度一般是 10～12m，现在已有的长 16m，也有的是 19m，要求拖架要轻，刚度要大，不变形。当两台摊铺机梯形作业时，前台可用两个拖架基准梁，后一台可用一个拖架，靠近中间的一侧可采用滑板找平。

4.纵横向传感器的安置、使用的调整

纵向传感器的安装位置一般在牵引点或牵引点与熨平板之间。在安装后要将它调整在其“死区”的中心位置，在调整时，牵引臂锁销应置于工作位置，即要将铰销锁住。横向传感器“死区”通常为±0.2%～±0.02%，纵向传感器“死区”调整到栅臂端头动作上下 1.5～0.5mm 以内，油缸尚未工作为宜，此时工作指示灯不亮(纵、横向传感器均应按说明书规定值调整“死区”范围，一般在工厂已调好，不必再调整，只需检查是否与规定值相符)。调好后，拨出牵引臂锁销，将传感器的工作选择开关拨到“工作”位置，此后接上电线，打开电源开关进行 10min 预热，然后在自动调平装置不工作的情况下，进行10～15m距离的试摊铺，并检查调整下列项目：(1)厚度是否符合要求；(2)传感器是否仍处下中心位置(其工作指示灯不亮)；(3)左右牵引臂铰接点高度是否一致；(4)油缸行程是否处于中间位置。完成上述工作后，将纵横向传感器工作开关拨到"工作"位置，即让调平装置开始工作。停止作业时，应先断开自动调平系统开关，使调整油缸处于静止位置。

5.横坡的控制

一般情况下铺层的横坡由横坡控制系统配合一侧的纵坡传感器来控制。如果一次摊铺宽度达6m以上，由于熨平板的横向刚度降低，容易出现变形，使摆锤式横坡传感器的检测精度降低。因此，常改用左右两侧的横坡控制系统。当路面的横坡变化过高过大时，也常如此，在直线段摊铺时，只要给定设计的横坡值，就能实现自动控制。在弯道上摊铺时，因横坡在变化，难以实现自动控制，为了正确操作，可事先在弯道路段每5m为一标桩，将各桩处的坡度值记入表格内，并画一曲线图，如果转弯半径小，两桩的间距可适当缩小(最小为1m)，进和出弯道处都要有标桩，不过其间距可较大些，操作人员根据图表在进入某标桩之前约2m处提前调整横坡选择器(因为横坡的实际变化滞后于调整动作)。

三、MOBA非接触式找平装置运用

目前市场上所使用的摊铺机自动找平控制系统可分为简单控制系统和平衡梁控制系统两大类。其中简单控制系统根据工作方式又可分为：接触式控制系统和非接触式控制系统；从技术原理上又可以划分为：模拟控制系统和数字控制系统。现在大量应用的是数字控制系统，其中的典型代表为德国MOBA公司的MOBA-matic数字控制系统，我国陕建集团和三一重工公司的高端摊铺机出厂的标准配置就是该找平控制系统，各个道路施工现场都可以见到。不论什么找平系统，一般都用平衡梁与基准面高差控制，平衡梁操作系统根据工作方式可以分为：接触式控制系统和非接触式控制系统。前面谈到的自动调平装置为接触式控制系统，接触式平衡梁控制系统采用模拟控制技术，结构简单，成本较低，反应精度较差。机械梁庞大笨重，搬运和拆卸都很费事，使用非常不方便，尤其是遇到匝道、变坡、接缝、缺口、台阶、井盖等特殊情况时不能正确处理，而且在道路上滑行时，易受外界因素的干扰。非接触式平衡梁控制系统采用先进的滤波、CAN总线通信、智能纠错、故障自诊断等技术，使其控制精度更高，使用更方便，能节省大量的人力物力，极大地减轻了劳动者的工作强度。当然，非接触式平衡梁控制系统的价格较高，在一定程度上限制了它的普及使用。根据检测原理的不同，非接触式平衡梁又可以分为：激光平衡梁和超声波(声纳法)平衡梁。激光平衡梁结构相对超声波平衡梁来说要简单一些，检测的面积也大一些，但是它的价格也远远高于超声波平衡梁。另外，从技术运用层次上分析：超声波平衡梁已经经过了大量工程实际应用的检验，是一种可靠、方便、高精度的优良控制系统；而激光平衡梁属于最近才开发的新系统，没有经过实际应用的考验，该系统还不是十分完善，还有待进一步改进。例如：激光平衡梁在雨天和雾天都不能正常工作，也不能在晚间工作。这些问题是由于激光传感器本身工作特性所决定的，可以说是它的"先天不足"！该系统要想得到大范围的推广使用，必须解决这些先天缺陷，并且降低它的价格。目前较为成熟的激光平衡梁有MOBA公司的Laser-ski。

BIG-SKI的工作原理为：BIG-SKI通过内部CAN总线网络将传感器—超声波滑靴组合起来，进而检测路面的不同位置，再将检测的数据进行智能筛选与处理，最后将处理后的数据送给控制器，控制器根据数据判断当前摊铺机的工作状态，进而输出对摊铺机找平液压系统的控制信号，至此达到自动找平的目的。

BIG-SKI 由 6 个超声波传感器，两个数字控制器，两个连接盒和若干电缆及机械安装梁构成。工作时，摊铺机每侧分布安装 3 个超声波传感器。MOBA 公司的超声波传感器非常有特点：每个传感器有 6 个超声波探头，其中 5 个大探头用于检测参考物，1 个小探头用于温度补偿。由于超声波的特性决定了以超声波测距为原理设计的所有传感器都会受温度、噪声等因素的干扰。这就产生了一个问题：超声波传感器的测量数据必定受这些干扰因素的影响而不准确。对于摊铺机的作业，噪声主要是低频信号，该类信号对超声波的干扰很小，可以忽略不计。干扰主要来自于温度，夏季炎热的天气和高温沥青骨料都会对传感器产生影响。所以，MOBA 公司在每个传感器上都设计了一个温度补偿探头，以保证任何时候的测量数据都准确可靠。MOBA 公司的超声波传感器有 5 个超声波探头用于检测数据，它的检测范围可达 25cm，而其他同类产品一般只有一个超声波探头用于检测数据，相比 MOBA 公司产品，单个传感器检测范围要小的多。正因为该传感器的检测范围足够大，所以用户可以选择单个传感器工作，即可满足公路摊铺作业的需要。此外，MOBA 的超声波的工作方式更为灵活，该传感器可以以路面、规则的道沿为参照物，又可以以钢丝为参照物。这就为用户提供了更多的选择空间。也正因为如此，MOBA 的平衡梁不仅可以用于面层的摊铺，还可用于公路基层的摊铺作业。这是 MOBA 平衡梁的独有创新之处！下面将分别介绍 MOBA 平衡梁单个滑靴传感器工作和组合滑靴传感器工作的情形，以路面参考为例。

1. 单个滑靴传感器的工作

滑靴上 5 个独立传感器（即超声波探头）同时工作，但是，只有 3 个最接近实际检测值的测量值才会被系统采用，从而求得平均值。因此，不规则的检测值将不会被计算在内，也不会影响到平均值的结果。相比单探头控制系统，在一定程度上改善了测量的连续性，避免了熨平板的突升和突降现象的发生。另外，配合数字控制器参数的设置，可以杜绝人为因素的干扰：如路面残渣没能及时清除、工人不小心将铁锨等工具伸到传感器探头下等现象对控制系统产生的影响。

2. 滑靴组合，即平衡梁的工作

超声波滑靴组合，可作用于较长且不规则路面，如路面的坑凹部分将会被补偿。但单个传感器却无法达到这一效果。超声波滑靴组合可剔除较大的不规则值，较小的不规则值将会被 9 个检测值平均掉，机器无需非常精确的参考面。滑靴组合将会改善参考面状况，甚至有时无需基准绳。滑靴组合使用者具有更大的灵活性，达到节省时间，节省资金的目的。

由于 MOBA 数字控制器采用了诸多独创的技术，因此 MOBA 平衡梁允许用户在单个传感器工作模式与平衡梁工作模式之间自由切换，而不必担心因为工作模式的变化导致测量基准的变化。该功能实际上使用户可以在三种工作方式下灵活选择，即：平衡梁模式、单个传感器路面模式、单个传感器基准绳模式。正因为如此，才使得该控制系统不仅可以用于高速公路面层的摊铺而且适用于基层的摊铺。此外，还解决了传统平衡梁不能摊铺弯道、桥路的问题。

非接触式找平装置虽然有很多优点，但也有不足之处：一是造价太高；二是一旦出现问题施工单位不能自行调整，只得等待厂家来解决。

四、摊铺过程中的质量检验及缺陷分析

1. 质量检查

摊铺中的质量检验主要包括沥青混合料的直观检查、温度检查、摊铺厚度和铺层表面检查。

(1)沥青混合料的直观检查。正常时混合料是又黑又亮,在车上呈圆锥形在摊铺机受料斗中“蠕动”。否则就不正常,造成沥青含量太高、有花白料拌和不均或沥青含量太少。

(2)混合料的温度检查。在正常情况冒出淡蓝色蒸气,如果冒黄色蒸气或缺少蒸气说明温度过高或过低。每天的早晨由于气温和下承层表面温度较低,要注意混合料的温度检查,温度检查重点应是摊铺温度、初压温度,终压温度是否满足规范或施工单位设定的温度。

(3)厚度检测。关键是控制好虚铺厚度,防止太厚影响经济效益。

(4)铺层表面检查。铺层在未碾压前都应平整、均匀而密实,并无局部粗糙,小波浪撕裂或拉沟等现象。否则查明原因,及时处理。

2.摊铺中的质量缺陷

摊铺中的质量缺陷主要是厚度不准、平整度差、混合料离析、裂纹、拉沟等。

(1)下层表面。在不平整而又有波浪的基层摊铺面层时,不必考虑厚度的均匀一致,实际混合料用量比理论计算要多。

(2)摊铺速度。同一摊铺层要保持恒定的摊铺速度。当需要变换速度时,为保证恒定的摊铺厚度,速度加快时,厚度调节器应稍微向增加厚度方向转动(一般向左),速度减慢时,则稍微向减少厚度方向转动,其调整量还应根据混合料种类的不同而不同。转动厚度调节器时,每次不应超过 1/4 圈。

(3)熨平板。熨平板底面严重磨损和变形时,铺层易出现裂纹和拉沟,故应更换。有时熨平板的工作迎角太小,会使铺层两边出现裂纹和拉沟。这时应调整熨平板的前缘拱度,并在试铺过程中多次调整,如果多次调整仍不能消除上述缺陷,就应更换熨平板的底板。

(4)振捣梁。振捣梁起捣实混合料的作用,捣实的混合料对熨平板有一定的支承能力,如果振捣器调节不当,会改变混合料对熨平板的支承力,使铺层厚度和平整度发生变化。振捣梁的底面比熨平板低的太多时,熨平板的底面容易黏附混合料,熨平板底面就不能全部用来压实混合料,从而使铺层易形成裂纹和拉沟,如果振捣梁的底面过高,将加快底面磨损。振捣梁的底面应调整到比熨平板底面低 0.4～0.5m 为宜。

(5)混合料的性质。混合料性质变化也会影响摊铺质量,如温度过高,沥青量过多,石粉掺量过多等都会影响铺层变薄。

①混合料中的沥青与矿粉过量会减小其承载能力,熨平板工作迎角增大,使铺层增厚。当温度过高时,混合料变软而支承能力降低,当温度过低时,混合料又会变硬,都会影响熨平板的工作迎角。这种情况在摊铺中应加以重视,影响到质量时应加以调整。

②混合料的配比不当,使铺层产生裂缝。因为振捣梁在摊铺过程中对混合料进行捣实的同时,还要将它向前摊移。如果混合料中大颗粒过多,就会出现全铺层裂缝。一般时应调整混合料的组成设计。

③超尺寸的矿料在铺层中滚动形成小沟,应从拌和厂找出原因。

(6)明显的矿料离析。离析主要是粗集料集中较多,细集料集中较少,离析有片状离析和条状离析。粗集料离析空隙率增大,易出现早期破坏,应引起高度重视。造成离析的原因很多,主要是主骨料偏大,装车不规范,摊铺机料箱两侧粗料多,收斗时集中送到摊铺室,产生带状离析。还有的是螺旋分料器和熨平板安装的不协调或出现一些问题,也产生离析。

(7)其他情况。履带或轮胎的行驶路线上因撒落的混合料未清除,也影响该部分的摊铺厚度;被顶推的料车刹车过紧或倒退撞击摊铺机也会影响铺层质量。

参考文献

[1] 中华人民共和国行业标准公路工程技术标准(JTG B01—2003).北京:人民交通出版社,2003.

[2] 中华人民共和国行业标准公路沥青路面设计规范(JTG D50—2006).北京:人民交通出版社,2006.

[3] 中华人民共和国行业标准公路沥青路面施工技术规范(JTG F40—2004).北京:人民交通出版社,2004.

[4] 中华人民共和国行业标准公路路基施工技术规范(JTG F10—2006).北京:人民交通出版社,2006.

[5] 殷岳川.公路沥青路面施工.北京:人民交通出版社,2000.

[6] 张敏.现行道路与桥梁工程实用技术标准规范大全.长春:长春出版社,1999.

[7] 孙德栋,秦玉层.提高二灰碎石早期强度试验研究.公路,2001(9),2001.

[8] 沙庆林.沥青面层的技术状况和发展方向.公路,2003(8),2003.

[9] 吴桂金,陈惠民.低活性粉煤灰在路面基层施工中应用的探讨.公路,2002(10),2002.

[10] 侯金歧,吕文江,赵进.冲击式压路机对路基进行补充碾压的效果分析.公路,2002(8),2002.

[11] 罗志刚,凌建明,周志刚,郑建龙.沥青混凝土路面层间孔隙水压力计算,公路.2005(11),2005.

[12] 卢达,邓家喜.填石路堤压实控制研究.公路,2005(11),2005.

[13] 姚祖康.对我国沥青路面现行设计指标的评述.公路,2003(2),2003.

[14] 陆键.各种路面平整度仪的相关分析研究.公路,2002(9),2002.

[15] 刘中林.大碎石沥青混合料LSAM骨架密实型综合设计方法.公路,2003(3),2003.

[16] 姚学昌,谭积青,马立军.体积法设计沥青混合料的配合比.公路,2003(8),2003.

[17] 于新,吴建浩,贝雷方法应用探讨.公路,2003(8),2003.

[18] 潘放,邱志雄,王辉,稀浆封层在开阳高速公路上的应用.公路,2003(8),2003.